U0586401

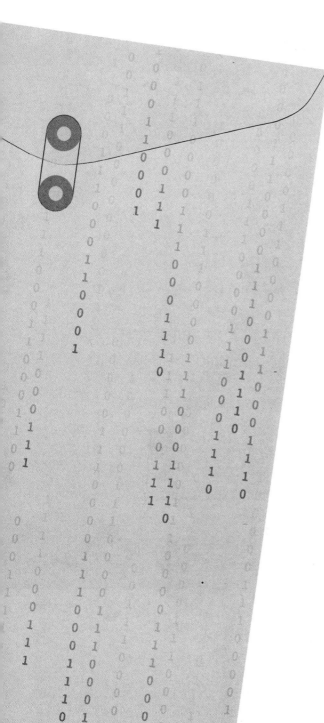

# 档案数字化建设与管理研究

李秀红　钟敏燕　冀江涛 / 著

辽宁人民出版社

**图书在版编目（CIP）数据**

档案数字化建设与管理研究 / 李秀红, 钟敏燕, 冀
江涛著 . -- 沈阳 : 辽宁人民出版社, 2025. 2. -- ISBN
978-7-205-11471-8

Ⅰ. G271

中国国家版本馆 CIP 数据核字第 2025B2Y320 号

---

出版发行：辽宁人民出版社
　　　　　地址：沈阳市和平区十一纬路 25 号　邮编：110003
　　　　　电话：024-23284325（邮　购）　024-23284300（发行部）
　　　　　http://www.lnpph.com.cn
印　　刷：辽宁一诺广告印务有限公司
幅面尺寸：170mm×240mm
印　　张：15.25
字　　数：260 千字
出版时间：2025 年 2 月第 1 版
印刷时间：2025 年 2 月第 1 次印刷
责任编辑：张天恒　王晓筱
装帧设计：中知图印务
责任校对：吴艳杰
书　　号：ISBN 978-7-205-11471-8
定　　价：78.00 元

# 前 言
## PREFACE

2023年2月，中共中央、国务院印发了《数字中国建设整体布局规划》，为如何在数字时代推进中国式现代化，构筑国家竞争新优势指明了方向，加快数字中国建设，对全面建设社会主义现代化国家、全面推进中华民族伟大复兴具有重要意义和深远影响。

档案作为人类社会各项实践活动的真实记录，是记录人类社会发展的重要凭证，是社会的宝贵财富，是人类重要的文化遗产。档案蕴含着巨量的信息价值，承载着社会活动的各个方面，记载着人类前进的脚步，传承着中华民族的优秀文化，是一种重要的信息资源。然而，在科学技术迅猛发展的今天，现存的绝大部分档案还是以传统的纸质介质为载体，档案工作面临着革命性的挑战与机遇。所以，想要充分挖掘利用档案蕴含的无限价值，必须在档案的生成、存储、传递、利用、开发、管理等各个方面进行数字化、数据化。正如《"十四五"全国档案事业发展规划》中指出的："新一代信息技术广泛应用，档案工作环境、对象、内容发生巨大变化，迫切要求创新档案工作理念、方法、模式，加快全面数字转型和智能升级。"

　　档案数字化是适应社会发展的必然选择，档案数字化的建设和管理是一项需要长期坚持的事，是提高社会服务能力的必然途径。档案工作者要根据实际情况，实事求是地开展工作，明确工作目标并不断改进和完善档案数字化的建设和管理，以符合时代发展要求。基于此，本书以档案数字化为研究对象，对档案数字化建设与管理进行了研究。本书首先阐述了档案、档案工作、档案数字化以及大数据时代的相关基础知识，然后介绍了进行档案数字化建设与管理所需的基础设施。在此基础上，对档案数字化资源的开发与利用、存储与传播进行了分析，从法规、人才、技术等不同方面探究了档案数字化建设与管理的保障体系，提出了对文字档案、图片档案、音频档案、视频档案进行数字化建设与管理的建议，并以高校学籍档案、公共图书馆档案、房产档案等为实例对档案数字化建设与管理的实践方式进行了研究，以期为相关人员提供参考，进一步推动档案事业的发展。

# 目 录
## CONTENTS

# 第一章 档案数字化概述

## 第一节 档案的基本知识

### 一、档案的概念

文字的发明、社会生产力的发展、人类活动领域与范围的扩大、社会公共行政管理事务的需要，促使档案作为"人类历史的记忆"，于原始社会末期便产生了。在我国，档案的名称经历了较长时期的演变，最后才基本稳定在"档案"这一称谓上。对"档案"的最早记载见于清朝杨宾的《柳边纪略》："边外文字，多书于木，往来传递者曰牌子，以削木若牌故也；存贮年久者曰档案。"[①]

通俗意义上来说，档案就是办事留下的"底子"。如果用专门术语来说，档案是人类各项活动的各种原始记录。2020年修订的《中华人民共和国档案法》第二条规定："本法所称档案，是指过去和现在的机关、团体、企业事业单位和其他组织以及个人从事经济、政治、文化、社会、生态文明、军事、外事、科技等方面活动直接形成的对国家和社会具有保存价值的各种文字、图表、声像等不同形式的历史记录。"

档案内涵中最根本的一点是档案是原始记录。这也是档案与图书、文物等的最大区别，即档案的原始性。因此，档案最具有真实性、权威性、可信性，可以作为凭证和依据。

### 二、档案的形成规律

档案是社会组织或个人在履行职能任务或实施个人事务过程中形成并办理完毕且有保存价值的文件转化而来的产物，与其记载和反映的

---

① 杨宾. 柳边纪略[M]. 北京:中华书局,1985.

社会实践活动"间接同步""成套"地形成，并与其产生的社会文明及技术环境不可分离。在档案管理中，只有充分地研究和尊重档案的形成规律以及由此决定的档案的内在联系，才能管理好档案，有效促进档案资源的开发与利用。

档案是与其记载和反映的社会实践活动"间接同步"形成的。档案由文件转化而来，从内容和形式上看，文件和档案是"同一事物"，没有丝毫差异；而文件是作为有关社会活动的内容组成部分与社会活动直接同步地形成的。所以从内容和形式上看，档案也是与有关社会活动"同步"形成的。但是，基于"社会实践活动—文件—档案"的脉络，严格、完整、典型意义上的档案与社会实践活动的关系是一种"间接性"的关系。所以只能说，档案是与其记载和反映的社会实践活动"间接同步"形成的。

档案是成套形成的。任何一项社会活动中所形成的文件一般都自然地"成套"，完整地记录和再现该项特定实践活动的发生（或筹备）、演变（或经过）、结果、事后影响（效果）。从积累知识和经验、记录历史的需要而言，保持材料成套性、完整反映每一项活动是一种客观要求。只有成套地形成的档案才有利于实现档案的价值和使命。

档案是与特定社会文明及技术环境不可分离的。从实质上看，档案的演进是与人类文明的发展相一致的，与特定历史背景下的技术条件不可分离。例如，金石档案的产生与当时的青铜冶炼和青铜器制作工艺密不可分；纸质档案的产生是由于造纸术的发明，并随着雕刻技术和印刷技术的产生与发展而日益普及，进而成为人类近2000年来主要的信息记载与传播工具；声像档案离开了特定的阅读设备是无法进行识读和利用的，而在现代电子化和信息技术条件下的电子档案，其生成、阅读、利用与计算机技术、网络技术、现代通信技术以及相关的支持软件、网络系统、硬件设备等具有极为显著的不可分离性。

### 三、档案的特点和作用

#### （一）档案的特点

档案跟其他文献资料相比较，主要有以下四个方面的独特性。

其一，社会性。档案的社会性体现在档案是人们在参与政治、经济、管理等各类社会活动中直接形成的一份原始记录，全面记录着社会活动的内容、过程及结果，它是人类社会活动的直接产物，而非自然界的产物。

其二，历史性。从时间维度上来看，档案是过去已经形成的东西。这种以往社会活动的原始记录，就可以把过去带到现在甚至未来，维系人类社会的时间上的延续性。

其三，确定性。档案的确定性体现在其记录内容的真实性和确定性。档案是人类社会活动的直接产物，记录的信息是清清楚楚、明明白白的，档案内容坚决不容许篡改，这也反映了档案的真实性和可靠性。

其四，原始记录性。档案是人们在社会活动中直接形成的原始性信息记录，是记录信息的第一手资料，对人类社会活动具有直接的原始记录作用。档案的原始记录性也是档案区别于其他文献资料的最本质特征。

**（二）档案的作用**

基于档案的以上独有特性，决定了档案具有独特的、重要的、广泛的社会作用。其多样的社会作用集中表现在行政、业务、文化、法律、教育等几个方面。

其一，行政作用。档案承载历史，历史启迪未来。档案对机构、地区乃至国家工作人员鉴往知来，保持体制、政策、秩序及文化的连续性、有效性，以及决策的科学性具有不可替代的参考借鉴作用。档案是各类国家机构、社会组织行使职能、从事管理活动的文书记录，为社会发展提供智力支持和决策参考。

其二，业务作用。档案记载着各行各业的发展变迁，记载着各个企业、组织以往的生产经营活动，记录着企业的成功、失败和经验教训，是继续开展业务活动的参考凭证。例如，会计档案是编制国家、地方和单位预决算的重要依据；在处理经济案件时，会计档案是查证、判决的有效书面证明。

其三，文化作用。档案的文化作用体现在档案是文化积累的载体，是文化传播的媒介，是文化创新的基石，是人类文化赓续的重要保障条件。正如今天的政治将成为明天的历史，现在的文件资料也将成为将来的珍贵档案，档案记载着人类社会发展的历史，蕴含着文化的底蕴，是我们宝贵的文化精神财富。

其四，法律作用。档案作为记录当时、当地、当事人在业务活动中形成的真实、有效的原始记录，它在解决矛盾、处理案件活动中发挥证据的作用。档案凭借天然的真实性和凭证性，是令人信服的真实依据，对于维护国家、组织、个人的合法权益具有重要的法律作用。

其五，教育作用。档案作为一种宝贵的教育资源，它是记录人类文明社会发展进程、前人艰苦奋斗光辉历史的重要载体，生动形象地反映了社会发展的轨迹和社会生活的方方面面，是传承过去、记录现在和联系未来的重要纽带，对于了解历史、增强情感认同具有很强的现实的教育意义。

## 第二节 档案工作的基本知识

### 一、档案工作的内容与性质

广义的档案工作同义于档案事业，是指管理档案和档案事业的活动，包括档案行政管理工作、档案馆工作、档案室工作、档案教育工作、档案科学研究工作和档案出版工作等。狭义的档案工作是指档案管理工作，即档案收集、鉴定、整理、保管、检索、信息开发、提供利用和统计等实践活动，通常就是档案室（馆）开展的业务工作。

#### （一）档案工作的内容

档案工作的具体内容可谓纷繁复杂、丰富多彩，归纳起来主要有以下几方面的内容。

1. 档案收集

档案收集是指档案馆（室）接收或征集档案和其他有关文献的活动。收集的任务是实现档案从相对零散向集中的转化，并为国家和社会积累档案财富。通过收集工作，为档案的系统保存与有效利用奠定基础条件。

2. 档案鉴定

传统意义上的档案鉴定，主要是指鉴别档案真伪和判定档案价值的活动。档案鉴定的目的，一是尽量地保管应该保管的档案；二是确保档案的真实可靠；三是区分重要与相对次要的档案，使档案保管机构的人力、物力和财力能够充分发挥作用。随着电子档案数量的不断增加及管理与利用的日益普遍，对电子档案的鉴定除上述内容外，还包括进行必要的技术鉴定，确保其运行与识读顺畅。

3. 档案整理

档案整理主要是指按照一定的原则，系统地对档案进行全宗区分以及全宗内的分类、排列、编目、组合包装等，使之从相对"凌乱"转变为"系统"的有序化过程。通过档案整理工作，使来源广泛、内容复杂、形式多样、数量庞大的档案条理化、系统化，为科学保管、有效检索、系统开发和全面利用打下坚实基础。

4. 档案保管

档案保管是维护档案信息及其载体的完整与安全的活动。档案保管的内容主要有两个方面：首先是与各种损害档案信息及其载体安全的因素进行不懈的斗争，维护档案及其信息存储的有序性；其次是通过科学管理"方便利用"。保管的目的与任务是实现档案"延年益寿"。

5. 档案检索

档案检索是指存贮和查找档案信息的过程。通过档案检索工作，可以多途径、多形式地揭示档案的内容与成分，提供检寻档案的手段与方式。

6. 档案信息开发

档案信息开发即科学"开掘"和"发现"档案的价值与作用，并通过适当的渠道、适当的方式、适当的方法，适时将其传递给用户，以满足社会利用需求的活动。就我国的档案信息开发实践而言，一般就是"档案编研"。档案编研是指在研究档案和社会需要的基础上，按照一定的题目、体例和方法编辑档案文献的活动。通过档案编研工作，一方面，可以发现档案的有用性，从而提高档案的可用性，有效满足社会需要，及时实现档案价值；另一方面，不仅有利于让档案信息以编研成果形式长远流传，而且有助于延长档案原件的寿命。

### 7. 档案利用服务

档案利用服务也叫"档案提供利用"，是指档案部门通过阅览、复制、摘录、上网等方式，为利用者及时、准确地提供其所需档案信息进行使用的活动。档案利用服务既是档案管理工作根本属性的体现，也是档案管理工作的最终目的。通过有效利用服务活动，可以使档案和档案管理实践活动的价值得以体现和实现。

### 8. 档案统计

档案统计是指对反映和说明档案及档案工作现象的数量特征进行收集、整理和分析的活动。通过档案统计工作，可以让人们对档案"心中有数"，并反映出档案工作的成绩或不足，有利于促进档案管理水平与绩效水平的不断提高。

### （二）档案工作的性质

就基本性质而言，档案工作具有显著的服务性、管理性、文化性、政治性。

档案工作是一项服务性的工作。档案工作，就其实质性的基本内容和作用方式而言，主要是通过管理档案和开展档案信息资源利用服务活动来满足社会各方面需求，为生产、建设、管理、服务等社会活动的顺利推进并取得实效提供必要条件的工作。档案价值和作用的实现、档案管理劳动的价值和作用的体现，具有"间接性"，必须以社会有关领域的用户的实际有效利用为"媒介"，并通过用户利用后创造的经济效益与社会效益反映出来。因此，档案工作具有显著的服务性，档案工作者必须树立坚定的服务思想，富有"绿叶"精神。

档案工作是一项管理性的工作。主要有两方面的理由：第一，档案工作自身是一项以档案为管理对象的专业性管理工作，自身有一套科学的管理理论、管理方法和管理技术，有其特殊的规律和丰富的科学内容；第二，档案工作是社会管理和其他专业管理工作的重要组成部分之一。从系统论的观点看，档案工作这一相对独立的管理系统是处于不同规模和层次的更大管理系统之中的。一方面，档案管理工作融于其他管理工作之中；另一方面，其他管理工作也离不开档案管理工作。例如，人事管理离不开人事档案，财务管理离不开会计档案，教学管理离不开教学档案，人事档案工作、会计档案工作、教学档案工作分别融于人事、会计、教学等管理工作之中，并成为其实施管理的基础性工作。

档案工作是一项具有文化性的工作。档案具有文化性，是一种重要的文化资源，因此以档案为基本管理对象、以档案为服务社会的基本条件的档案工作，自然也成为具有文化性的工作，甚至可以说是文化工作的重要组成。特别是档案馆工作，其在人类社会文化传承中的作用决定了它显著的社会文化性，主要表现在：档案馆具有保存历史文化遗产的作用；档案馆具有传播社会文化知识与信息的作用；档案馆具有社会文化教育的作用；档案馆具有发展科学文化的作用。

档案工作是一项具有政治性的工作。这主要表现在三个方面：第一，服务方向是其政治性的集中表现，如果服务的方向错误，不但不会使档案发挥为党和国家服务的作用，相反还会起到危害党和国家利益的后果；第二，机要性是其政治性的重要表现；第三，档案工作是"存信史""留真实"的工作，基本使命是维护历史本来面貌。因此，档案工作者应当增强党性原则，坚持辩证唯物主义和历史唯物主义，坚持实事求是，保护档案不受破坏和歪曲，并积极地用档案去印证历史、校对历史。

## 二、档案工作责任制及其基本内涵

新《档案法》第十二条明确提出："按照国家规定应当形成档案的机关、团体、企业事业单位和其他组织，应当建立档案工作责任制，依法健全档案管理制度。"这是档案法律首次明确提出"档案工作责任制"这一概念。档案工作责任制虽然作为一个新的概念出现，在政策和实践中相关的表述和经验却早已存在，并不断发展演变。因此，下面以动态发展的视角，从档案工作制概念与内涵的历史演进探究档案工作责任制的时代意蕴，并从学理上对其作出科学界定和阐释，尝试提出一个符合党和国家建设要求、满足社会公众需求的档案工作责任制体系结构。

### （一）档案工作责任制概念的历史演进

从历史发展进程来看，档案工作责任制是与国家发展相伴始终的一项制度安排。作为档案治理理念在档案工作进程中的缩微映射，档案工作责任制的历史演进具有明显的制度逻辑、实践脉络和学术进程。因此，下面按照时间顺序，从档案法规体系建设、档案工作实践探索和档案学术研究创新三个方面回顾档案工作责任制的历史演进，并分析其发展特点和演化规律。

1. 制度逻辑：源于档案法规体系完善的制度嬗变

在档案法规体系建设中，档案工作责任制的概念经历了从有法可依、有法必依、执法必严、违法必究的逻辑向科学立法、严格执法、公正司法、全民守法的新法治精神转向，从零散化表述向系统性诠释过渡，从外部秩序向内在驱动延伸，从全局性、宏观性规定向微观操作转型的过程。

（1）初步建设期："权"的运用，"责"的启发

中华人民共和国成立后，党和国家高度重视档案工作推进和档案事业发展，围绕档案工作的正向责任内容发布多个文件用以规范档案工作，其中内容多有重叠、角度较为分散。1955年1月17日，经中共中央批准的《中国共产党中央和省（市）级机关文书处理工作和档案工作暂行条例》的颁布实施，为日常文书档案的保管、销毁、保密提供了制度依据；1960年《技术档案室工作暂行通则》和1964年《关于进一步加强技术档案工作的报告》等文件，对科技档案工作的分类保管、整理和鉴定作出了详细规定。基于以上文件，可以看出这一时期的档案工作制更多是对档案业务内容的规定，即解决档案工作"做什么"和"怎么做"的问题。彼时的档案工作责任更多是强调"权"的义务，追求档案工作各业务环节的规范化，而对于"责"的后续运用，还处于探索阶段。

（2）恢复发展期："权"的深入，"责"的发展

随着政府职能转变、社会公众需求多元化，档案工作制的责任内容逐渐全面清晰，责任领域越发多样，精神引领越发深入。1983年国家档案局发布的《档案馆工作通则》和中共中央办公厅、国务院办公厅

发布的《机关档案工作条例》等法规规章的实施，将档案馆、机关单位和其他机构的档案工作责任内容进一步细化，档案工作执行力度不断加大。与此同时，档案工作中"责"的意识得以发展，如档案岗位责任制等概念的提出，但规定范围局限，聚焦对象较为单一。1987年9月5日国家颁布《档案法》之后，2000年颁布的《中华人民共和国立法法》促使档案法规体系建设进入了一个调整规范的新时期，《档案管理违法违纪行为处分规定》《档案行政许可程序规定》等法规规章陆续发布，极大地加强了对档案工作"责"的约束与限制。此时力求解决"承担什么后果"的问题，从外部秩序层次落实档案工作责任的制度思想已较为成熟。

（3）逐步完善期："权"与"责"的联结

党的十八大以来，档案工作制为加快走向依法治理、走向开放、走向现代化，形成了新时代的档案法规体系，为档案工作制的全面构建与落实奠定了服务党和国家工作大局、服务人民群众的工作基调。2014年《关于加强和改进新形势下档案工作的意见》指出要完善"党委和政府领导、档案部门归口负责、各方面共同参与的档案工作体制"，这为档案工作的责任分工明确、协调发展提供了思维转变的契机。2016年1月1日实施的《城市社区档案管理办法》和2018年1月1日实施的《村级档案管理办法》等的发布实施，为档案工作制越发多样的治理层次夯实了法律根基。2020年《档案法》的修订，为档案工作制责任主体从一元走向多元，运行模式从"管理"跃升为"治理"提供了坚实的法制保障。"权"与"责"的对等，内部责任与外部责任的有序贯通，都需要依靠档案工作责任制的构建来实现。

2. 实践脉络：立于档案工作现实探索的实践生成

档案实践部门在档案实际工作中将档案工作的权利与责任先后外化，进行了相关档案业务能力实践提升活动以实际反馈，形成了档案工作岗位责任制等相邻概念和"集中统一管理""三纳入、四参加、四同步"等有效的组织制度和管理模式。

（1）档案工作权力配置的实践初探

早期的档案工作责任内涵在档案业务水平提升活动中得以深入和显

化。当时的档案工作重点是对文书的分类、登记和保藏，相关政府部门加快加强档案立卷工作的实现。国家档案局成立后，为进一步开展档案工作，指导各地区档案事业发展，举办了档案干部训练班。随后，各地区、各部门纷纷响应国家政策，作出相应举措，如中华人民共和国原建筑工程部为进一步加强和健全该部各级单位的档案工作机制，加大了各级直属单位的档案工作配备与人员投入。到社会主义全面建设时期，各单位从人才培养、业务能力和工作认识等多角度优化，以加强技术档案资料整理与利用。这一时期的档案工作主要通过加强人才的政治能力建设与提升业务水平来实现档案工作制度的明确推进。

（2）档案责任主体的实践拓展与反馈

改革开放后，档案规章制度的应用领域愈发广泛，进而反过来催发档案制度的成熟。档案工作制已不再满足于对档案工作"权"的界定，而是开始进行"责"的实践探寻。为提高档案工作效率，部分企业建立并实施了档案工作岗位责任制，初步达成了"分清职责、依法检查"的目标，但制定的实际责任标准偏低、执行力度偏弱。因此，为了进一步加强对档案工作的监督和指导，业内于20世纪90年代又提出档案（行政）执法责任制，重点对档案工作的监督检查、考核评估、行政奖惩等进行规定。此外，第十个"五年计划"期间，档案工作根据社会主义市场经济体制的需要，围绕国有企业改革，细化企业档案管理责任。可见，这一时期的档案实践部门已将问责机制熟练运用到档案行政管理进程中。

（3）档案监管手段的深化与创新

党的十八大之后，档案管理逐渐走向档案治理，档案实践部门深化档案领域"放管服"改革，采用"双随机、一公开"等一系列监督检查手段，依法落实档案行政管理主体责任，从工作实践反向推进档案工作制的完善创新。此外，党的十八届三中全会提出"推行地方各级政府及其工作部门权力清单制度，依法公开权力运行流程"。档案领域紧随国家变革，编制和实行的档案权责清单在一定程度上囊括了档案工作责任制中的正向责任与反向责任内容，为档案工作责任制概念的后续提出作出了直接贡献。现阶段的档案工作制已具备构建档案工作责任制的客观条件。目前亟须树立系统化和全面化主体意识，将各治理层次、过程体系融合到一个制度环境中。

　　3. 学术进程：基于档案学术研究创新的学术溯源

　　档案工作是维护党和国家历史真实面貌、保障人民群众根本利益的重要事业。在档案学术研究中，档案工作者一直致力于将档案工作内容融入国家的发展目标与战略中。档案法治建设、档案工作实际运行和档案治理作为长期的热点得到充分关注，研究者从档案内在机制和外部社会责任等不同角度提出了多样化的策略体系。

　　早期档案工作内容主要聚焦于对档案文件进行收集、保管与整理，以吴宝康先生与曾三先生为代表的档案先贤探究如何进行档案管理以期更好地为建设社会主义服务。后随着《关于加强国家档案工作的决定》等文件的出台、档案管理对象的多样化，以及社会公众需求的多元化，业界开始探索如何利用信息技术等先进手段实现对档案内容的利用，如缩微技术的引入；随后为加快部门、组织或单位的整体发展，有学者提议将经济责任制融入档案管理中[①]，也有学者从社会责任视角探究提升企业档案利用工作的新路径[②]。现阶段，为加快推进各领域、各类别的档案工作高质量发展，学者们认为应规范档案行政管理部门执法监督与责任追究力度，如蔡盈芳主张要通过加强监督指导与人才培养来完善其管理体制机制[③]，张斌也提到应规范档案行政管理部门在企业档案工作方面行政权力的运行[④]。此外，随着国家法规体系对档案工作内容的不断细化，学术界针对档案工作各分支的管理问题展开讨论，如档案开放责任机制构建、档案问责机制重构与档案鉴定辨析等。由于社会对档案的价值诉求越发多样，学术界探讨了多元主体如何参与档案工作进程，以及档案局馆分离后如何进行协同工作。回顾以上探讨，可以发现在新《档案法》颁布之前，业内学者虽对档案工作中的业务流程与行政管理手段持续关注，但并未从一个宏观的视角审视

①袁光州. 经济责任制是推动科技档案工作的动力[J]. 四川档案,1984(01):78-79.
②闫静,徐拥军. 社会责任视角下的企业档案利用研究:基于欧美国家的案例分析[J]. 档案学研究,2017(04):102-108.
③蔡盈芳. 企业档案工作的创新与发展[J]. 档案学通讯,2021(01):16-20.
④张斌,李子林,黄蕊. 我国企业档案宏观管理体制的演变与发展[J]. 档案学研究, 2018(02):50-56.

整合档案工作责任制，档案工作的落实也缺乏全面详细的法治依据。

2020年《档案法》修订以后，部分学者围绕新《档案法》探讨档案工作责任制相关内容，但研究数量较少、视角不全。王俞菲等[①]主要探讨档案管理责任监督问题；吴志杰等[②]从档案信息化建设入手，探究相关责任主体的职责定位。也有学者关注档案工作责任制的构建方向，如瞿静表示机关档案工作内容需具备"细"的新时代特点[③]；对于档案工作责任制的宏观构想，王兴广阐述了档案工作责任制建立的必要性和构建路径[④]；管先海等整理了部分学者关于档案工作责任制定位和构建策略的看法[⑤]。综上可发现业界虽对档案工作责任制展开研究，但仍缺乏对新时代档案工作责任制深层次的学理阐释，特别是没有将构建现代化档案治理体系与档案工作责任制的构建结合起来展开讨论。

回顾以上发展历程，可发现档案工作责任制以往多受时代约束，在档案工作责任落实的过程中难免会遇到由于法规条例不全、技术缺乏和意识不足等问题产生的滞碍。后来在国家政策、社会环境和技术手段的推动下，档案理论与实践工作者对档案工作责任落实的认识越发明确，不仅表现在内容层次上的多样，还表现在形式结构和思维理念的越发完善。档案工作责任制的完善已具备了客观条件，急需研究者整合已有经验，将其融入时代进程。

### （二）档案工作责任制的时代意蕴

纵览档案工作的现实图景，档案工作面临的新的环境和挑战，赋予了档案工作责任制新的内容和特点。在数字化大背景下，档案工作责任制作为档案事业发展的法治依据，也在经历着数字化带来的深刻变革。在"增量电子化、存量数字化"的数字转型阶段，电子文件单套

---

①王俞菲,曹玉.新《档案法》视角下的档案管理责任监督问题探究[J].档案与建设,2020(07):33-38.

②吴志杰,刘永,吴雁平.档案信息化建设责任主体的职责定位:基于新《档案法》第五章的文本考察[J].档案与建设,2021(09):21-25.

③瞿静.谈新《档案法》对机关档案工作规范的新特点[J].档案管理,2021(01):21-22.

④王兴广.关于档案工作责任制建设的思考:基于新修订《档案法》的视角[J].浙江档案,2021(11):24-27.

⑤管先海,李兴利.建立、落实档案工作责任制[J].档案管理,2021(01):104-106.

制管理推行存在一定阻碍，急需配套的电子档案管理机制，而一个科学完善的档案工作责任制正是涉及多方责任主客体、涵盖多个过程要素与操作手段的制度体系。档案工作责任制的明确有助于加强工作责任内容的专业化分工，进而合理协调责任主体关系。此外，党的二十大提出要完善科技创新体系，档案工作责任制作为法规在档案领域的具体体现，应积极响应国家政策，加快推进档案科技创新。具体可从两个方面入手：一方面，完善档案科技规划管理创新应用机制；另一方面，从物理和信息两个层面开展新时代理论与实践档案工作创新。新时代档案工作急需一个科学完善、运行高效的档案工作责任制，以便加快档案治理体系现代化进程。

**（三）档案工作责任制的内涵界定**

对档案工作责任制概念内涵的界定是新《档案法》明确提出其概念以来业界一直关注的话题。在探究档案工作责任制的内涵之前，首先需要对档案工作责任制这一概念进行解构，从分析"责任"与"工作责任制"的概念入手，结合对档案工作责任制过往概念和其时代意蕴的探讨，提出一个合乎情理的档案工作责任制，为后续探析档案工作责任制基本构成提供可靠依据。

《汉语大词典》对"责任"的解释是多含义的：使人担当起某种职务和职责；谓分内应做的事；做不好分内应做的事，因而应该承担的过失。可发现责任既与本职、本分有关，也与担当有关，本身就深蕴着权责对等的道理。此外，对于工作责任制的内涵，我国《宪法》第二十七条第一款规定，"一切国家机关实行精简的原则，实行工作责任制，实行工作人员的培训和考核制度，不断提高工作质量和工作效率，反对官僚主义"。现阶段的工作责任制既涉及职能划分，也包括问责机制、定责标准，因而现阶段的工作责任制可视为达成"意识到位，工作到位，责任到位，效果到位"这一目标而规定的制度手段，用以确保相关工作"有权必有责、用权必担责、滥权必追责"。

根据对档案工作责任制过往内涵的回顾，结合新修订的《档案法》和2024年3月1日起实施的《档案法实施条例》对档案工作责任制的相关规定，可发现档案责任主体涉及国家档案局、县级以上地方档案主管部门、乡镇人民政府（街道办事处）、机关、团体、企业事业单位和其他组织，以及各级各类档案馆；档案工作过程包含档案收集、移交、归档、鉴定、销毁、开放、利用、编研等多个流程。此外，责任范围也不再局限于人员的行为规范，提出了"组织、指导档案宣传与档案教育"，重视对档案人员的意识提升。

因此，档案工作责任制是一个明确主体权责的理论与实践治理体系，旨在规整档案人员的意识与行为，明确不同层面治理主体在一系列工作过程中的权利、职责和利益的关系与进程。在此需要明确多元责任主体是否存在中心。基于我国的治理体系架构，"民主"与"集中"两个取向从来都是同时强调的。无论是在部门内部，还是跨部门、跨单位、跨组织之间的工作运行，都需要有一方作为主导，引导过程推进，其余作为协助方，催化结果。故而现代化的档案工作责任制是以档案部门为主导，其他治理主体协同参与，在协同机制的调节下各方及时有效地表达意愿、行使权利、承担责任的一系列组织结构、工作流程、制度规范、运行机制和影响要素的总和。具体需要明确以下几点：①治理层面责任主体包含微观（个人）—中观（部门）—宏观（单位/组织/机构）三个层面；②档案工作过程的划分：按照我国依法治国的"科学立法、严格执法、公正司法、全民守法"十六字方针划分为明确责任、承担责任、落实责任、履行责任四个过程体系；③制度规范按照党的十九届四中全会对中国特色社会主义制度的划分，可从根本制度、基本制度和重要制度三个层级进行探讨。

### （四）档案工作责任制的基本构成

厘清了档案工作责任制的内涵，接下来将探讨档案工作责任制的基本构成。以机械工程中的皮带传动机理来看，档案工作责任制的内外结构与影响因素通过聚焦责任主体、过程体系、制度规范三者之间的互动体系，实现档案工作责任全面落实。具体而言，责任主体作为主动轮，通过明晰责任主体组织结构与责任范围，推进制度规范的赋能体系，落实责任过程中的权责利。制度规范作为从动轮，在责任主体的驱动下，加强法规政策的具体责任规定。过程体系作为主动轮下的另一从动轮，面向权责落实需求，加快推进档案工作责任实践，推动档案事业发展。此外，皮带传动原理反向作用力在此体现在制度规范对责任主体的结构与关系的强化，以及责任过程推进时对责任主体的意识与行为需求。

### 1. 组织结构

从组织层面划分，档案工作责任制的责任主体主要包含党和政府、档案主管部门、档案馆、档案形成单位与社会力量。党和政府责任内容既包含统筹规划档案事业与监督指导档案工作，也包含具体负责档案机构或者档案工作人员的设置与指定；档案主管部门包含国家主管部门和县级以上主管部门，主要承担本行政区域档案工作制度的制定、相关监督和指导责任，以及对档案形成单位档案工作的监督检查等；档案馆主要承担各自分管范围内的档案收集、保管和开放利用责任；档案形成单位主要负责对本单位/组织的文件材料的形成、积累、整理和归档，以及监督所属单位的档案工作；社会力量包含对档案工作进行监督或提出建议的社会机构或个人。

### 2. 过程体系

#### （1）明确责任体系

档案工作责任制的明确责任涉及制度与意识两个层面。首先，国家档案局应结合政府、企业事业单位、档案馆、社会公众等其他责任主体意见与反馈，坚持问题导向、系统观念和守正创新精神，在法律层面细分各责任主体应承担起的领导责任、管理责任、执行责任、监督责任和建议责任。其次，档案工作主体应明确认知自身档案工作责任内容，各级各类档案工作人员依法梳理自身在档案工作中的权力与责任，通过提升明责意识确保扮演好各自的角色。

#### （2）承担责任体系

档案工作责任制的承担责任体系主要涉及档案主体的意识与行为两个层面。首先，意识层面包含档案主体对相应责任的接收与承担，档案工作人员应从身心两个方面全方位接收自身责任。接收责任可以理解为档案主体在明确责任的基础上积极响应责任分工，以饱满的工作态度推动数字化建设等日常工作。其次，在行为层面，档案工作人员应自觉做到"各岗位各承其责"，达成"守档担责、管档尽责"的工作目标，坚持做到接收档案工作时，明确自身对任务的理解程度；估评档案工作时，自查落实档案责任的工作力度。

（3）落实责任体系

落实档案责任制，确保各责任主体主动作为、各司其职，是构建档案工作责任制的核心环节。这一体系主要涉及档案主体的制度、意识与行为三个层面。首先，落实档案主体责任离不开档案监督、检查、考核、评估一系列法律监管手段的保障，比如档案主管部门通过定期考核与评估，掌握并推动档案形成单位的责任落实进展，外力推进各级档案责任主体担责、守责。其次，档案责任的落实需要个体—部门—单位/组织三层治理主体最大限度配合行动，对于档案工作人员，在加强档案工作规范时，要明确自身的明责尽责范围与力度；问责时，要审视自己的责任涉及与否，对于档案部门，档案形成单位要监督好自身工作责任落实情况，党和政府、档案主管部门辅以档案行政管理手段，根据档案责任落实效果进行后续处理，问责主体采取相应措施对其问责，明确问责主体、问责客体、问责过程和责任追究方式。最后，由于档案工作责任制是一个动态的不断发展的体系，其构建需注重完善组织架构、应用协调机制等，因而制度层面的完善在此环节是必不可少的。

（4）履行责任体系

履行责任体系更多强调档案主体意识的循环和提升，具体是指档案主体在做到"明责—担责"这一意识循环模式后，应主动寻求属于自己职责范围内但尚未承担的责任，以高度的政治责任感积极投身于意识与行为体系的双向循环中，全方位履行好自身的权责。此外，应强化社会公众对于档案主体的监管责任，建立除档案部门外的责任主体的监督建议渠道，扩宽档案主体的治理声音。

### 3. 制度规范

（1）根本制度

档案工作责任制的根本制度包括：党的领导制度、人民代表大会制度、马克思主义的指导思想制度等总揽我国政治、经济和社会发展的质的规定；《宪法》中提出的一切国家机关实行精简的原则并实行工作责任制，国家发展自然科学和社会科学事业以及其他发展文化事业的规定；《档案法》和《刑法》等其他单行法律中关于发展档案事业、推进档案工作以及落实档案主体责任的目标、原则和流程等规定。以上都是对档案工作责任的全面落实起到奠基础、定方向、管全局作用的制度。

（2）基本制度

基本制度是从不同治理层面和不同工作环节维持并推动着档案工作正常运行的制度群，是对档案工作责任制的全面落实起着基础性作用的长期性、稳定性的制度，具体包含档案工作重大事项和重要问题相关机制制度、法律监管制度、经费保障制度、检查评估制度、监督考核制度、问责制度等。

（3）重要制度

重要制度是规范档案工作具体流程、落实人员责任的具体制度，在档案工作责任制度体系中上接根本制度、基本制度，下连受制度规范和制约的一切档案活动。具体包括档案归档移交制度、档案接收征集制度、档案鉴定销毁制度、档案保管制度、档案开发利用制度等。

4. 运行机制

科学高效的档案工作责任制是一项涉及档案主体权力地位重构、档案工作权责内容重划的系统工程，仅从档案法律层面落实档案工作责任制缺少一定的实操性。因此，档案工作责任制动态构建需加强动力驱动、强化交流机制。首先，档案工作责任制的动力机制构建应从意识与行为两方面共同入手，着重考虑形成系统的意识逻辑，执行完善的外部管制措施。其次，交流机制应改变过往以线性沟通为交流主轴的方式，将网状式渠道作为主要沟通方式，多方责任主体及时、有效、充分地沟通交流。

5. 影响要素

档案工作责任制的落实受到技术水平、政策环境、社会发展等外部因素和责任主体间关系、资源丰富程度、业务分工等内部因素的双重影响。例如，外部政策方面，无论是"局馆分离"等重大事件或现有政策的反馈，还是近年来档案工作管理指标的细化，抑或市场竞争环境下档案业务升级带来的转型要求，都对档案工作责任制的落实产生了正向影响。至于内部因素，对于多方主体而言，合作机制中各方主体实际角色，以及主体资格的更替等特征都会在一定程度上影响档案工作责任制组织结构的变化。

### 三、档案工作责任制构建的基本理念与原则

#### (一)体现依法治理理念

构建现代化档案工作责任制是顺应国家法治体系建设的创新实践。党的二十大报告指出："扎实推进依法行政，转变政府职能，优化政府职责体系和组织结构，推进机构、职能、权限、程序、责任法定化，提高行政效率和公信力。"档案工作责任制作为国家意志在档案领域的具体体现，应积极响应党和国家政策，推进档案工作责任制的现代化进程，促使其他相关部门与社会力量在档案主管部门的主导下协同参与，共同构建科学合理、高效运行的档案工作责任制。

依法治理是现代化国家治国理政的基本方式，档案工作责任制应体现出法治思想，加强社会公众对档案工作制度的建议监督。依法治理的核心是依法行政，档案工作责任制作为规范档案工作内容的行政制度，应明确这条规范的"界线"，把握好责任执行的范围与力度。因此，在构建现代化档案工作责任制时应紧随国家法治体系建设，遵循《档案法》的基本宗旨，为档案工作提供可靠、有效的法律依据。

#### (二)体现中国特色理念

"中国特色"这一概念于1957年在《人民日报》提出，历经近70年的发展，其内涵几经变革，但最根本的、最本质的特征一直都是中国共产党领导，这也是我们国家的制度优势。因此，具体到档案工作责任制的构建，发挥"集中"带来的推行政策的高效作风，即由档案主管部门占据主导地位，为其他责任主体提供方向引领、主体支撑，是合情合理、有例可循的。此外，"中国特色"的另一个显著特征是坚持人民至上。党的二十大报告在单独强调要"发展全过程人民民主，保障人民当家作主"，并指出："我们要健全人民当家作主制度体系，扩大人民有序政治参与，保证人民依法实行民主选举、民主协商、民主决策、民主管理、民主监督，发挥人民群众积极性、主动性、创造性，

巩固和发展生动活泼、安定团结的政治局面。"档案工作责任制作为国家制度体系在档案领域的一个细微分支，具有先天的公共服务性，且责任制构建的初衷就是为了加强对档案工作的管理，为公众提供更优质的公共服务。随着时代的发展，原有的以档案形成单位为单一责任主体的档案工作责任制亟须转型，在国家治理现代化进程中构建多方主体共同治理的责任运行机制。档案主管部门要通过职能转变，整合各主体价值取向，充分听取社会公众的需求，通过发挥其他单位与社会组织、个人的优势，满足人民对档案工作的期望与诉求。

### （三）体现分类构建原则

档案工作责任制是一个涉及主体众多、层次多样的运行机制，其在不同部门、组织与单位都有不同的特点。在构建档案工作责任制时，应根据不同的责任主体加重不同方面的建构。比如对于档案主管部门，作为组织协调机制中的牵头部门，在构建时应着重从宏观考虑，如各方主体实际上代表了什么、对彼此的看法，以及主体更替等。对于相关细节也不能忽视，例如，在进行某一阶段需要多个单位参与的档案工作流程时，应该以哪个部门的意见为准？部门之间的责任怎么协调最为恰当？对于企业事业单位，应更着重对工作绩效的考量，因此在构建档案工作责任制时，多考虑奖惩机制相关的内容，比如，针对检查评估结果，对工作人员绩效考核的影响程度应怎么把握？对后续工作的开展有什么考量？此外，对于数字化转型的重要发展时期，也要合理考虑企业档案部门与其他部门的编研工作融合。

### （四）体现科学高效原则

制度的完善离不开科学的决策引导。在制定决策时应科学规范，在深入调查研究、广泛吸纳民意的基础上，形成符合客观规律的政策法律。具体到档案工作责任制的构建，由于涉及主体众多、构建层次多样，且过程动态变化，在进行档案工作责任制的构建时，需要采纳各方主体的意见与建议，充分抓取社会力量的声音，进行及时、有效、客观的决策制定。与此同时，提高实践效率也有助于档案公共服务的高效提供。加强行政管理，放大责任主体的被动行为，可以更精准地管控档案工作进程。此外，充分发挥其他相关部门与社会力量的优势，比如对于档案资源开发机构，档案部门可以借助其技术优势，实现对馆藏资源的开发利用。术业有专攻，多方主体共同参与档案治理，是对档案主管部门的补充和协助，而非替代。

### 四、档案工作责任制构建的基本路径

随着时代发展，档案工作内容越发多元，公众对档案的价值诉求也趋于复杂，档案工作责任制在现代化进程中亟须寻求运行范式的新变革。探寻档案工作责任制的构建路径可从明晰其自身优势入手，在此以波特的菱形钻石模型为路径框架支撑，在分析档案工作责任制的组织结构、工作流程、制度规范等条件的基础上，提出其运行范式的新变革可从内在驱动与外部秩序的协同进行、计划策略与方向宗旨的相互推进、自下而上与自上而下两种运行模式的整合三个方面展开。

#### （一）内在驱动与外部秩序的相互协同

档案工作责任制的顺利运行，离不开逻辑严谨、科学高效的管理制度，而理论基础又是管理制度的底层支撑，说到底，没有完善的意识，制度的优化将无法进行。因此，对于档案工作责任制而言，仅依靠现实层面的相关制度规定、约束，只能左右各责任主体的被动行为，而对于人员的内在动力很难把控。目前，现有的档案工作责任制主要是从监督检查、考核评估、责任追究、培训学习等外部管理制度来规范各方责任主体的，虽然对责任主体执行不力等问题的解决已有成效，但难以从根本上解决问题。为实现档案工作责任制的全面提升，培养档案相关部门人员的责任意识是重中之重，其意识显化的过程包含责任主体明确责任内容，心理上接受并承担自己工作范围内的责任，进而实现主动寻求责任的愿景。通过凸显责任主体的责任意识，增强内在动力，将外部秩序与其有效联结，最终形成一个内在驱动与外部秩序双向循环的协同结构。

#### （二）计划策略与目标宗旨的相互推进

档案工作责任制本身就是一个已定制度，各部门在此制度下按规章办事，对于日趋复杂的档案工作而言，各责任主体按照原本制定的目标与方向推进计划，恐难以完全预料到可能存在的问题，更没有及时

运用合理解决问题的方法。换言之，档案工作责任制作为一个动态的、不断发展的运行模式，仅通过最初的目标宗旨推进计划已不能较好地完成个人、部门、单位和组织在档案工作中的责任落实，为此，急需一个动态的组织协调机制。基于此，根据任务的原定目标，将相关责任主体对行动过程中的任务安排、角色定位等在不同时段的理解与推进融入计划策略，进而根据不断发展的策略推动工作进展，最大限度地实现既定目标。对于档案工作责任制而言，计划策略与目标宗旨的双向奔赴，可以更好地规范实施档案工作责任制体系，促使档案工作责任主体对各自负责内容的理解更加清晰，执行更加高效。

**（三）自下而上与自上而下的模式整合**

档案工作责任制作为我国法律体系在档案领域的一个细微分支，属于行政管理体制，故而采取的是自上而下的管理模式，这一模式通过档案主管部门对各责任主体的相关指定，将工作内容层层细分，并为涉及的一系列行为设立相应奖惩机制。但目前仍存在主体责任落实不到位、责任关系界限模糊等问题，重要原因之一就是缺乏社会主体的广泛参与。虽然新《档案法》中第七条提到"国家鼓励社会力量参与和支持档案事业的发展"，但并未明确指出社会力量如何参与，以及参与的程度与内容。因此，为了更好地促进档案工作的开展，档案工作责任制应规定自下而上的合法管理内容与手段，为社会组织与个人参与档案工作提供空间。在自下而上管理模式构建的初期，需要档案主管部门的引导、协助，建立一套"监督与建议"机制，进而弥补自上而下管理角度不全的漏洞。将自上而下与自下而上两种管理模式相融合，可为档案工作责任制的全面构建增添现实依据。

## 第三节 大数据时代的来临

### 一、大数据及大数据时代

#### （一）大数据

##### 1. 大数据的内涵

大数据直译英文 big data，故也称为巨量资料，指的是巨量的数据信息通过云计算的信息存储、高效分析、处理、整合以后第一时间获取到更多的数据背后的隐藏价值。近年来，大数据迅速成为社会各界甚至世界各国关注的热点。1980年，美国未来学家阿尔文·托夫勒首次提出"大数据"的概念，将大数据歌颂为"第三次浪潮的华彩乐章"。大数据本身是一个比较抽象的概念，英国数据科学家舍恩伯格和库克耶出版的《大数据时代：生活、工作与思维的大变革》作为阐述大数据的代表作在全世界范围内都产生了重要的影响，在某种程度上掀起了大数据的研究热，但他们没有给出确切的概念，他们认为"大数据并非一个确切的概念"。麦肯锡公司认为大数据是一种数据集，这种数据集已经无法用传统数据库的管理软件来进行处理了。高德纳公司认为大数据是一种信息资产。杨毅等学者则认为大数据就是指的数据量巨大，能够给人提供专业的信息技术服务，这种数据量当前的计算机无法在短时间内实现对其的获取、处理等功能①。大数据的定义可算是各不相同，最主要原因是大数据所涉及的内容太"大"，范围太"广"，大数据别称"巨量资料"。

##### 2. 大数据的特征

大数据被学术界公认的特征有四个，总结为"4V"，即数据量巨大（Volume）、数据种类多（Variety）、流动速度快（Velocity）、价值密度低（Value）。①对于数据量巨大这个特征目前业内还没有统一的说法和标准，以往的大数据一般指数据量规模大于10太字节（TB）（1TB=

①杨毅，王格芳，王胜开，等. 大数据技术基础与应用导论[M]. 北京：电子工业出版社，2018.

1024GB）的数据量，但随着技术的不断推进和发展，数据量也从太字节（TB）扩大到了拍字节（PB）（1PB=1024TB），到艾字节（EB）（1EB=1024PB）甚至泽字节（ZB）（1ZB=1024EB），在逐渐向尧字节发展（YB）（1YB=1024ZB）。②数据种类多大致可以分为三种类型：一是人们在互联网上使用产生的移动数据，如社交网络的视频、图片、音频、文字等等；二是各类计算机系统产生的数据，如数据库、多媒体、文件、自动生成的日志等等；三是各类数字设备所产生的数据，如交通电子杆电子眼产生的数字信号、医疗器械设备产生的各项特征数值等等。③流动速度快指的是对快速动态变化的数据进行获取、存储、分析、挖掘有效信息的这个过程速度很快。④价值密度低指的是在数据样本量呈现指数级增长的时候，真正有价值的信息并没有相应的增长，就会导致数据价值密度低，如警方在调取监控时通常会连着看十几个小时的监控，但实际上在真正有价值的数据就只有短短两三秒。

随着大数据的发展，2013年，IBM公司总结了大数据的技术特点为"5V"，在"4V"的基础上增加了数据真实性（Veracity），是指涉及数据的精度和无差错程度。影响数据真实性的因素有多种多样，有些失真的数据是多种因素共同作用的结果，大数据的真实性是大数据质量控制的重要方面。

### （二）大数据技术

大数据技术是指伴随着大数据的采集、存储、分析和应用的相关技术，是一系列使用非传统的工具来对大量的结构化、半结构化和非结构化数据进行处理，从而获得分析和预测结果的一系列数据处理和分析技术。在讨论大数据技术时，先要了解大数据的基本处理流程，包括数据采集、存储、分析和结果展示等环节。数据随处可见，源头众多且类型多样，如互联网网站、政务系统、零售系统、办公系统、监控摄像头、电子信号杆等。为此，需要采用特定设备和软件进行采集。采集来的数据需经过预处理，以解决数据缺失和语义模糊等问题，变为可用状态。处理后的数据会存放在文件系统或数据库系统中，然后使用数据挖掘工具进行进一步处理和分析。最后，使用可视化工具呈现结果。在整个处理过程需注意隐私保护和数据安全问题。因此，大数据技术的内容包括数据采集和预处理、数据存储和管理、数据处理和分析、数据安全和隐私保护等多个层面，它指的是一种处理、管理和分析大规模数据集的技术，需要使用高度复杂的软件和硬件工具实现。

### （三）大数据时代

大数据又称巨量数据，指的是无法在可承受的时间范围内用常规工具进行捕捉、管理和处理的数据集合。在人类的发展进程上，大数据经历了三个里程碑，分别是无数据到有数据、从生活数据到科学数据、从科学数据到人文数据。在以大数据技术为核心的新一代科学技术带来的改变下，人类社会已经进入了一个基于互联网、云计算、可穿戴设备等技术手段进行大规模数据获取、存储、处理和分析的时代，也就是我们口中常说的大数据时代，指的是人们目前正处于被海量庞杂数据所包围及影响的时代。

麦肯锡全球研究院（MGI）于2011年6月发布了题为《大数据：下一个创新、竞争和生产力的前沿》的研究报告，最早提出"大数据时代已经到来"，引起了全球经济界对大数据的高度关注。报告指出，当前大数据规模和存储容量正在迅速增长，并已广泛渗透到各行各业和职能领域，成为可以与物质资产和人力资本相提并论的重要的生产要素。2012年被学术界公认为是大数据元年，从2012年以后，中国的大数据技术爆炸式发展。

2014年，大数据被首次写入我国政府工作报告。2015年专门印发了《促进大数据发展行动纲要》，明确"数据已成为国家基础性战略资源"，着力发挥大数据在推动经济发展转型、重塑国家竞争优势、提升政府治理能力方面的积极作用。"十三五"规划纲要正式提出实施国家大数据战略，"十四五"规划纲要对大数据的发展进行了全面的布局，重点关注数据在数字经济中的作用、数据要素市场规则的建设、大数据相关基础设施建设。2021年工信部印发了《"十四五"大数据产业发展规划纲要》，明确大数据产业的发展目标、发展任务、具体行动、保障措施等。

总的来看，我国大数据时代的发展经历了三个阶段：预热阶段、起步阶段、落地阶段，目前正处于纵深发展阶段。相较于其他阶段的大数据时代，纵深发展的大数据时代有三方面的特征：价值融合特征明显、数据整合特征更显著、超前影响力。价值融合特征明显指的是大数据时代隐含价值的挖掘不仅仅局限于数据本身，而是包括数据与经济、政务服务、文化、生态等方面的价值融合。数据整合则指政府、企业和社会三者之间的数据共享趋势，形成了大数据时代的新特征。大数据时代超前影响力特征表现在提供了前所未有的发展机遇，并以数据作为第五种生产要素，加快数字化转型进程，推动时代的新发展

当前，大数据正迅速进入社会及各行业，并广泛应用于医疗等各个行业领域，这种应用在很大程度上推动了各行各业的快速发展和变革。探索大数据与某一特定行业进行有机融合，看似一个抽象话题甚至是一个离日常生活较为遥远的科技话题，但其实大数据技术早已随着移动互联等技术的发展，悄无声息地进入了我们的日常生活中。

首先，大数据时代加速了信息化和数字化的进程，为各行各业带来了更多的创新和发展机会。例如，在医疗、金融、教育等领域，大数据技术的应用已经取得了重要的成果。其次，大数据时代也对数据的处理和分析提出了更高的要求，需要采用更加高效、精确的技术手段来处理海量、多样化的数据。同时，随着数据量的增加，数据的质量和安全问题也变得更加突出，需要采取更加严格的保护和管理措施。在大数据时代，数据已经成为一种重要的资源和财富，对于企业和组织来说，如何利用好数据，实现数据驱动的创新和发展，已经成为一个重要的议题。最后，随着大数据时代的不断发展，人们对于数据的价值和隐私保护等问题也越来越重视，需要建立更加完善的法律和规范，保障数据的合法使用和个人隐私的保护。因此，大数据时代不仅带来了更多的机遇和挑战，也需要我们不断探索和创新，以应对日益复杂和多变的数据环境。

综上所述，大数据时代是一个数据量爆炸式增长、数据类型多样化和复杂化的时代。大数据已成为各国积极推动研究发展的热点与重点，世界主要国家都意识到大数据蕴藏的巨大价值和发展潜力，相继发布大数据国家战略。

## 二、大数据时代的思维革命

当前，伴随着互联网、物联网、人工智能和云计算等为代表的高新技术迅速发展，人们告别了数据信息相对匮乏的时代，转而进入大规模数据采集、挖掘和运用的大数据时代。大数据不仅改变了我们的生产生活，也改变了我们的思维方式，形成了大数据时代的独特思维方式。在《大数据时代：生活、工作与思维的大变革》一书中，维克托·迈尔·舍恩伯格和肯尼思·库克耶认为，这个独特的思维方式就是："不是随机样本，而是全体数据"；"不是精确性，而是混杂性"；"不是因果关系，而是相关关系"。以此分析，大数据时代的思维方式实现了从样本思维到整体思维、从精确思维到多样思维、从因果思维到关联思维的根本性变革。这就要求我们必须充分掌握大数据时代思维反思的深刻变革，这样才能更好地去拥抱大数据时代，挖掘出大数据背后隐藏的巨大价值。

### （一）不是随机样本而是全体数据

大数据时代的第一个思维转变就是利用所有的数据，而不再仅仅依靠一小部分数据。在数据信息相对匮乏的时代，由于数据有限，我们往往通过样本分析的方式来分析和处理这些数据信息。由于技术条件限制，我们无法获取整体数据而只能借助样本思维的方式来分析、解决问题。因此，在与数据交流的过程中人们往往习惯于采样分析的方式来应对，这就导致我们无法全面系统地认知事物的全貌，仅仅局限于目前已掌握的数据信息。如今，伴随着技术条件的飞速发展和日渐成熟，大数据时代的到来意味着新的思维变革。大数据的"一切皆可量化"意味着所有信息都能以数据的形式呈现出来，这也代表着我们可以获取全面完整的数据信息。正因为如此，人们渐渐地放弃样本思维，取而代之的是立足于掌握全面而完整的数据前提下来分析和解决问题。因而，大数据不仅帮助人们摆脱了无法获取整体数据的技术困境，还赋予人类一个全新的视角来认知物质世界。因此，大数据时代的第一个新思维方式就是用全体数据思维取代样本思维，毕竟在大数据时代能够实现一切皆可数据化，海量数据已经成为现实。

### （二）不是精确性而是混杂性

正因为大数据时代能够实现一切皆可数据化，我们就不能专注于结构化数据，更应该关注非结构化数据。因此，大数据时代的第二个思维转变就是乐于接受数据的纷繁复杂，而不再过于追求精确性。在传统的数据分析中，最基本的要求就是保证数据的精确性，将数据的误差降至最低。在搜集数据有限的条件下，人们对数据质量提出了更苛刻的要求，只有这样才能确保数据的准确性，得出更为客观的数据结果。然而，在人们致力于提高数据的精确度时，也就意味着所有的精力都投入于仅有的数据信息之中，无法关注到不精确的数据信息。这就导致我们再次被束缚于样本数据当中，无法发挥出整体数据信息的价值性。在大数据时代，伴随着海量数据信息的出现，数据呈现出混乱、繁杂的特点。人们已经无法像过去一样依靠提升数据的质量来确保分析问题的准确性，而更多关注的是数据的数量上以掌握事物的全貌。换而言之，相比于以往的数据分析方式，人们放弃了对数据的严格精确要求，学会拥抱数据的混乱。我们要做的就是要接受这些纷繁的数据并从中受益，而不是以高昂的代价消除所有的不确定性。为了更全面地把握事物，在对数据信息处理时需要接受其中的不确定性因素，抛弃以往对数据精确性的执着追求。大数据伴随而来的不仅是纷繁复杂的数据，更是摆脱传统思维上的偏见，重新审视对数据精确性的追求，接受数据的不确定性。总之，既要关注结构化数据，更要重视非结构化数据。

### （三）不是因果关系而是相关关系

正因为在大数据时代能够实现一切皆可数据化，我们不仅能够关注到结构化数据，还能够关注到非结构化数据，因此就可以从数据中寻找到相关关系来指导我们"怎么办"，特别是当因果关系还难以完全把握的时候，通过相关关系能够指导我们的实践活动走向成功。这就是大数据时代的第三个思维转变，即不再执着探索难以捉摸的因果关系，转而关注事物的相关关系；在此基础上寻找到事物背后的因果关系。很长一段时间，对于事物的认识，人们普遍从因果关系的认知角度来得出结论，并且逐渐习惯性地用因果关系来理解事物之间的联系。但是，我们的每一次实践活动并不是都在充分认识到因果关系的前提条件下进行的，也就是说，当我们还暂时无法获得因果关系的条件下，就更需要通过相关关系来指导我们的实践活动，否则我们就会经常受到因果关系中强烈主观色彩的影响，无法以客观、理性的角度分析事物。同时，在小数据时代，基于过去有限的技术和数据的条件，无法实现完全从相关关系的角度来分析世界。这就导致因果关系成为人们过去认知世界的最佳思维方式。然而，大数据时代的到来避免了传统思维的局限性。在数据分析过程中，相关关系的广泛应用不再受到各种条件的限制，人们能够充分发挥相关关系的优势，更容易、更快捷地分析事物。同时，不再停留于个人的偏见之中而蒙蔽双眼，仅仅依靠于因果关系中建立的假设来开展问题分析。相关关系很有用，不仅仅是因为它能为我们提供新的视角，而且提供的视角都很清晰，而我们一旦把因果关系考虑进来，这些视角就有可能被蒙蔽掉。在大数据时代，我们在思维上需要转变长期以来对因果关系的过于依赖，更多地依靠相关关系来分析事物。总而言之，大数据强调人们去探索"是什么"而不是"为什么"，采用相关关系的思维方式可以更客观、直接地去认知世界。

### 三、大数据时代下的档案数据

大数据时代，档案数据海量生成、大量累积，成为档案资源新形态。档案数据是指个人或团体在开展业务活动过程中所生成的具有保存价值的数字态和数据态信息，既包括档案目录、档案数据内容本身，也包括与之相关联的背景信息、元数据等。档案数据既有档案的属性，又有数据的属性。档案工作正在经历由管实体到管数据的转变，这正是大数据时代档案数据生态发展的直接结果和集中体现。

大数据时代，数据洪流席卷而来，推动了信息资源形成方式的全新变革，深刻改变了档案信息资源空间结构与生成环境，加速档案资源形成生态数据化变迁，档案数据生产与再生产能力空前加强，档案资源形成生态呈现出明显的"数据化"特征和"泛在化""内生化"趋向，档案数据海量产生与急剧增长，已成为档案管理的重要对象。

**（一）数据化浪潮持续推进**

信息通信技术的突飞猛进，计算机技术的迅速发展，电脑、移动终端、各类数据采集设备的不断普及迭代，人类存储信息能力和计算机数据处理能力急剧增强，全球数据呈现爆炸式增长。随着大数据作为新的基础设施正在重塑社会生态与生产要素，"数字化"与"数据化"推动着社会新一轮的、基于数据维度的空间与秩序变革。大数据开启了一次重大的时代转型，正在催生和形成一种全新的文明形态，引导整个社会全方位升级和系统性变革。从广度而言，数据化浪潮不断波及着现实社会的各个场域维度，数据疆域不断拓展；从深度而言，数据化浪潮深刻改变着生产模式、工作业态和生活方式，数据渗透力不断加深。由此也带来数据生产、采集、传播、利用的广泛开展，数据记录呈爆炸式产生与增长状态。

在"数量"上，社会各领域都不断产生并贡献数据，数据海量生成与急剧增长；在"能量"上，各行各业都在利用并受益于数据，数据化正在改变社会工作业态，数据作为经济社会发展关键性生产要素的角色日益凸显；在"流量"上，依托互联网技术和移动通信技术的快速发展，数据大量流动与快速传播，整个社会宛如大数据循环交换系统，一个更加数据化的社会文明形态加速演化形成。

在此背景下，通过数据资源、网络平台与科学技术的叠加融合，映射构造出一个数实融合、虚实交互、人机共生、万物互联的数据世界，进一步打破时空隔阂，推动信息跨域传播。"数据化社会空间"与"数据世界"为档案数据的广泛形成奠定了基础。在数据驱动背景下，电子政务、电子商务、电子业务、无纸化办公等数据化业态蓬勃发展，塑造了文件形成的技术场景和新形态。在数据化的工作系统、技术环境和管理空间中，"数据"已经成为新的"文件"和"档案"，档案数据大量形成、急剧增长。

**（二）数据态记录方式普遍呈现**

2021年，颁布施行的《中华人民共和国数据安全法》指出，数据"是指任何以电子或者其他方式对信息的记录"。数据是信息的原材料，以"0"或"1"的二进制字符串存储，用于表达和描述客观事物，能够被机器访问和处理，是当前更为日常和主流的信息记录存在形式，包括字母、数字符号、图像、声音、动画等。大数据发展的核心动力来源于人类测量、记录和分析世界的渴望；计量和记录一起促成了数据的诞生，它们是数据化最早的根基。记录信息的能力是衡量社会先进程度的分界线之一。新思维、新工具和新技术极大增强了人类记录信息的能力，促进了测量事物和记录数据的繁荣，人类生产数据能力的增强也在倒逼保存、管理和利用数据能力的提高，作为原始记录性信息的档案不可避免地融入大数据浪潮。

从古至今，档案形成的记录方式变化体现了生产力发展的时代印记。当下，大数据的发展不仅将社会活动引向数据空间，也将社会活动的记录和表现方式向数据维度迁移迭代，整个数据社会犹如一个数据生产、交换和循环系统，数据已然成为大数据时代客观世界的真实映射和社会发展进程的真实呈现。数据化社会背景下，记录信息无时无处不在，其中有些失去了图书、文献、档案原有的确定形制和生成流程[①]，电子文件、电子数据、数字档案等以数据态记录方式产生的档案数据无处不在，其存储形态和形成场域也在不断拓展。

总而言之，大数据时代，经济社会与科学技术融合性高速发展，信息资源数据式、数字化呈现，档案数字化、数据化、信息化发展已成为档案事业发展的必由之路。

# 第四节 档案数字化的内涵与意义

## 一、档案数字化的内涵

在新一轮科技革命的推动下，以大数据、云计算、虚拟技术等为代表的科学技术，正促进着各行各业的转型升级，人类正加速迈向数字社会。近年来，随着数字时代的飞速发展和科技的巨大革新，众多行

---

①冯惠玲. 学科探路时代：从未知中探索未来[J]. 信息资源管理学报,2020,10(03)：4-10.

业流程和管理模式被重构，科技促进了融合和跨界，这种改变极大地影响着各个主体的经营活动，数据的爆发式增长和互联网技术的革新正以前所未有的速度改变着企事业单位的管理生态。在国家对加快数字化发展、建设数字中国提出了要求和目标的背景下，加快并推进档案数字化建设与管理成为一项迫在眉睫的工作。

**（一）档案数字化的概念**

档案数字化有"狭义"和"广义"之分。狭义的档案数字化，又称数字处理或数字转换，是将存储在传统载体中、以模拟形式存在的档案信息，通过一定的技术方法，转化为以数字形式存在的、计算机可以识别和处理的信息的过程。可以转换为数字信息的文件类型包括纸质文件、照片文件、音频文件、视频文件、缩微胶片等。转换后的数字信息可以是文本、图形、图像、音频、视频和其他媒体格式。从广义上讲，档案数字化是将存储在传统载体上的、以模拟形式存在的文件信息转换为以数字形式存在的、可由计算机识别和处理的信息，并对其进行存储、组织、检索和维护的过程，这一过程有以下内容：制订档案数字化工作计划，成立档案数字化工作小组，配置档案数字化工作条件，监督档案数字化工作，评估档案数字化工作成果。

档案数字化之后，极大降低了对实体档案提取利用的频次，减少了人为因素或者自然因素如紫外线、空气有害物质等对实体档案的损害；同时实现档案数据共享，极大提升档案部门的社会服务水平[①]。

**（二）档案数字化的原则**

数字档案是指各个主体在日常运营和管理过程中产生、存储和使用的所有数字化信息和记录。为确保档案数字化工作有序开展、数据质量符合标准要求、实现预期社会与经济效益，档案数字化应遵循以下三项基本原则。

其一，规范性原则。规范性要求所有档案数字化工作必须依据国家、行业、组织内部规定的技术要求和工作标准开展，并尽可能选用通用参数设置和格式标准，保证数字化数据实现互通、共享利用，避免形成信息孤岛。

---

①黄霄羽. 外国档案管理学[M]. 北京：中国人民大学出版社,2008.

其二，安全性原则。在档案数字化过程中，安全性是最为重要的一个原则。主要包括档案原件不受损坏的实体档案安全、档案数字化信息不失密泄密的数据安全以及人员安全等。

其三，效益性原则。档案数字化工作耗时耗力，人工成本高，投入资金大，所以应该十分注重项目的投入和产出比。这就需要在充分论证的基础上选择最优的数字化方案，包括通过档案鉴定缩小档案数字化的范围、总结经验优化数字化工作流程、参照行业标准选择正确的技术手段以及配备适量的数字化设备设施等，尽力提高数字化项目效益。

## 二、档案数字化的意义

长期以来，大多数档案机构保存的档案信息形态主要以纸质、缩微胶片和底片等载体形式存在，更多地适应于传统的手工管理和单向传播的服务方式。即便是经过档案编研等形成的档案产品和服务，往往是从点到面的传播，其覆盖范围相对较小，难以真正实现档案社会化，更无法充分实现档案信息资源的价值和效用，完全不能适应当代"数字化生存"的新环境。当前，档案开发利用的社会化程度相对较低，档案资源的经济社会价值难以充分实现，而档案数字化是档案管理服务工作的重大变革，对推动档案事业的科学发展有着积极意义。

### （一）档案管理服务变革的重要基础

现代科学技术的发展为档案管理服务提供技术保障，数字化服务方式将成为档案管理服务的主要途径。提高档案资源利用效率，实现档案资源开放共享，增强档案资源服务能力，必须以数字档案资源为基础，档案数字化是档案管理服务现代化不可或缺的重要保障。在完善功能、丰富馆藏和适应需求的前提下，最大限度地利用档案资源，必须建设数字档案馆。档案数字化是传统档案馆走向数字档案馆的必经之路。因为，不管未来的数字档案馆的具体组成结构、组织管理模式如何发生变化，其"馆藏"的数字化特征是肯定的，传统档案的数字化将是其"馆藏"的重要组成部分。

### (二)档案事业"三个体系建设"的重要保障

建立健全覆盖人民群众的档案资源体系、方便人民群众的档案利用体系和确保档案安全保密的档案安全体系是档案事业发展的主要内容和努力方向。档案数字化有助于提高档案利用效率，有助于保护历史档案信息，有助于有效规避安全风险，有助于舒缓档案空间紧张。因此，档案数字化是"三个体系建设"的重要保障。数字档案资源可以有效修复档案材料、丰富档案载体形态，是覆盖人民群众的档案资源体系的重要组成和发展趋势。数字档案资源可以通过"一次建设、重复利用"，实现全面共享、深度开发，使档案利用体系能够更加方便人民群众、更好地服务社会发展。数字档案资源可以代替原始档案，开展异地异质保存，有助于全面建设确保档案安全保密的档案安全体系。尤其是通过档案数字化，档案开发利用完全突破了时间和空间的限制，极大地增加了档案资源的开发利用力度和强度，真正让档案资源成为一种开放的社会资源。档案资源开发利用是档案管理服务最为重要的着眼点和落脚点，档案数字化为档案资源开发的社会化、高效化提供了现实的可能和充分的保障。

### (三)档案事业科学发展的重要动因

在档案数字化条件下，档案机构从传统档案馆向数字档案馆发展的过程中，档案管理服务必须更加标准化、规范化、程序化、制度化。档案数字化可以极大提升档案资源开发利用的效益和效率，有效推动档案机构管理服务方式的根本性改变，大力提高档案管理人员业务素质和服务能力，从而最终实现档案事业的科学发展。只有档案管理服务质量上去了，档案管理服务人才问题解决了，才能真正使档案数字化建设符合正确的方向，才能真正满足社会发展对档案工作的需求。因此，档案数字化是档案事业科学发展的新生动力。

# 第二章　档案数字化建设与管理的基础设施

## 第一节　网络基础设施

基础设施原本是指人们开展正常的社会经济活动所赖以维持的物质条件和必需的公共服务，例如水、电、煤、交通、医疗、教育等。在档案数字化建设环境下所谈的基础设施更多的是侧重以软硬件为主的网络基础设施，包括服务器、应用软件、终端设备等。

### 一、服务器

服务器也称为伺服器，是指通过网络为网络中的其他设备提供计算或者查询等服务的设备[①]。服务器承担档案数字化数据存储、管理和应用系统运行的任务，具有高速度、高可靠性、高性能、大容量存储等特点，为各用户端的访问提供各种共享服务。服务器是网络环境中的高性能计算机。所谓高性能，是指服务器的构成虽然与一般PC相似，但是它在稳定性、安全性、运行速度等方面都高于PC，因为服务器的CPU、芯片组、内存、磁盘系统等硬件配置都优于PC。服务器接收网络上的其他计算机终端提交的服务请求，并提供相应的服务，为此，服务器必须具有承担和保障服务的能力。档案计算机网络系统建设可根据需要提供的功能、性能、数据量等配置一台或多台服务器。

### （一）服务器功能的确定

服务器按照其提供的服务可以分为文件服务器、应用服务器、数据库服务器、Web服务器等。由于档案管理系统的目录和全文数据量庞大，一般来说，应配置数据库服务器或文件服务器；如果涉及多媒体档案管理，为了提高系统性能，可以配置多媒体数据库服务器。此外，

---

[①]刘驰. 基于OpenPose的居家康复监测系统的研究[D]. 成都:四川大学,2021.

还可配置运行档案管理应用系统的应用服务器，不同级别或地域的档案部门可根据系统的规模各自配置或集中配置应用服务器。如须实现档案数据网上查询服务的，配置 Web 服务器；如须加强档案馆安全管理的，配置数据备份服务器；为了支持办公自动化系统中大量电子邮件发送的，也可配置专用的 E-mail 服务器等。

### （二）服务器数量的确定

根据各个主体投入资金的多少、数字化应用的功能需求、数据的存储和分布要求等来考虑服务器的数量。原则上，FTP 服务器、E-mail 服务器、Web 服务器、内部业务服务器、数据服务器等都需要单独建设，但考虑到资金和安全等因素的限制，应至少建设一个支持办公管理的业务服务器、提供对外服务和内部公共服务及允许外网访问的公共服务器、支持档案管理工作运行并提供档案数据存储和管理服务的档案数据专用服务器。

### （三）服务器性能的确定

不同架构、不同品牌、不同档次的服务器，其性能、质量、价格有很大的差别，选择服务器时要综合考虑档案业务的需求和资金条件，同时还要考虑选择能够提供良好服务的供应商。每个服务器的性能主要取决于 CPU、主板和服务器芯片组的性能，服务器系统的功能与可靠性取决于每台服务器的功能和服务器集群的部署与连接方式。

### （四）操作系统的选择

每台服务器上安装的第一个软件就是操作系统。它是控制和管理计算机硬件与软件资源、支持计算机联网通信、提供多种应用服务的基础软件，也是各类应用程序加载、运行的软件支撑平台。

操作系统按照应用领域可分为桌面操作系统、服务器操作系统和嵌入式操作系统。桌面操作系统主要用于个人计算机，个人计算机主要有两类：PC 机与 Mac 机。PC 机一般使用 Windows 操作系统；Mac 机使用基于 Unix 操作系统的 Mac OS 操作系统。Windows 操作系统有 Windows Vis-ta、Windows7、Windows8、Windows10、Windows NT 等；Unix 操作系统主要有 MACOSX、Linux 发行版等。

一台服务器能够安装和兼容哪一类操作系统一般在出厂时就已基本确定，用户在选购服务器时也会连同操作系统一起购买。操作系统的选择同时还需要考虑用户所选用的核心业务系统，如档案管理信息系统的应用程序运行模式、所需要的操作系统与数据库管理系统的支撑环境等。

**（五）服务器连接与工作方式的确定**

为确保网络数据的安全存储与高效访问，网络上的服务器通常采用集群工作方式实现互联，具有灾难备份系统的还可能在异地建立镜像服务器系统，服务器之间的通信与数据交换方式根据业务系统的需要而定，可以是实时的，也可以是定时的。

### 二、应用软件

系统软件的特点是通用，它并不针对某一特定应用领域。而应用软件的特点是专用，即针对特定的管理业务，并应用于某些专用领域的信息管理。如用于政府数字化的电子政务系统，用于企业数字化的电子商务系统，用于辅助行政办公和决策的办公自动化系统，用于机关档案室数字化的数字档案室系统，用于档案馆数字化的数字档案馆系统等。这里所指的应用软件具有以下特点：一是在特定的操作系统环境下，运用特定的软件工具研制而成。二是针对特定的信息处理需求和管理业务需求进行设计开发，且应用于特定的专业领域、行业、单位，或辅助特定的管理业务。

软件工具是指为支持计算机软件的开发、维护、模拟、移植或管理而研制的软件系统。它是为专门目的而开发的，在软件工程范围内也就是为实现软件生存期中的各种处理活动（包括管理、开发和维护）的自动化和半自动化而开发的软件。开发软件工具的最终目的是提高软件生产率和改善软件运行的质量。

### 三、终端设备

终端设备是经由通信设施向计算机输入程序、数据或接收计算机输出处理结果的设备。这里所说的终端设备主要是指用于各类用户访问服务器或进行档案信息处理工作的主机，外存储器，输入、输出设备等。其中，输入终端设备有鼠标键盘、手写板、麦克风、摄像头、扫描仪等；输出终端设备有显示器、音箱、打印机、传真机等。其他类别的终端设备有无线、蓝牙、路由器、网卡、U盘、移动硬盘等。目前，档案网络终端设备的主机大多为PC机，又称终端机。影响终端机处理能力与速度的是主板、CPU、内存、显卡等组成计算机的核心部件，它的选择要根据各业务人员的工作要求进行。如软件开发人员、多媒体档案编辑人员，对CPU、内存等方面要求较高，需要高配置的PC机；而一般的业务人员，只利用计算机进行简单的操作，就不需要高配置的PC机。PC机需要联网并安装操作系统、应用软件等，一般采用网卡与信息插座相连，也可以采用无线接入方式上网，并安装网卡驱动，进行正确设置后方能使用。

终端机从网络应用的角度又称为客户端，常见的客户端分为两类：一类是胖客户端，是指主机配置较高档、数据处理能力较强的客户端。如一般工作中的PC机，它负责网络系统中大部分的业务逻辑处理，以减轻服务器的压力，降低对服务器性能的要求，因此对客户机的性能要求比较高。另一类是瘦客户端，是指数据处理能力比较弱的客户端，它基本上不处理业务逻辑，只专注于通过浏览器显示网络应用软件的用户界面，数据储存和逻辑处理基本上由服务器集中完成。网络终端机经历了从胖客户端到瘦客户端的发展历程，胖客户端是相对于传统的C/S结构，而瘦客户端一般都是相对于B/S结构的Web应用而言。

目前，档案信息管理系统的网络终端大多为胖客户端，然而瘦客户端在档案数字化建设中的应用前景也不容忽视。瘦客户端配置的优越性有利于档案数据的集中存储、高效管理和广泛共享利用；有利于对档案数据共享权限的集中控制和安全管理；有利于网络系统的维护、扩展和升级，通过客户端的即插、即用，能提高网络维护的便捷性和可靠性；有利于节约档案网络系统建设和维护的成本；有利于云计算技术在档案网络系统中的应用。此外，由于瘦客户端一般不配置软驱、光驱、硬盘等部件，从而杜绝病毒产生的来源，不易损坏，能显著提高系统的稳定性。

CPU的技术指标主要由主频、总线速度、工作电压等所决定，它决定了计算机系统的技术效能和档次。一般来说，主频和总线速度越高，计算机系统运行的速度也越快；工作电压越低，计算机电池续航时间提升，运行温度降低，也使CPU的工作状态更稳定。当前各种移动终端的发展和普及就是得益于CPU技术的迅猛发展。

# 第二节 数字化设备

数字化设备是指将传统模拟档案信息转换为数字档案信息的设备。数字化设备是建设数字化文本、图像、声音和影像档案资源必不可少的设备。正确地选择和使用数字化设备和数字化技术，直接关系到档案数字化的质量和效率。

## 一、数字化扫描与数码翻拍

### （一）数字化扫描技术的原理

数字化扫描技术对于现代社会发展具有重要的意义。随着科技的不断发展，数字化扫描技术已经广泛应用于各个行业和领域。数字化扫描技术可以将纸质文档、照片、图画等转换为电子格式，方便存储、管理和分发。数字化扫描技术是通过扫描设备将纸质文档等物理介质转换为数字信号的过程。主要包括以下几个步骤：①光学扫描：扫描设备通过激光或LED光源照射到纸质文档上，反射光线经过透镜系统聚焦到光敏传感器上。光敏传感器接收到光信号后，将其转换为电信号。②信号转换：电信号经过模数转换器（ADC）转换为数字信号。ADC将电信号分割为若干个离散的幅度值，形成数字化的数据。③数据处理：数字信号经过处理器实现分析和处理。可以去除噪声、增强图像的对比度、调整图像的亮度和色彩等。④数据存储：处理后的数字信号可以存储在计算机硬盘、光盘、U盘等存储介质上，也可以通过网络传输到其他设备或系统。

### （二）数字化扫描技术的局限性

数字化扫描技术虽然具有许多优势，但也存在一些局限性。①成本较高：数字化扫描技术需要专门的扫描设备和软件支持，成本较高。对于一些小型企业和个人来说，可能难以承担。②影像质量受限：数字化扫描技术的影像质量受到扫描设备和原始文档的限制。如果原始文档质量较差，扫描后的影像也会受到影响。同时，扫描设备的分辨率和调整参数也会对影像质量产生影响。③版权和法律问题：数字化扫描技术可能涉及版权和法律问题。例如，扫描和复制受版权保护的文件可能涉及侵权问题。在应用数字化扫描技术时，需要遵守相关的法律法规。④兼容性问题：不同的数字化扫描设备和软件之间可能存在兼容性问题。不同厂家的扫描设备可能使用不同的格式和接口，导致文件的互通性受限。同时，不同的扫描软件可能对文件的处理方式和功能有所差异。

### （三）实例分析

以博物馆的书画文物为例，对其进行数字化复制的最佳效果是采用德国博物馆级的CRUSE扫描机扫描获得数字化影像信息。CRUSE扫描机使用专用红外及紫外线过滤装置或专用LED光源，可达到真正的无损扫描。可是CRUSE扫描机适合扫描平面可移动的文物藏品，其最大扫描尺寸是4m×7m，只适合在室内工作，不适合移动工作。此外，由于CRUSE扫描机价格昂贵，目前除国家图书馆、国家博物馆等少数单位拥有该设备外，一般的中小型博物馆均无此设备，如浙江省博物馆也没有配备CRUSE扫描机，一些珍贵的书画文物藏品的数字化复制都是委托第三方采用CRUSE扫描机完成的。

为此，可以采用数码照相机的翻拍技术来对超出扫描仪幅面以及一些移动不便的文物藏品进行数字化的翻拍复制保存，达到博物馆收藏级别的数字化影像信息。甚至一些立体的文物，如油画、瓷器、雕塑、木制品等也通过翻拍实现数字化转化，进而与VR等技术进一步结合。

我们知道，传统的摄影翻拍是一项比较成熟的技术。首先，它通过镜头的选择和采用翻拍台来保证照相机的视点处于被摄物的中心并与被摄平面垂直来保证翻拍的影像不变形、不畸变；其次，它通过采用面光源从两侧30°～45°角的照射来保证光线的均匀性，以避免反光进入照相机镜头影响翻拍效果；最后，对于彩色书画物品的翻拍的颜色还原，传统的翻拍技术主要是通过采用标准色温的光源或者通过雷登系列的色温校正滤色镜来保证。尽管已经充分考虑了变形、成像均匀性和色彩还原等几个方面，但若将传统的摄影翻拍技术与博物馆级的CRUSE扫描方法进行比较就会发现：两者在复制的精度上存在差距，翻拍时的要求更多的是体现在定性，而扫描则体现在定量的控制，所以能够达到近乎100%的还原。

事实上，数字翻拍在现阶段仍有大量的应用场景，我们完全可以借助数字化的精确性和可重复性，在传统翻拍复制的基础上引入数字控制技术，使得数码翻拍达到近乎100%的高保真复制，达到甚至超过博物馆级的CRUSE扫描机的扫描效果。比如，中国印刷科学技术研究院近年研制出的（CAPT）KY-FP-700A型翻拍仪，就是由故宫博物院根据日常文物影像采集工作需求，委托中国印刷科学技术研究院研发、设计、制造的文物影像采集专业设备。

下面就变形、影调反差和色彩等利用后期的软件处理控制方面的内容加以具体的分析。

（1）变形的校正与翻拍比例的精确控制

数码翻拍在拍摄时，首先要采用专用的、良好校正变形的、焦距大于等于标准镜头焦距的定焦镜头，如：50mm的标准镜头、90mm的微距镜头，同时确保照相机镜头的轴线与翻拍物件的中心垂直，两侧照射的光源采用带柔光箱的影室灯，影室灯柔光箱的尺寸大于被摄物的尺寸并曝光准确，这样就能获得最佳的翻拍效果。除此之外，还可以利用Photoshop中的功能，进一步校准各种镜头的畸变可能带来的翻拍物件的变形。

对于文物复制而言，有一个很重要的要求，就是保证色彩、层次的准确还原。因为，对于文物而言，色彩很可能是反映文物诞生年代或产地的一个重要的特征。比如：对于我们熟悉的古青瓷文物，浙江上虞的越窑、浙江龙泉的官窑、江西的景德镇窑、河南宝丰的汝窑、福建建阳的建窑都有出产。同样是青色——越窑的翠青；龙泉官窑的粉青、梅子青；景德镇窑的影青；汝窑的天青……鉴别产地和年代时，主要就是依据器型的特征和颜色加以推断。

（2）保证拍摄影像的准确色彩还原

数码翻拍复制，要保证拍摄影像的准确色彩还原，目前主要有两个方法：

其一，确保光源的色温与照相机设置的色温一致。在拍摄与后期处理时，保持拍摄时光源的色温和影像处理与输出时的绝对一致，这样就可以保证色彩100%的精确还原不失真。这个方法要求配备色温测量仪（又称：色温色度计、色温仪等），在拍摄之前先测定光源的色温，若采用JPEG格式记录影像，则将照相机的色温选项设定为色温表测定的色温值。由于照相机的色温设置的变化量是以100K为单位，所以精度有所限制。若同时记录了RAW格式，就可以在转换JPEG格式时，把测得的色温值标定在处理软件的色温选项中，色彩还原的精准度就会明显提高。

其二，借助柯达标准灰板。这个方法不需要购置色温仪，比较方便易用。方法是在翻拍时引入数字化的标准灰板，拍摄时将灰板摄入画面，在后期使用PS软件处理时通过对灰板的标定和处理，从而达到100%的精准还原效果。这个方法，在拍摄时我们还可以同时兼顾复制原件的影调和反差的准确还原。具体方法如下：①在书画翻拍的原件旁放置一块标准的柯达灰板；②在翻拍图板的两侧布置好均匀的光场，用测光表测量画面上下左右和中央部分的光照，调整两侧的影室闪光灯使光照均匀；③翻拍之前，将数码照相机的记录格式设置为RAW格式，构图时将柯达灰板一并拍入画面；④打开Photoshop软件，将拍摄完成的RAW格式图片导入，点击左上角的一键白平衡工具，然后，将吸管工具对准灰板的中心点击确认；⑤至此，画的色彩还原已经和原件完全一致，转换成JPEG格式或TIFF格式后，修去画面的瑕疵，调整反差层次并裁剪，这幅画的翻拍即告完成。此方法不仅可以翻拍平面的书画，也完全适用于拍摄瓷器、木质器具等物品，只要保证灰板的光照角度与物品的光照角度一致即可。

## 二、缩微胶片与数转模

缩微胶片具有存储密度大、胶片尺寸小、信息保留时间长以及还原度高等优点。运用计算机技术与先进的扫描设备将缩微胶片进行数字化图像处理，可以提升档案数字化建设的效率与质量。数转模是数字档案转换成数字模拟档案的简称，其基本的工作原理是通过胶片打印机以光化学原理将电子档案文件以图像的形式打印到缩微胶片上[①]。

**（一）缩微胶片数字化图像处理的一般流程**

缩微胶片数字化图像处理是一项非常重要的技术，可以帮助我们将缩微胶片的内容数字化并保存，以便进行后续的图像处理和分析。然而，数字化缩微胶片图像处理的质量和精度往往很容易受到影响，因此需要进行严格的质量控制。下面我们详细介绍相关环节的具体操作步骤。

**1. 准备工作**

在进行数字化缩微胶片图像处理之前，需要做一些准备工作。首先，根据处理进度，需要选择合适的缩微胶片。其次，根据所选用的缩微胶片的技术要求，选择合适的缩微胶片扫描仪进行处理。

**2. 机扫图像生成**

根据缩微胶片编号和出版名称等信息，建立局部存储路径，统计接收到的缩微胶片的数量。将缩微胶片送入机器扫描，通过还原技术生成一个TIFF（或JPEG）格式的影像档案，并保存到相应的存储通路中，待完成影像品质自查和影像数目统计后，再将影像上传至储存服务器，并执行影像交接和备份工作。

**3. 图像处理**

从储存伺服器下载影像资料，根据影像的处理需求，完成剪裁、校正、缝合和清除黑色边缘等步骤。在对影像品质进行检测与校正的过程中，可根据影像的页数（书籍、期刊）或版面（报纸）对影像进行分割，并根据所加工的影像内容调整储存结构。在这个过程中，对记录（图书）的处理与报章是两个完全不同的图像处理流程。

记录（图书）的处理：在图书数字化的过程中，需要对每一幅缩微胶片图像进行处理。具体步骤如下：①将每一幅缩微胶片图像拆分为左右两页，分别存储到对应的文件夹中，原始档案名称不会发生改变。②对左右两个文件夹中的图像进行批量处理，包括裁剪、旋转和调整

---

①刘小露. 数转模拍摄中设备调试经验谈[J]. 数字与缩微影像,2021(03):4-6.

亮度等，确保每个页面的图像质量均能达到标准。③对处理完毕的图像进行归并，并按照扫描次序和页面顺序进行重新命名。一般情况下，将页面按照从左到右、从上到下的顺序排列，命名时按照"原始档案名称-页码"的格式进行命名，例如"book001-001"。④最后，将归并和重新命名的图像保存到本机工作路径上，以备后续处理和分析。

报章流程：在这个过程中，需要对每个页面进行分割和处理。对于每个页面的图片，需要将它们按照版面进行拆分，并保存为多个小图片。接着，可以根据出版时间和页面号来命名这些小图片，或者使用原先的文档名称和页面号来进行命名。最终，可以对这些小图片进行排序和归档，以便于后续的处理和使用。

### 4. 图像校对（第一次）

从服务器下载校正处理后的影像资料，按照影像品质指标，逐一检查影像品质，并验证影像资料的真实性。检验完成后，将其送往下一道工序；在检查过程中，若出现少量不符合要求的图像，经校对人员修正后，即可进入下一个处理程序；如果在检查过程中，出现了大量不符合要求的图片，那么就需要返回到上一道程序进行重新处理。

### 5. 分册

从储存伺服器下载影像资料，根据不同的发行版本，重新建立资料储存结构。当工作结束时，将资料上传到伺服器再进行备份，并提交分册注册资料和影像数目的统计数据。

记录（图书）的处理：把图片文档按照图书的类别进行分类，并把它们放入相应的目录中。在此处理过程中，添加了一阶储存路径，使影像档案储存的目录架构从一阶储存转为二阶储存。对于各文件夹内的影像文件，使用0000（带有封皮）或0001（没有封皮）作为起始页面，按照影像处理过程中的次序，对影像文件进行重新命名。

报章流程：放入影像档案，并将每一篇文章都保存在相应的发表时间文件夹。在此处理过程中，添加了一阶储存路径，使影像档案储存的目录架构从一阶储存转为二阶储存。将图片档案重新命名为"发表日期-版面编号"。在某一处理项目内影像档案数目很小时，可将此过程与该报影像处理过程结合在一起进行。

### 6. 图像校对(第二次)

从服务器下载已经完成了分册的数据包,按照各项图片的质量要求,逐一检查图片的质量,同时参照分册中的数据量,检查数据的完整性;再将已通过校对的全部数据进行分组,并提交总校进行审查。若审查过程中发现少量不符合要求的图像,可以由图像校对员修正后,再送总校审查,检查通过后可直接进入下一工序;如果检查过程中,发现大量不符合要求的图片,则返回到上一工序进行重新处理。

### 7. 总校

对已通过影像校对的资料进行分组汇总,并抽样检查,将有错误的资料退回到影像校对环节,再次进行检查;通过校对环节的数据包会自动生成一个完整的移交批次,辅助文件可交由辅助文件平台处理,就此缩微胶片数字化图像处理工作完成。

## (二)流程优化

对缩微胶片数字化处理的过程进行了更多的规范化,并在加工平台的改装过程中加入项目管理模块,从而实现了对项目进程的监控,同时还可追溯图像的处理过程。

### 1. 增加划线链接

该部分主要负责对缩微胶片进行分类注册,并根据缩微胶片注册表格,产生工作订单,并将其储存在服务器中。划线结束后,将缩微胶片的数量与工作订单的记录总数进行对比,以完成数据核对。工单作为派工和交接的管理单元,可有效解决由于人工划分数据所造成的工作量分配不平衡的问题。

### 2. 增设数据校验机制

在处理过程中,以工作单位为管理单元,通过对工作单的检查,实现对影像质量的控制。

检查工作量:根据作业表,检查机器已扫描的缩微胶片的数量。

图像质量自测:系统可根据项目预先设定的文件属性检查图片文件。检查通过后,将相应的工作订单标注为完整的影像,并上传至储存伺服器。对于不符合要求的文件,列出其不符合要求的原因,以便加工商重新加工。

工作量检查：根据生产过程中所记载的影像分版数和数量，对已完成的影像档案资料进行检查，并核对档案资料包数量。

影像品质自我检查：按照工程需求，由系统检查所产生的影像档案。通过检查后，将相应的工作订单标注为已完成图像处理，并将图片档案上传至储存伺服器。需要退回加工商的不合格影像文件，应列出清单以及不合格原因，以便加工商修改。

作业检验：按照处理日志上所记载的影像分册数量，核对册子数量及档案数量，完整影像档案资料包内档案储存通道数量及档案数量。

再一次进行影像品质自我检查：按照工程需求，系统检查所产生的影像档案。通过检查后，将相应的工作订单标注为已完成图像处理，并将图片档案上传至储存伺服器。不合格品应列出不合格品清单和不合格原因，以便修改。

3. 简化图像校对流程

将原来图像校对过程中的档案规范化和数据录入工作，交由管理软件处理。

4. 调整备份流程

按照原来的加工流程，完成加工即可以进行备份。而现在，需要完成数据验证与校对后，才可启动备份。软件在备份前，会对两组文件进行比较，以确保数据的完整性。

## 三、音视频档案数字化设备

### (一)音频档案数字化的硬件

#### 1. 传统放音设备

根据录音档案的规格、型号配置相应的放音设备，如开盘式录音机（大开盘、小开盘）、钢丝录音机、盒带录音机、电唱机等。放音设备必须能将声音源以电平信号的方式，通过音频输出插孔（Line out）输出，若原设备不具有音频输出插孔，应进行改装。

#### 2. 模数转换设备

模数转换设备是录音档案数字化的核心部件，品质好的模数转换设备有低失真、低时延、高信噪比的特点。模数转换设备主要是声卡。

声卡是多媒体技术中最基本的组成部分，是实现模拟信号和数字信号相互转化的一种硬件，其基本功能是将来自磁带、光盘、话筒等的原始声音信号加以转换。它的工作原理是将获取的模拟信号通过模数转换器（ADC），将声波振幅信号采样转换成一串数字信号，存储到计算机中。重放时，这些数字信号被输送到模数转换器（ADC），以同样的采样速度还原为模拟信号。

声卡的技术指标主要有两点。一是采样频率。采样频率越高，声音越保真。目前，声卡的采样频率一般应达到44.1kHz或48kHz。二是样本大小。当前声卡以16位为主，可以达到CD音响水平；8位声卡对语音的处理也能满足需要，但播放音乐效果不是很好。

### 3. 内部声音混合调节器

内部声音混合调节器的主要功能是把不同输入源（如 LINEIN、MIC、CD-Audio）中输入的声音信号进行混合和音量调节，通常要求该混合器是可编程或可控制的。

### 4. 监听、拾音设备

监听、拾音设备包括监听音箱、监听耳机、话筒等。

### （二）录音档案数字化的软件

数字化转换软件主要为音频制作软件，如 Creative Wave Studio、GoldWave、MusicMatch JukeBox 等。其中，使用 Creative Wave Studio 软件较频繁；GoldWave 也是一种功能强大、占用空间少、免费共享的绿色软件，并且可以在互联网上免费下载。此外，刻录软件也较多，如 Easy DVD Creator。

### （三）录像档案数字化的硬件

### 1. 放像设备

放像设备要按照录像档案载体的不同而做出不同的选择。受到数字设备的冲击，许多传统的放像设备已经退出市场。曾经流行的录像带及其播放设备按照制式来分主要有 VHS、Beta、8mm 等类型。VHS（Video Home System）是家用视频系统的缩写，这种录像机采用带宽为1/2英寸的磁带，习惯称"大1/2录像机"。目前，档案馆保存的录像带中绝大部分是VHS带。Beta录像机采用不同于VHS的技术，图像质量优于VHS录像机，所用磁带的宽度也是1/2英寸，但磁带盒比VHS小，故又称"小1/2录像机"。8mm录像机综合了VHS和Beta录像机的优点，体积小，图像质量高，所用磁带宽度仅为8mm。

录像机不仅有制式的不同，而且按照其信号记录方式及保真度的不同又有不同的技术质量等级。不同制式、不同等级、不同品牌的录放设备及其不同性能的录像带，相互之间并不兼容，因此必须针对录像带的类型选择相应的放像设备。

根据录像带规格、型号选用设备，如WHS放像机、3/4放像机等。普通录像机可输出清晰度在200多线的录像，高清晰度录像机可输出清晰度在400线的录像；数码摄像机可输出清晰度在500线的数字录像。目前，档案部门保存的录像带形式各异，主要有小1/2带、大1/2带、3/4带等。与这些录像带匹配的可运行的放像机越来越少，档案部门应当尽快将这些珍贵的录像带作数字化处理。否则，将来这些古董放像机一旦淘汰灭绝，录像带中的影像就很难再现了。

2. 视频采集设备

视频采集设备由高配置的多媒体计算机的内置或外置的视频采集压缩卡（简称采集卡）组成。录像档案数字化的一个重要工作是音像采集。所谓音像采集是指通过硬件设备把原录像带保存的模拟信号转换成数字信号采录至计算机中，以数字图像格式保存的过程。图像采集的过程是保证数字图像质量的关键环节，因此，正确选择采集所使用的硬件设备（采集卡）至关重要。目前，市面上的采集卡种类较多，档次功能高低不一，按照其用途从高到低可分为广播级、专业级、民用级视频采集卡，档次不同采集图像的质量不同。档案部门应采用专业级以上的视频采集卡。

由于视频的数据量非常大，使得对计算机的速度要求很高。在未压缩的情况下，采集一分钟的视频数据可能超过几百兆，如果CPU和硬盘跟不上要求，将无法进行采集或者采集效果较差，出现画面失真、停顿、掉帧等情况。要想顺畅地完成视频采集工作，CPU最好是3GHz主频，硬盘接口应用SCSI接口、IEEE1394接口或USB3.0接口。

在挑选录像档案数字化的采集卡时，要仔细比较各种采集卡的性能、价格，对以下几项参数应予以特别关注。①是否支持视频数据的硬件级处理。对批量录像档案的数字化而言，适宜选用带硬件实时压缩功能的MPEG-1或MPEG-2硬件压缩卡。这类卡采用硬件完成压缩过程，既节省时间，又节约空间，而且硬件压缩后的图像质量较好。②是否有足够的帧速率。帧速率的高低直接影响视频卡制作的视频文件是否流畅。帧速率比较低的低档产品，CPU占用率较高。建议在压缩成MPEG-1格式时，动态分辨率为352×288（PAL制式）时应达到25帧/秒，而分辨率为320×240（NTSC制式）时应达到30帧/秒。③是否带音频输入功能。如果视频卡仅能采集图像信号，音频信号必须通过声卡来传输录制，则将增大对计算机资源的占用率，并容易造成视频与音频信号的不同步。对此，建议采用视频音频整合采集的视频卡。

**（四）录像档案数字化的软件**

录像档案的采集、转换和编辑除了视频卡外，还需要借助视频采集软件和视频编辑软件来实现。利用视频采集软件，在实现录像档案的数字化采集之前，可以设定所需生成的视频文件格式，设置视频文件的各项参数，如调节录像信息的亮度、视频取样标准，以确保采集信号的质量。

1. 视频采集软件

视频卡配套提供的视频采集软件功能相对简单，通常无法对视频信息进行复杂的编辑和转换。对采集后的视频信息，在必要的情况下，可以使用专门的视频编辑软件甚至功能强大的非线性视频编辑系统进行编辑处理。视频编辑与文本编辑类似，是将采集好的视频素材进行二次加工，如插入、剪切、复制、粘贴、拼接视频片段等，还包括字母、图形乃至不同视频、音频的叠加、合成等。通过上述处理，在不破坏真实性的前提下，可以使录像档案更加清晰、美观和生动，并对视频内容进行适当的引导、指示和标注。

2. 视频编辑软件

视频编辑软件是对视频进行录制、切割、合并、重组、批量处理、格式转换等制作的软件。当前，针对各种需要产生的视频格式繁多，如RM、ASF、WMV、AVI、MPEG-1、MPEG-2、MOV、3GP、MP4、

MKV、FLV等。现今信息产业界已开发出许多功能强大、界面友好的视频处理软件，如 Adobe Premiere Pro、Ulead Video Studio、Adobe After Effects、Video Edit Master、Top Video Splitter、AVI Joiner 等。其中，适合档案管理人员使用的视频编辑软件是 Adobe Premiere Pro 和 Ulead Video Studio，主要是因为这两款软件具有完善的视频编辑功能和优良的技术性能，而且操作较简便。

# 第三节　数据存储设备

## 一、档案数据存储介质概述

从古至今，存储介质一直是保存档案的主流方式，不同存储介质承载的档案本质属性并无差别，都是人类认识世界和改造世界的历史记录，是社会的重要信息资源。人类曾以石器、竹器、纸张等作为载体记录档案的内容。在网络信息时代，档案的形成在很大程度上依赖于计算机及其应用系统环境，档案信息以数字形式展现给人类。为了保存这些数字形式的文件和档案，人类发明了磁盘、光盘、存储卡等存储数字信息的新型载体。使用这些载体，人们能够方便地存储、迁移、展示和传播档案信息，开展深入的编研开发工作，为社会提供档案利用的多样化服务。

从物理材料来看，目前数据存储介质主要有磁性存储介质、光学存储介质和半导体存储介质三种①。

### （一）磁性存储介质

磁性存储技术是将声音、图像、数据等变成数字电信号，通过磁化磁介质来保存信息；磁性存储介质主要有硬磁盘（又称硬盘）、磁带、磁盘阵列、磁带库等。

为了使档案数据处于更加安全的环境中，降低数据的维护成本，提

①SSDFans 胡波,石亮,岑彪. 深入浅出SSD:固态存储核心技术、原理与实践[M]. 北京:机械工业出版社,2018.

高工作效率，硬盘离线存储柜出现了。硬盘离线存储柜是为满足档案容灾备份、安全存储的需求场景而研发的，该设备符合国家档案局发布的《档案数据硬磁盘离线存储管理规范》，是一套以硬盘为存储介质集数据存储、数据管理、数据应用、数据控制于一体的系统化解决方案。

硬盘离线存储柜对柜体中的硬盘制定了按需启动的策略，用户在使用过程中可对特定硬盘进行操作管理，对其他不需要启动的硬盘采用低压供电，用来保障对柜体内硬盘的健康情况进行监测，实现档案的长期安全存储。同时，硬盘离线存储柜为用户提供了一整套完善的管理系统——控制屏系统、管理系统、客户端，通过三个子系统的配合实现数据存储介质管理、数据存储、数据管理、数据利用和数据控制。

硬盘离线存储柜是针对档案数据的管理、保存、利用而设计的容灾备份设备，与其他常见的容灾备份设备相比，在数据存储期限、数据备份方式、数据查询利用、数据安全防护等方面更加符合档案业务工作。硬盘离线存储柜在实现作为存储设备的基本功能的基础上内置了管理系统，在软件层面简化了用户的操作管理工作，提高用户工作效率。硬盘离线存储柜具有多维度档案数据保护、自动生成目录、搜索查询、离线存储、近线使用、灵活部署、扩展便捷等优势，基本满足了融媒体中心的相关需求，但在档案在线预览方面存在一定局限性，未来在档案查询利用方面还有一定的改进空间。

### （二）光学存储介质

从磁性存储到光学存储是信息记录的飞跃，光学存储是采用激光照射介质，利用激光与介质相互作用，使介质的性质发生变化而将信息存储下来。光学存储介质上的信息需要利用定向光束（激光）在存储介质表面进行扫描，通过检测所经过点的激光反射量才能读出。光学存储介质有光盘、光带、光卡、光盘塔、光盘库等，其中以光盘应用最为广泛，是数字档案的重要存储介质。

以光盘为代表的光存储技术采用非接触式读写，具有高可靠性、绿色节能、寿命长等显著优点，无须频繁更换存储介质和设备，从而降低数据存储综合能耗，以50年使用周期估计，光存储系统所消耗的电力仅为硬盘系统的1%，是长期绿色存储的理想介质。20世纪80年代起第一代商用光盘（Compact Disc，CD）一经推出迅速流行，发展到今天，历经DVD、BD三代成熟产品，然而受到衍射的限制，存储密度已达到理论极限，2020年索尼和松下联合推出了档案级光盘（AD disc），其存储密度为49.1Gbits/in$^2$（1in=2.54cm），单盘容量最大为500GB，难以满足大数据时代海量数据的存储需求。

### （三）半导体存储介质

半导体存储介质是继磁存储和光存储之后的利用半导体技术做成的一种新型存储介质，它通过电子电路以二进制方式实现信息的存储。半导体存储介质主要有闪存盘和数据存储卡。

闪存盘是一种容量大、体积小、不需要驱动器、安全可靠的新型移动存储设备。闪存盘可用于存储任何格式的数据文件，在电脑间方便地交换数据。闪存盘采用闪存芯片存储介质和通用串行总线接口，具有存储容量大、轻巧精致、便于携带、使用方便、读写速度快、安全可靠等优点，有些还具有加密的功能，是重要的移动存储设备。但是，闪存盘的保存寿命较短，不能作为长期存储数字档案的介质，可以作为电子文件归档、复制、传递和利用的过渡性介质。

存储卡是一种卡片形状的计算机存储介质，其存储原理与闪存盘基本相同。它具有体积小巧、携带方便、使用简单、存储量大、兼容性好等优点，如今已经广泛应用于手机、数码相机、数码摄像机、笔记本电脑、MP3、MP4、电视机等电子数码产品，备受摄影、电脑爱好者的青睐。由于存储卡尺寸太小，容易被丢失，加上型号规格繁多，且发展变化很大，不宜存储长期保存的数字档案。然而，由于其存储密度高，携带方便，可用于电子文件的归档、移交、传递和查询。

### 二、SSD成为主流存储设备

随着档案数字化进程的推进、数字档案概念的外延不断扩大，伴随着5G推广以及人工智能（AI）、物联网（IOT）、在线办公、在线会议、视频应用、智慧城市等建设，档案数据总量将会剧烈增加。如此巨大的数据量仅靠传统的存储和管理模式是不现实的，依靠传统的磁性和光盘介质作为存储介质远远满足不了档案数据的存储需要。从2020年5月1日起开始施行的《基于文档型非关系型数据库的档案数据存储规范》，明确了文档型数据库可存储在磁盘（HDD）、固态硬盘（SSD）、光盘等存储介质上，SSD等半导体存储介质越来越广泛地应用于档案数据存储中。

## （一）SSD概述

随着数字时代的高速发展，全球数据传输总量呈指数级增长，用户对存储设备的访问性能要求越来越高。在这种大环境下，基于闪存的固态硬盘（Solid State Disk，SSD）以其低延迟、低功耗等优点被广泛应用，逐渐取代了传统的机械硬盘（Hard Disk Driver，HDD）。

在SSD出现之前，各行各业均采用HDD作为主要的存储方案，HDD使用磁性存储介质来存储数据；而新兴的SSD则是采用半导体存储介质来存储数据，目前主流的SSD均采用NAND闪存（NAND Flash）作为存储介质。对比二者的技术参数，SSD相较于HDD具有如下的优势。

其一，高性能。不同于由机械部件构成的HDD，SSD是纯电子芯片结构，进行数据寻址时几乎没有寻址延迟。SSD的读写速度比HDD快几倍到几百倍，尤其体现在随机读写性能上。

其二，低功耗。HDD的工作功耗为4.57~6.34W，而SSD的功耗为2.5~5.3W，仅关注功耗数值本身，二者并没有太大的差别。但SSD的IOPS性能是HDD的数百倍，因此SSD在单位功耗上产生的性能高出HDD数百倍。

其三，抗震性强。由于HDD是机械式构造，因此产生剧烈碰撞后会产生不可逆的物理损坏；但是SSD是纯电子结构，由PCB和闪存芯片组成，产生剧烈碰撞时不存在机械接触碰撞，因此比HDD更加抗震，可靠性更强。

其四，低噪声。由于HDD依靠马达带动磁头在磁盘上寻址，因此存在较大的噪声，而SSD是静音的。

其五，体积小。常规的HDD分为2.5英寸和3.5英寸两种尺寸，而SSD除了这两种尺寸外，还有更小巧的AIC、M.2以及BGA等结构，拥有更多的应用场景。

　　除此之外，随着闪存单元的存储比特数不断增加，在同样的物理尺寸下，可以存储更多的数据，导致SSD在单位GB的价格越来越低，这也大大刺激了SSD的市场，使得SSD成为当前持久化存储的最佳方案。

### （二）SSD的内部架构

　　多个闪存存储芯片组合成阵列后形成了SSD，除此之外，SSD内部还包括控制单元和缓存单元。SSD由一系列独立的元素组成，其中包含了电子芯片、电路板以及其他必要的元素，而HDD则仅仅由一些机械元素组成，例如磁盘、磁头。SSD的整体外部结构主要包括三大模块：主控芯片、缓存单元以及闪存颗粒。基于NAND Flash的SSD通过数据总线与主机进行通信，目前主流的NVMe SSD均采用PCIe总线。在SSD内部主要有三部分：前端的主机接口控制器、中间的主控模块以及后端的闪存存储芯片。它们在SSD中的作用分别如下。

　　1. 主机接口

　　在物理层通过数据总线与主机进行通信的接口，如生活中常用的USB，SSD常用的SATA以及PCIe等。在SSD中，它会随时等待主机下发IO指令，并将这些指令进行预处理后再转发给主控单元，待主控响应这些指令后，它还负责将主控返回的数据发送给主机。主机接口决定了SSD与主机交互时的前端物理性能，例如，使用SATA接口，通过SATA总线与主机进行数据交互的数据传输速率上限为600MB/s；而使用m.2接口，通过PCIe总线与主机进行数据交互的数据传输速率甚至可达7000MB/s。这些接口的定义与协议的规范都由国际组织进行标准化，在实践中已趋于完善。

　　2. 主控单元

　　整个SSD的管理者，是SSD中最核心的功能模块。在主控中有一个小型的CPU，并且内置了缓存控制器，用于管理SSD内部的缓存，如DRAM或者SRAM等。除此之外，主控单元负责运行闪存转换层（FTL），用于实现逻辑地址与物理地址的映射转换，同时向上层隐藏闪存的诸多特有物理性质（如异地更新等），用于兼容现有针对机械硬盘设计的文件系统，使得上层应用在不做修改的情况下也能正常访问

SSD。主控单元的设计方案是否合理，直接决定了SSD的使用年限和性能发挥，因此在研究过程中需要重点关注。当前各大厂商都在开发专属的主控模块，如三星的Polaris主控。

3. 存储芯片模块

一般而言，每块SSD内部包含多个闪存存储芯片（chip），SSD使用通道（channel）来管理这些闪存芯片，每个channel上有若干个闪存芯片。例如，某SSD内部只有2个channel，每个channel拥有2个chip，每个chip又由两个逻辑单元（DIE/LUN）组成，且每个LUN内部包含2个平面（Plane），即每个LUN在逻辑上被抽象为多层结构。每个Plane由若干个规则排列的数据块（Block）构成，每个Block又分为若干个数据页（Page）。由于NAND Flash的结构特性，每个Page位于同一条位线上，因此SSD的最小读写单元是一个Page。对闪存芯片进行逐级划分，使得各个单元是一样的物理结构，SSD能够并行访问闪存芯片的各个Page，因此SSD拥有相当高的性能。

# 第四节 数据库系统

## 一、数据库系统概述

数据库系统（Database System）是储存、管理、处理和维护数据的软件系统，它由数据库、数据库管理员和有关软件组成。这些软件包括数据库管理系统（Database Management System，简称DBMS）、数据操纵语言、开发工具和应用程序。DBMS用于建立、使用、维护数据库宿主语言，是可以嵌入数据库语言的程序设计语言。数据库是长期储存在计算机中有组织的、大量的、可共享的数据集合。数据库管理员负责创建、监控和维护数据库。

数据库系统的结构框架由外部层、内部层和概念层组成。外部层是最接近用户的层次，它是数据库的"外部视图"，是各个用户所看到的数据库。它所表示的是数据库的局部逻辑，是面向单个用户的。内部层是最接近物理存储的层次，它是数据库的"内部视图""存储视图"。它与数据库的实际存储密切相关，可以理解为机器看到的数据库。概念层是介于上述两者之间的层次，它是数据库的"概念视图"，是数据库中所有信息的抽象表示。它既抽象于物理存储的数据，也区别于各个用户所看到的局部数据库。概念视图可以理解为数据库管理员所看到的数据库。

数据库系统结构分级对于提高数据独立性具有重要意义。在三级结构间存在着两级映射。内部层映射定义了概念视图与存储的数据库之间的对应。如果存储的数据库的结构发生变化，可以相应地改变内部层映射，而使概念视图保持不变，即将存储的数据库的变化隔离在概念层之下，不反映在用户面前，因此应用程序可以保持不变，这称作数据的物理独立性。概念层映射定义了单个用户的外部视图与全局的概念视图之间的对应。如果概念视图发生变化，可以改变概念层映射而使用户看到的外部视图保持不变，因此应用程序可以保持不变，这称作数据的逻辑独立性。

## 二、档案数据库系统建设的必要性

我国在档案发展进程中实现大量纸质档案的数字化，然而仅依靠数字化的档案资源无法很好地满足信息资源的组织管理与利用服务的需要，加之电子文件单轨制的倡导与试点对数字档案的管理提出更高的要求，大数据时代档案资源的开发利用模式面临巨大的挑战，因此，建立档案数据库非常必要。

### (一)档案数字化建设亟需建立档案数据库

档案数据库通常指的是档案目录数据库、档案全文数据库和多媒体数据库。档案目录数据库是用某种数据库管理信息系统组织管理档案目录的数据集合。档案全文数据库是存储、组织管理数字档案信息的数据库系统，既包括档号、题名、责任者、正文等著录信息，也包括档案的内容信息。档案多媒体数据库是对文本、图像、图形、声音、视频等媒体数据进行统一管理的数据库系统。我国自20世纪80年代开始推进档案信息化建设，然而就目前的进程看，主要以计算机辅助管理信息系统为主，实现档案目录的数据化，用户在利用档案资源时仍须到档案馆查询相应的实体文件。虽然部分档案文本通过扫描后转化为数字化图像文件，但并不能实现信息之间的关联与全文检索，因此不能达到很好的资源整合与共享利用效果。随着数字人文的数据挖掘、数据关联、可视化等科学技术的发展，应加快档案数据库的建设，为档案资源的共享与利用提供新的思路。

### （二）电子文件单轨制管理的需要

21世纪初，我国相关部门陆续出台电子档案双套制管理的规定。随着信息化的发展和电子文件管理的推进，我国推行多年的纸质和电子文件双套制归档已不适应现实的需要[①]。国家档案局2016年发布《全国档案事业发展"十三五"规划纲要》指出，"在有条件的部门开展电子档案单套制（即电子设备生成的档案仅以电子方式保存）、单轨制（即不再生成纸质档案）管理试点"。目前大量科研数据、银行系统数据等管理信息系统都呈现典型的数据态特征。在此技术环境中，传统的档案资源管理模式与档案管理信息系统已不能适应现实管理的需要，数据态需要将业务规则或模型本身作为主要管理对象进行描述与管理，这样才能有效理解围绕该规则模型形成的数据体。在电子文件单轨制管理时代，档案部门保管的内容不再是单份文件，而是数据，电子文件归档与电子档案管理都离不开数据库系统。

### （三）档案资源开发利用模式拓展的要求

传统的档案资源开发利用途径主要是通过提供原件或复制件满足用户的需求，以档案查阅、借阅、展览等手段实现。随着档案资源的进一步整合，档案开发利用模式逐渐发展为通过档案史料和现行文件的汇编、档案专题纪录片等方式对档案资源进行整合。然而由于档案内容的分散性，依靠传统逐份地阅读档案文本，再从中提取关键信息的方式整合档案资源的难度较大且费时、费力。加之档案馆长期以来受"重保管、轻利用"思想的影响，我国档案资源开发模式长期以来是一种以档案馆为主体的单向开发行为，存在开发成果形式单一、开发主题脱离实际需求、缺乏影响力等弊端，不能适应档案用户对档案资源

---

① 冯惠玲. 走向单轨制电子文件管理[J]. 档案学研究,2019(01):88-94.

开发日益增长的需求。通过建立档案数据库，并利用科学技术对档案资源进行数字化、数据化与可视化，能够有效地揭示档案信息之间的联系，为人文学者开展相应的研究以及普通用户获取与理解档案信息拓宽渠道。

### 三、档案数据库系统建设案例分析

高校作为我国教育体系的重要组成部分，承载着培养人才、传承文化、推动社会进步的重要使命。校史档案是高校的重要资料，记录着学校的发展历程、办学理念、校园文化、师生风采、办学成就等珍贵信息。然而，随着时间的推移和信息的积累，高校校史档案数量庞大且分散，管理和利用存在诸多问题。

为了更好地保护和利用高校校史档案资源，建设一个先进、高效的校史档案数据库系统势在必行。通过将校史档案数字化、系统化整合，可以提高校史档案的安全性、可持续性和可访问性，更好地保护校园文化资源。此外，数字化的数据库还可以提供全面、准确的信息供学校内外相关人员研究、教学和决策参考。然而，在建设高校校史档案数据库系统的过程中，面临着诸多挑战和难题，如档案整理、技术支持、安全保障等方面的问题。

#### （一）高校校史档案数据库系统的概念和特点

高校校史档案数据库系统是指将高校校史相关的档案资料数字化、系统化整合而成的集成化信息服务系统，便于管理、利用和维护高校校史遗产，提供全面、准确、及时的校史信息服务。高校校史档案数据库系统的特点主要体现在以下几个方面。

其一，数字化。将传统的纸质档案数字化，便于信息的存储、传输、处理和利用。数字化的档案可以减少物理存储空间，并避免了档案的破损和丢失。

其二，系统化。对高校校史档案数据分类、整理和管理，构建完整的信息系统，方便用户查找和获取信息。通过系统化的管理，不仅可以保证校史信息的可靠性和完整性，还方便了管理员和用户对档案信息的管理和利用。

其三，共享化。高校校史档案数据库系统是为广大学者和社会公众服务的，需要实现数据共享，让更多的人可以便捷地获取、利用和分享档案信息，促进校史文化的传承和发展。

其四，可访问性。高校校史档案数据库系统通过网络和科学技术实现了数据全球范围内的访问和交流。用户可以通过电脑、手机等终端设备检索和使用信息，让校史遗产得到更广泛的传播和利用。

其五，安全保障。高校校史档案数据库系统需要具备高度的安全性，避免校史档案资料被损坏。因此，数据库需要采取相应的安全措施，如数据加密、数据库备份和灾难恢复等，确保校史档案资源的安全性和可持续性。

### （二）高校校史档案数据库系统建设的必要性和可行性

#### 1.高校校史档案资源保护的现状及存在的问题

首先，许多高校已经有专门的校史馆，并开展档案数字化处理，提高了存储和利用效率。其次，高校校史馆已经开展了一定程度的档案整理和分类工作，方便用户查阅和利用。此外，高校校史档案资源保护采取了多层次、多角度的措施，包括物理安全和网络安全措施。一些高校积极开展校史研究与利用，提供必要的学术资源和历史资料。同时，国家也给予了相关政策和资金支持。尽管高校校史档案资源保护在不同高校之间存在差异，但从整体上来说，相关工作逐渐规范化和专业化值得肯定。但需要引起关注的是，数字化工作、校史研究、人才培养等方面仍存在不足。

其一，档案数字化。首先，不同高校之间在档案数字化方面的进展不平衡。一些高校已经实施了档案数字化计划，但仍有许多高校尚未开始或进展缓慢，造成高校校史档案数字化水平的不均衡，一些高校的档案还没有得到全面的扫描和数字化，影响了档案的利用和保护。其次，档案数字化的质量和标准有待提高。在数字化过程中，有些高校可能缺乏相关技术和经验，导致数字化结果不够准确、完整或清晰，缺乏统一的档案数字化标准和规范也使得不同高校之间的数字化档案难以比较和利用。再次，数字化存储和管理的长期可持续性也是一个问题。数字化档案在存储介质和技术上需要长期维护和保护，以防止数据丢失或无法访问。但是，一些高校可能没有完善的数字化档案管理措施和资源，缺乏对数字化档案的长期支持和维护计划。最后，档案数字化过程中的隐私和安全问题也需要关注。在数字化时代，档案数字化涉及大量个人和机构的信息，如果安全措施不到位，可能导致数据被泄露和滥用。

其二，安全保障方面。首先，信息系统安全和网络安全是重要的问题。随着校史档案的数字化，档案资源存储在计算机系统和网络中，面临着网络攻击、数据被泄露和黑客入侵的风险。高校需要加强信息系统的安全防护措施，包括设置强密码、网络防火墙、入侵检测系统等，防止档案资料被非法获取和篡改。其次，数据备份与灾难恢复机制也是一个关键问题。高校校史档案资源的安全性需要考虑到各种突发事件和灾难，如自然灾害、硬件故障等。建立有效的数据备份和灾难恢复机制可以保障档案资料的安全性和完整性，避免重要档案丢失。再次，人员管理和权限控制也是安全保障的重要环节。高校需要对处理和管理校史档案人员进行严格的背景审查和培训，确保他们具备必要的专业知识和责任心。同时，合理设置档案访问权限，在保障合法使用者权益的前提下，防止未经授权人员访问和操作档案资源。最后，增强社会安全和法律保护意识。高校可以加强对师生的安全意识教育，引导大家养成良好的信息安全习惯。此外，相关法律和政策的制定也是重要的一环，以确保校史档案资源得到保护和利用。

2. 高校校史档案数据库系统建设的必要性和可行性

高校校史档案数据库系统建设的必要性主要体现在以下几个方面。第一，校史档案资源是高校重要的文化遗产和历史资料，通过建立数据库可以将分散、碎片化的档案信息整合起来，实现集中存储和管理，方便用户快速查找和利用。第二，数据库建设能够促进校史档案的数字化处理，有助于提高存储和利用效率，减少传统纸质档案的损耗和空间占用。第三，数据库建设还可以提供更加便捷的检索功能，实现全文搜索和多维关联查询，有利于深入挖掘和研究校史文化。第四，数据库的建设还为校史档案资源的长期保护提供了技术支持，可以采取备份和灾难恢复策略，防止档案资料丢失和损毁。最重要的是，数据库的建设能够推动高校校史研究和教育的发展，为学校的发展战略和文化建设提供重要的参考依据。因此，高校校史档案数据库系统的建设是必要且重要的，有助于更好地保护、传承和利用高校的校史文化遗产。

高校校史档案数据库系统建设的可行性主要基于以下几个方面分析。首先，技术可行性方面。随着数字化技术的不断发展，高校有足够的技术手段和设备设施来支持校史档案数据库系统的建设，包括扫描仪、服务器、存储设备等。其次，人力与经济可行性方面。高校拥有专业的档案人员和技术团队，可以保障档案数字化处理和数据库建设。同时，高校可以通过整合现有人力和经费资源，合理调配和利用，确保数据库建设的可行性。再次，政策和法律环境方面。国家对于校史档案数字化和数据库建设提供了政策支持和法律保护，高校可以根据相关政策和法律要求操作。最后，社会认可与需求方面。高校校史档案资源具有重要的历史和文化价值，数据库建设有助于保护、传承和利用这些资源，满足了教学、研究和社会服务的需求。因此，在技术、人力和经济、政策法律以及社会认可与需求等方面，高校校史档案数据库系统建设是可行的，并能够为高校校史文化遗产的保护和利用提供有效支持。

### （三）高校校史档案数据库系统建设的主要内容及建设过程

#### 1. 高校校史档案数据库系统的构成要素

高校校史档案数据库系统的构成要素是指构成高校校史档案数据库系统的各个组成部分，包括数据库管理系统、数据库结构、数据录入与导入、数据备份与恢复、数据安全与权限控制、查询与检索功能、数据可视化与报表生成以及用户界面等。

一是数据库管理系统。数据库管理系统是指支持数据库的建立、维护和查询等操作的软件系统。数据库管理系统可以实现数据存储和管理的自动化，减少了重复性的工作，提高了工作效率。当前，常见的数据库管理系统包括 MySQL、Oracle、SQLServer 等。

二是数据库结构。数据库结构是指在数据库中存储数据时的规则和方式，包括建立数据表、定义数据库字段、设置索引、定义关系、设置约束等。好的数据库结构能够提高数据的存储效率和查询性能，减少重复数据的存储，确保数据的一致性和完整性。

三是数据录入与导入。将校史档案资源信息保存到数据库中，需要通过数据录入与导入来实现。数据录入通常是通过手动方式实现，而数据导入则可以通过数据批量处理、数据清洗和转换等方式实现。确保数据的准确性和完整性是数据录入与导入的重要任务。

四是数据备份与恢复。为了防止数据丢失、数据损坏和系统崩溃等情况，需要数据备份与恢复。数据备份可以通过设置定期自动备份或手动备份等方式实现，而数据恢复则是在数据损坏或数据丢失后恢复数据。数据备份和恢复是数据安全管理的重要部分。

五是数据安全与权限控制。数据安全是指通过各种技术手段保护数据库中的数据不被非法访问、篡改、毁坏等。在高校校史档案数据库系统中，数据安全控制包括设定访问权限、数据加密、安全审计等多种措施，保证数据的机密性和完整性。

六是查询与检索功能。查询与检索功能是用户获取校史档案资源信息的一种重要方式。高校校史档案数据库系统需要提供强大的查询与检索功能，如全文检索、多条件查询等，以满足用户对校史档案资源信息的需求。

七是数据可视化与报表生成。通过报表和图表等方式展示数据库中的数据信息是一个重要的功能。数据可视化和报表生成功能可以使用户更方便地理解和利用数据。这些功能通常可以由数据库管理系统内置的报表生成工具实现。

八是用户界面。用户界面是用户与数据库系统交互的窗口，它应提供良好的用户体验和易用性。在高校校史档案数据库系统中，用户界面需要考虑用户的使用需求和特点，提供符合用户习惯的界面设计，让用户能够更便捷地使用数据库服务。

综上所述，高校校史档案数据库系统的构成要素是多方面的，包括数据库管理系统、数据库结构、数据录入与导入、数据备份与恢复、数据安全与权限控制等，通过这些要素的有机构成，能够保证高校校史档案资源数据的有效性、安全性和易用性。

**2. 高校校史档案数据库系统建设的过程及实施方案**

高校校史档案数据库系统建设是一个涉及多个复杂环节和多个参与方的过程，包括需求分析、资源采集、数字化处理、数据录入、数据库设计、软硬件实施等多个过程。

（1）需求分析

首先，收集用户需求。收集用户对高校校史档案数据库系统使用的需求和期望，包括访问校史档案资源的需求、数据查询和检索的需求、数据可视化和数据分析的需求等。其次，调研档案资源状况。调研当前高校的校史档案资源，了解数据的来源、种类和状态等信息，为接下来的数字化处理和数据录入提供依据。最后，界定数据库范围和规模。确定高校校史档案数据库系统的范围和规模，包括需要收录的数据种类和数量、数据库的应用场景等。

（2）资源采集及数字化处理

资源采集和数字化处理是高校校史档案数据库系统建设的关键环节。这个过程通常包括以下步骤：①资源选择和采集。根据需求分析，选择合适的校史档案资源并收集，包括纸质文件、照片、音频、视频等数据。②数字化处理。通过影像扫描、录音等技术将纸质数据、照片等转化为数字格式。对数字化的数据优化处理，如图像增强、噪声消除等。③数据清洗和表结构设计。对于数字化的数据需要清洗、格式化和归纳，为进一步的数据录入和数据库设计提供基础。同时，设计表结构，将数据分类整理，并建立表间的相互关系。

（3）数据录入和数据库设计

数据录入是将数据录入并建立数据库的过程，需要有效校验和数据重复校验，确保录入的每条数据符合相关格式和要求。在数据录入的过程中，需要设计好数据库的结构和关系，确保数据可以有效管理和查询。

（4）软硬件实施

在确定数据库结构之后，需要考虑数据库选型、服务器和存储设备设施的采购、应用软件的开发、系统集成等方面的问题。在开发数据库系统时，应注意数据安全和权限控制，为数据提供全方位的保护。

同时，在软硬件实施的过程中，需要确保数据备份的有效性，以免数据丢失。

（5）数据库应用与维护

在数据库开发完成后，还需要有效应用和维护。数据库维护包括对数据备份、数据恢复和数据安全等方面的实践。同时，也需要对数据库系统升级和优化，以便在日后使用中取得更好的性能。

总之，高校校史档案数据库系统建设是一个系统性工程，需要全面的考虑和规划。具体实施方案需要根据实际情况综合考虑，以满足高校校史档案资源管理的需求。

# 第三章　数字档案资源的开发利用

## 第一节　档案编研

### 一、档案编研历史概述

如果单纯从字面上看，"档案编研"可以被理解为编纂和研究，但并不是简单的叠加。只有了解历史，才能展望未来，以史为镜，资治通鉴。

#### （一）古代档案编纂活动

我国古代档案编纂历史，由私人编纂走向政府机构组织编纂的过程，距今大约有2500多年的历史。先秦将穿连简牍的皮条或绳子称为"编"，《论语》有"子读《易》，韦编三绝"，说的就是孔子因为非常喜欢读《易》，多次阅读，以致连接书的皮条磨断了三次。《说文解字》中也曾经记载：编，次简也；纂，开始指五彩的条带，用来束帛成卷。白居易的《河南元公志铭》中最早出现"编纂"一词，内有"观其著作编纂之旨，岂止于文章刀笔载"，意为条理组织，顺序排列。档案文献编纂始于对档案文献的整理，西汉时期的刘向、刘歆父子针对当时中央官府档案文献的编纂，成就了《别录》《七略》；班固编纂《汉书》、范晔编纂《后汉书》。明朝政府编纂《永乐大典》；春秋战国时期，孔子编纂《六经》；汉朝时期，司马迁编纂《史记》；清朝政府编纂《四库全书》，史学界称之为文献的编纂，古代文献编纂活动，就是对档案文献的编纂活动。

#### （二）近现代档案编研进程

20世纪50年代末，我国开始出现"编研"一词。1960年河北省档案馆在《档案工作》上发表的文章中提出了"编研工作"这一术语。

1980年在中共中央、国务院批转的《国家档案局关于全国档案工作会议的报告》中使用了"编研工作"一词。从"编纂"转化为"编研"，档案部门的工作范围得到拓展，进一步彰显了档案部门的文化事业性质。同时，受到信息论及信息技术的冲击，档案编研跳出传统历史编研范畴，由被动的"适应"转变为积极主动的"开发"，档案编研工作得到了全面发展。

进入21世纪，档案编研与开发开始面向大众化，主要是总结档案文献编纂工作的成就、特点，缺乏对档案文献编研与开发工作进行历史梳理。伴随国家信息化、数字化工作的展开，新的科学技术作为支持或辅助，开始融入档案编研活动中，并向智能化编研方向发展。

## 二、档案编研科学技术分析

档案编研是档案管理部门根据馆藏档案资源及社会需求，立足档案资料基础上，编写参考资料、汇编档案文件、参与编史修志、撰写论文专著等活动，包括编写与研究两大部分，涵盖编、选、译、校、注、述、评等一系列智力活动。新时代的广大档案工作者肩负着"为党管档、为国守史、为民服务"的职责使命，利用大数据、云计算等科学技术，拓展档案编研空间，创新档案编研模式，有力提升档案编研质量和效率，让更多的普通公众在编研成果中了解、认识和利用档案，切实增强档案工作的社会影响力。

### （一）档案编研科学技术应用特点

#### 1. 素材来源广泛化

档案编研需要占用大量档案素材，一般情况下需要编研者根据编研主题到档案馆查询相关档案资料，编研素材查找效率低，素材来源渠道单一。在科学技术应用背景下，除馆藏档案素材外，还可通过互联网、数据库、政务数据共享交换平台、业务系统中获取权威业务数据信息或政务信息资源。除传统纸质档案素材外，音像、音频、图像、电子文档也成为档案编研素材的重要类型。因此，编研素材来源渠道及素材类型，都呈现出泛化现象，为档案编研提供更多素材可供选择、应用。

### 2. 技术手段现代化

2021年6月，中共中央办公厅、国务院办公厅印发的《"十四五"全国档案事业发展规划》提出以高质量发展为主题，深化档案信息化战略转型，要加强大数据、人工智能等新一代科学技术应用。这也为档案馆档案编研过程中技术应用提供了根本指引。档案馆可将人工智能、物联网、区块链、云计算、大数据等为代表的新一代科学技术应用于档案编研。例如，人工智能技术中的文字识别、语音识别技术应用，可加快重要档案数字化成果转化，还可利用情感分析技术挖掘档案资源中观点、情感、评价等。具有强大图表编辑、数据处理能力的"云计算"技术应用可快速导入音像资料，缩短编研周期，提高编研效率。

### 3. 成果形式丰富化

档案编研依据不同表达形式其成果也不一样，有文字叙述为主表达方式的文字式编研成果，如《大事记》《组织机构沿革》；有技术图样、专业图件为主要表达方式的图形式，如《工艺设备图集》《×××图汇集》；以数据结合图表为主要表达方式，如《××市主要技术经济指标汇编》；以照片、录音带、录像带声像资料为主要表达方式的声像式，如《照片汇集》《××城市发展专题录像资料片》。科学技术的应用，使档案编研成果形式日益丰富多样，融合图、文、声、像等为一体，还可以通过声光电等形式展现编研成果，呈现方式也日益多元化。

### 4. 利用途径多元化

随着科学技术的应用，档案编研成果传播、利用途径也更加的多元化，除了将编研成果印刷成册外，还可以将编研成果生成电子版，在网站、网页、数据库等PC端直接展示，供查档者或其他利用者选择。还可直接放置小程序，移动终端设备可随时查阅，编研成果利用不受时间、空间限制。中国第一历史档案馆专门在首页设立"利用查询"，指导用户如何查询利用档案成果①，可通过平板或手机随时在线查阅，也提升了档案编研成果利用价值。

①豆亚飞. 网络语境下依托档案网站进行档案编研研究[J]. 云南档案,2018(02)：53-55.

### （二）档案编研科学技术应用意义

**1. 微观：提高编研效率**

随着档案数字化资源的数量和规模越来越大、专题数据库陆续建设完成，科学技术应用提高了原有数据处理效率。语音识别、文字识别技术应用，可及时挖掘档案数字化资源信息，并开展编研工作。将传统的完全依赖人工的档案编研工作向着半自动化生成转变。根据数据分析，甄别海量馆藏档案资源高频利用类型、领域，提取其中有价值的信息资源，并对其进行分析、加工。因此，科学技术应用不仅可以拓展档案编研广度和深度，还使档案编研工作更具针对性，而且编研成果不再局限于纸质载体，还可以电子载体、借助互联网、物联网传播利用，档案编研成果的传播范围更广、影响更大。因此，科学技术的应用，使档案编研选题更加精准、编研过程更高效、编研成果展示更多元、编研效果更显著。

**2. 中观：推动档案发展**

档案编研属于档案工作的重要组成部分。档案事业发展有其自身特点和规律，通过档案工作历史经验总结、规律性分析，获得前瞻性结论，为新时代档案工作发展指明方向。即档案编研要立足馆藏档案资源，借助科学技术应用，围绕服务党和国家工作大局，跟踪社会需求和行业动向，比对馆藏档案蕴含的各种价值要素，结合国家政策优化选题方向，提高编研选题质量和编研成果价值，进一步促进档案发展。如将历年档案馆借阅、查阅、利用、开放等规定汇编成制度性编研成果，可以为档案馆新的制度制定提供决策支持。将各个时期档案编研选题分析，指导确定新时代档案馆编研选题。

**3. 宏观：促进社会进步**

档案具有存史资政育人的价值功能。档案编研成果也是文献资料一次、二次甚至是三次开发编研的结果，同样具有重要的价值功能。大到一个国家，小到一个地方、行业或部门能够实现可持续发展，就要始终有其发展规律性总结、特色的文化并一脉相承。档案是社会发展的真实历史记录，管理好档案是保护社会发展成果的重要手段。档案编研工作能够记录社会发展历程，通过档案编研展现社会发展并持续传承发展下去，小到可以增强部门、行业或地区的凝聚力、责任感、使命感和自豪感，大到可以对外展示其发展路径，增强"四个自信"。反映经济社会发展历程、规律及成就的档案编研成果，能够让人们回顾历史、了解过去、珍惜现在、展望未来，从而以更加开放的姿态迎接未来，促进社会文明进步。

### （三）档案编研科学技术应用对策

近年来，随着科学技术在档案编研中的应用，最直观的变化是档案编研成果由线下向线上转移，由传统的纸质档案媒介向多样化数字媒介转变，由以静为主的编研逐渐向动静结合转变，档案编研效率显著提升，成果更趋丰富，也是时代发展进步的重要体现。因此，作为档案工作者，要善于把握时代发展进步脉络，主动将科学技术应用至档案编研选题、材料加工、力量整合和成果整合各个环节，促进档案事业发展，进一步发挥档案存史资政育人功能。

#### 1. 以需求为导向，科学技术应用于编研选题

选题是档案编研的首要环节，一个好的选题应考虑三个方面条件，即社会需要、文献基础和编辑力量。其一，精准把握社会需要选题。运用科学技术进行档案数据分析，及时掌握档案馆中各系统、各行业档案查阅频次。也要契合时代发展需求，从公众应用需求与时代发展需求两个角度确定档案编研选题，从而使档案编研选题更具战略性、新颖性和预见性。其二，立足馆藏档案资源选题。利用大数据采集、预处理、分析与挖掘等先进的科学技术，将馆藏档案资源的类型、内容及数量和规模进行分析，摸清"家底"，发挥档案馆现有文献资源优势，充分考虑档案文献的史料价值，从而有针对性地确定具体选题，使选题更具现实性、针对性、可操作性。其三，结合档案馆实际选题。通过人才、财务管理系统，及时掌握档案馆人力资源、经费等档案编研力量，从现实可行性角度确定档案选题，使档案选题能够顺利完成。

#### 2. 以数据为导向，科学技术应用于选材加工

档案编研选题确定后，就需要根据选题确定选材大纲，查找与编研选题相关的文献资料，并按照一定的原则和方法进行材料加工，必要时还需要对档案文献图形、文字、款式等外形特征进行技术性处理。

科学技术具有强大的数据信息筛选、检索和挖掘功能，要坚持以数据为导向，将大数据、云计算、人工智能等先进技术应用于档案编研选材加工领域。其一，数据分类技术。利用科学技术设计大事记、组织沿革、统计数字汇集、专题概要等模块，基于模块数据进行分类，奠定选材加工基础。其二，智慧抽取及检索技术。将不同类型的数据按照语义进行智能抽取，既可按照缩略词、同义词，也可以根据用户高频检索记录及浏览偏好，自动提供检索建议，使数据选材加工更加精准。其三，可视化技术应用。"读图时代"公众更乐于从图片、视频及虚拟现实中消化吸收知识。档案编研者可将编研成果以三维立体、视频等方式呈现，使数据挖掘及应用更能满足时代发展需要。

3. 以共赢为导向,科学技术应用于力量整合

档案编研是一项系统性工程，鉴于档案数字化资源快速增长、编研素材类型多样复杂，以及社会专业化分工越来越细，除档案馆人员开展日常档案编研外，还应借助科学技术，扩大编研参与主体、丰富编研合作模式等，鼓励其他相关主体积极参与。首先，是利用政务服务信息平台，按照《政务服务电子文件归档和电子档案管理办法》要求，积极做好政务服务档案收集、整理，并与党史和地方志等部门合作，借助政务服务信息平台，加强资政类档案编研。与工信局、统计局等部门合作，借助部门档案数据平台，开展经济建设类档案编研。其次，是积极搭建档案编研合作平台。鼓励相关部门或行业主动与平台对接，将行业部门档案信息传至平台，丰富馆藏档案数字化资源素材，根据部门需要开展有针对性地编研，实现双赢多赢共赢。

4. 以价值为导向,科学技术应用于成果展示

借助计算机科学技术，努力搭建线上线下与移动端的全空间档案编研成果展示利用平台。首先，是线上层面，依托档案馆官方网站，开设档案编研成果专栏，将档案编研成果上传至专栏，为档案编研成果查询、检索和利用提供专门指导，并利用档案馆官方微信、微博、新闻客户端等，加强档案编研成果宣传，让公众知晓档案编研成果内容。其次，是线下层面，举办档案编研成果展览，向参与公众赠送档案编研成果数字版，与其他媒介合作，联合开设档案编研成果节目，扩大

宣传面。最后，是移动端层面，积极开发 App，将档案编研成果以数字形式上传至移动端，也可在档案馆官方微信客户端，开展档案编研成果查询利用服务，扩大宣传利用渠道。总之，要以价值为导向，主动发挥档案编研成果价值，为经济社会发展提供优质高效服务。

### 三、档案编研成果评价

21世纪以来，档案编研开发向社会性、大众性转型，开发方式新颖，编研成果多样。通过档案编研，将保存的大量档案信息资源，围绕设定的主题进行档案信息资源的搜集、筛选、审核、加工、整序、评价等一系列活动。随着电子档案发展的愈发完善，数字化编研逐渐取缔手工编程成为主要档案编研方法①。档案编研成果质量水平能够反映档案信息资源开发与利用的效果。这就产生了如何对档案编研成果进行科学、全面、客观的评价相关问题。

#### （一）档案编研成果的类型

档案编研成果类型的划分原则取决于档案编研工作性质、范围的差异性，是档案编研学研究的重要内容之一。档案编研成果的类型划分对档案馆（室）的编研工作具有一定的指导和借鉴意义。这也是档案学界自20世纪90年代开始便众说纷纭的讨论热点之一，大致有两种划分观点。

1. 成果内容说

1990年高永祥在其著作《档案文献编研学概论》中指出：根据档案编研成果内容的不同可将档案编研成果分为3种类型。曹喜琛在1994年主编的《档案编研概论》中将档案编研成果按照对档案文献信息进行加工的性质和层次，将编研成果分为抄纂、遍述和著作三类，与高永祥先生的观念异曲同工。

（1）编纂型

编纂型编研成果是指对保存在各级各类档案部门中的档案文献，根据课题研究需要和档案资源情况，确定编纂的档案文献内容和范围；根据选定的课题，梳理、归纳相关档案文献信息和历史资料，进行编

①管先海，郭东升，李宗富. 档案编研：编研什么：档案编研基本问题思考之二[J]. 档案，2019(03):46-52.

辑排版成册，发行或对公或仅内部流通。编纂型编研成果更加侧重向编研成果用户提供档案文献的原文，不去对档案文献的内容作任何改动，常见的编纂型编研成果如档案文件汇编、选编等。具有较强的参考实用性，尊重档案文献内容的原始性和完整性。既能为编研成果用户提供方便的利用模式，也能起到对原始档案的保护和开发的作用。

（2）编写型

编写型档案编研成果是指通过文字、图表、图片等形式，将档案资料和相关研究成果编写成具体的著作或论文，发行或对公或仅内部流通。编写型档案编研成果在不改变档案文献内容的基础上，又不限于档案文献的原文，对档案文献的一次深加工，这种程度的编研成果类型如大事记、专题概要、会议简介、文摘、简介、年检、图集等。与一般的参考资料不同，编写型档案编研成果为编研成果用户提供更为系统的信息内容。

（3）论著型

论著型档案编研成果是指对保存在各级各类档案部门中的档案文献进行深入研究分析，并撰写出编研工作者的一定见解，是能成为一家之论的学术论文或专著，反映了档案编研工作者的创造性思维，反馈出在编研工作当下进程中编研工作者的创作思想，处于编研成果类型中的高层级，如综述、专题述评等。

2. 加工深度和加工形式说

1993年葛荷英在其著作《档案编研的理论与方法》中提出的档案编研成果分类，涵盖了档案编研所涉及的范围和形式，对档案编研工作的推进和发展具有一定的启示和指导价值。1999年韩宝华在其专著《档案文献编纂学教程》划分四种典型文体，档案编纂工作者可以根据具体项目的需求，选择适合的文体进行加工处理，以达到保护档案和挖掘档案价值的目的。包括一次档案文献型（编纂型编研成果）、二次档案文献型（编写型编研成果）、三次档案文献型（论著型编研成果）、混合性档案文献型，与葛荷英先生的理解并行不悖。

（1）一次文献型

编纂型编研成果即为一次文献型编研成果，编纂型编研成果选取相关档案文献后，经过深入的研究和分析，对文献进行转录、考订、去衍、补漏、校点等加工处理，依据一定的逻辑体例编排而成的一个更全面、系统、精确的组合材料。在档案学、史学、文献学等领域都有广泛的应用，可以作为研究和认识历史、社会和文化的重要依据和工具。一次文献型编研成果包括档案文献全集、档案文献选集等，是最接近原始档案的编研成果，适用于决策利用、部门内部参考、专题领域研究等情况，具有一定的参考价值。

（2）二次文献型

编写型编研成果即为二次文献型编研成果，根据档案编研工作者的一定要求，积聚相关档案信息资源，进行带有编研工作者观念的排列组合，编成档案信息的系统性集合材料，如检索性文献、介绍性文献等。二次文献成果对原始档案信息进一步摘录、截取、提炼，凝结成逻辑性更强的档案数据，亦能为专题档案数据库的建设奠定基础。

（3）三次文献型

论著型编研成果即为三次文献型编研成果，又可叫作"作"，在原始档案、一次文献、二次文献的系统整理、分析研究后重新开展开发工作，要求编研工作者具有一定的综合分析与研究能力，具有很强的研究性和信息综合性强、加工层次高的编研成果，更能为档案编研成果用户提供涵括分析、结论、建议的编研成果，如统计数字汇集、历史事件简介、科研成果简介等。

（4）混合式信息材料汇编型

这种类型划分是由于部分编研成果无法严格划分是一次文献、二次文献还是三次文献，可能运用几种加工方式汇集而成的编研成果。

**（二）档案编研成果评价要点**

档案编研成果评价是对档案编研工作的一种量化评估，旨在通过准确评价编研成果的水平和质量，促进档案编研工作的持续发展和提高。确立档案编研成果评价的要点，可以帮助开展评价工作人员更准确、全面地评价档案编研成果，提高档案编研工作的水平和质量。下面列举一些档案编研成果评价的要点。

1. 档案编研主题

评价档案编研成果时，需要考察编研主题是否具有符合实际需求，以及编研选题的实用性，具有相当的研究价值和创新性等特点，是否对推进档案事业发展具有现实指导意义等。譬如在评价过程中，评价编研主题是否填补了相关史实资料空白或加持相关学术研究，是否有学术或实践价值，是否拓宽了研究领域和推动了进一步的研究；档案编研的主题是否具有新的研究视角、新的思路和新的研究成果呈现等；研究主题是否与档案馆藏档案特色相关等；还需评价所编研的选题是否为历史、社会或其他领域的研究和实践提供了有用的信息和启示等。

2. 档案编研材料加工

评价档案编研材料加工是对编研工作选择的档案材料进行收集、审核、编排等方面作出贡献的评估过程。规划好关于档案编研材料加工的评价要点，关键在于评价所选档案编研材料的来源广泛性、完整性，以及所选档案材料是否具有权威性和准确性，是否具有研究价值和应用潜力。之后是要分析、审核选定的档案编研材料是否能够加深对研究课题的认识和理解，挖掘问题导向，展示选择档案材料的合理性以及优越性。而评价档案编研材料编排加工，则需要侧重档案编排内容的逻辑性和科学性，包括编排是否具有索引体系，方便检索到档案材料出处及相关辅助说明，能否提供有关主题的全面和客观信息，等等。

3. 档案编研成果呈现形式

档案编研成果的呈现形式是评价其质量和价值的重要因素之一，应该根据档案编研成果用户的需求和使用环境，选择合适的载体和形式，使档案资源得以最大化地展现和利用。在评价档案编研成果的呈现形式时需考虑呈现形式要清晰地表达档案原始信息的意义和价值，激发用户的兴趣和思考；编研成果的呈现形式应该易于阅读和理解，避免信息繁杂或者混淆；而且应该具有一定的美感和视觉吸引力，提升读者的阅读体验，能够最大程度地展示档案资源的价值和意义，满足读者的需求和期望。

**（三）档案编研成果评价工作开展的几点建议**

高效开展档案编研成果评价工作，需要提高对档案编研成果评价工作的重视程度、多元主体参与档案编研成果评价、健全评价机制，设立专门评价机构与组织、组织专门的档案编研成果评价活动、加强档案编研成果评价信息资源整合与共享等。

1. 提高对档案编研成果评价工作的重视

档案编研工作已逐步成为档案馆档案部门的工作重点之一，部分综合档案馆已成立独立的编研科室开展工作。然而，在编研成果完善之后的推广、宣传、评价、反馈、修订等工作后续开展略有欠缺。为更好弥补此类缺陷，在现有管理体制下，应重视档案编研成果评价环节的工作，通过组织编研项目评价活动的方式，通过项目的操作，组织和管理编研人员、档案信息用户等多元主体，组建激励机制，在实践中逐步提高对档案编研成果评价活动的重视，并适当地将这种编研成果项目评价的质量与编研人员的奖励挂钩，用合理的奖励鼓励编研人才，激励更多的编研人员及组织重视编研，重视编研成果的评价，从而更看重编研工作过程中的细微之处，倒逼档案编研成果质量的提高。

2. 多元主体参与档案编研成果评价

随着全社会对档案编研成果质量的愈发重视，对编研成果进行评价需要具备多方面的能力和素质，包括专业的编研理论知识和较高的科学技术水平，同时还需要有良好的文献查阅和分析能力、综合分析和判断能力、沟通和协调能力、独立思考和创新能力等。对社会时代潮流前端的把握理解，对社会思想进步的机敏意识等要素无不提醒着档案编研成果评价活动，需在编研评价主体方面进行加强优化，为档案编研成果评价工作注入创新与智慧的力量。值得关注的是，许多档案信息资源用户的专业性不断增强，其不同于官方的视角看待档案编研成果质量水平亦有一定的合理性和科学性。因此，组织档案馆工作者、官方学术机构、学术杂志、文化团体、高校专业人才等多元主体多方参与档案编研成果评价工作，更有助于评价工作的开展。

3. 健全评价机制，设立专门评价机构与组织

评价机构在评价理论、方法、工具、成果等方面作出的探索都在档案学术评价活动中起到了重要的作用。不仅可以形成有关档案编研成果评价的基本理论方法模型，建立健全评价机制，还可以为档案编研

成果发展提供有价值的数据支持和操作工具。科学的评价标准是促进档案编研成果评价制度的最基本要素。建立健全档案编研成果质量评价机制，是加强和创新档案编研工作，促进档案编研事业健康、协调、可持续发展的重要制度性措施，在多元化档案编研成果评价主体的基础上，应出现专业性的、有号召力的官方评价机构或评价组织创建并促进档案编研成果的评价活动。由官方评价机构制定健全的档案编研成果评价机制作为评价活动基础，不仅能够在评价活动方面的形式更加正式，其官方评价机构所具备的权威性亦能吸引更多需要评价的档案编研成果参与其中。

4. 组织专门的档案编研成果评价活动

组织档案编研成果评价活动，可以按照以下步骤进行，以确保活动的专业性和公正性：成立评价小组，邀请档案管理领域的专家、学者以及有经验的档案工作者组成评价小组，确保小组成员具有广泛的专业背景和公正性。制定评价标准，根据档案编研的特点，制定详细的评价指标体系，这可能包括档案的完整性、准确性、创新性、实用性、对历史的贡献等。收集编研成果，向档案编研人员或机构征集成果，包括编研报告、论文、数据库、数字化成果等，要求提交成果时附上详细的编研过程和目的。初评筛选，评价小组对提交的成果进行初步筛选，剔除不符合要求或标准较低的成果，确保进入下一阶段的成果质量。详细评审，对通过初评的成果进行详细评审，评价小组成员根据评价标准，对每一项成果进行打分和评论。综合评定，汇总评价小组成员的评分和意见，进行综合评定，确定最终的评价结果。反馈与交流，向参评者反馈评价结果，提供专家意见和建议，鼓励交流和讨论，以促进档案编研水平的提升。公布结果，在适当场合公布评价结果，表彰优秀档案编研成果，提升档案编研人员的积极性和荣誉感。总结与改进，评价活动结束后，总结经验，收集反馈，不断改进评价方法和标准，为下一次活动提供参考。通过这样的流程，不仅能够公正、全面地评价档案编研成果，还能促进档案工作的学术交流和技术进步。

虽然举办的档案编研成果评价活动数量在逐年增加，但引起的社会性舆论讨论、话题度等并未随着活动的增加而提升热度。组织专门的档案编研成果评价活动，通过专业的官方评价机构承办活动，加大宣传力度，扩大影响力和制造传播热点话题等都有助于编研成果评价活动的普及度，有了大众的关注度和热点话题的加持，能够更好体现档案编研成果评价的意义与价值，促进评价活动周期性稳定性的开展。

5.加强档案编研成果评价信息资源整合与共享

首先，加强档案编研成果评价信息资源整合，可以更好整合档案编研成果资源，便于检索，提高信息资源利用效率，吸引档案信息用户进行查询利用。加强档案编研成果评价信息资源整合同样有利于档案编研成果评价多元主体的构建。档案编研成果的信息资源整合也是总体编研成果评价的重要部分，信息资源整合在评价过程中集科学的方法、标准、程序于一体，对整体的档案编研成果内容、服务质量等在内的多方面的客观分析和评价。其次，便于处理相关权力归属问题。对档案编研成果评价工作中需要有对计算机安全知识和对档案相关法律都精通的高端复合型人才提出了要求。此外，在档案编研成果评价信息资源整合和共享方面，既要保障提供编研材料加工的档案所有者的产权和利益，又要维持合作编研的安全开展。

# 第二节 社会化开发

## 一、档案资源社会化开发概述

档案资源社会化开发是指在符合保密要求的前提下，充分调动内部其他组织机构和社会力量参与到档案资源开发过程中，从而最大程度地挖掘档案价值，并采用强化平台建设的手段，实现档案增值、赋能的目标，以保障档案利用目的的实现。

与传统档案信息资源开发相比，档案资源社会化开发具有如下特征。

一是档案机构与社会公众角色的转变。在传统的档案信息资源开发中，档案机构对其所保存的档案（集体所有及个人所有的除外）扮演的是这些档案的所有者及管理者的角色，即他们享有对这些档案绝对的控制权，他们是管理者，而社会公众是服务对象。在档案资源社会化开发中，档案机构及社会公众的角色发生了转变，档案机构从握有绝对控制权的管理者转变为档案资源的"管家"，即档案资源真正的所有者应是社会公众，档案机构替社会公众保管档案资源，主要负责提供档案资源供公众获取并开发，在某些情况下也负责档案资源社会化开发的统筹安排及关系协调等工作。因此，社会公众不再是档案信息资源开发成果被动的接受者，而是档案资源开发的能动主体，他们运用自己的知识和智慧实现对档案资源的多样化开发。

二是开发方式的参与性。档案资源社会化开发主要是由不特定的或特定的社会公众对档案资源进行开发，他们可以是一种松散的、基于兴趣或其他原因进行协作的弱关系，也可以是基于共同的兴趣、爱好而形成的强关系。因此在档案资源社会化开发中，进行档案资源开发的主体范围非常广泛，他们一起参与来完成开发工作。

三是档案资源社会化开发形式的多样化。档案资源社会化开发就是聚合不同主体的知识和智慧，因此档案资源社会化开发的形式较传统档案资源开发的形式更为多样，既有现今较为常见的贴标签、转录、注释、添加背景信息、编辑，也有开发基于馆藏的游戏、教学工具、应用程序等。因此，档案资源社会化开发可弥补现今档案机构对档案信息资源开发力度不够、创新性不足等问题，通过聚集不同主体的智慧和知识，最大限度地实现档案资源的价值和增值，促进档案资源的社会利用和再利用。

## 二、乡村档案资源社会化开发

### （一）乡村档案资源社会化开发的实践案例

国家档案局在推进乡村全面振兴中发挥着重要作用，通过完善农业农村档案工作制度体系，加强重点领域的档案管理，以及组织实施相关工作项目，不断提升农业农村档案工作的整体水平和服务效能。例如，国家档案局联合农业农村部加强土地承包到期后再延长30年的档案管理工作，推动农村宅基地改革档案工作，以及做好农村土地承包经营权确权登记颁证档案的保管利用工作，这些都是为了保障人民群众的切身利益，提升他们的获得感、幸福感和满足感。

广东省农业农村厅和省档案局联合印发通知，部署推进乡村振兴驻镇帮镇扶村档案工作，要求全省各地区各部门建立完善协同联动机制和档案管理规章制度，全面提高工作质量，推进资源共享利用，更好发挥档案工作的作用。

### （二）乡村档案资源社会化开发的潜在影响和挑战

乡村档案资源的社会化开发可以激活乡村发展的新动力，促进乡村文化的传承和创新，提高乡村治理的透明度和效率。同时，这也有助于讲好中国故事，增强乡村的文化自信和吸引力。然而，这一过程也面临着挑战，如档案资源的保护和数字化、档案工作人员的专业培训以及如何有效整合和利用档案资源等。

### （三）最新的发展趋势或政策支持

根据最新的信息，国家档案局将继续贯彻落实《中华人民共和国档案法实施条例》，以服务乡村全面振兴为主线，因地制宜、分类施策，循序渐进、久久为功，不断推进新时代农业农村档案工作高质量发展。这表明国家层面对乡村档案资源社会化开发给予了高度重视，并将提供政策支持和指导。

## 三、重大突发事件档案资源社会化开发

### （一）重大突发事件档案概述

胡康林认为，突发事件档案是突发事件应急管理过程的原始资料，具有产生的突发性、来源的复杂性、载体的多样性、收集的不确定性等特性，开发突发事件档案具有可以保护过去的记忆，以史为镜，为档案事业注入活力等积极意义[①]。

目前只有相关部门对突发事件档案做了清晰的分类和界定，皆认为自然与社会为主要因素并按此划分类型。重大突发事件档案分为社会安全档案、自然灾害档案、事故灾难档案、公共卫生档案四类。由于

①胡康林. 突发事件档案的特征、类型及其开发意义[J]. 档案管理, 2018(01): 87-90.

突发事件档案并不同于一般的档案，自身的特殊性使得从形成到利用全过程都有特点可言，对于档案后续的利用发展有重要作用。重大突发事件档案的特点主要体现在以下几个方面。

**1. 形成的随机性**

重大突发事件发生的时间、地点和影响是否严重是不可预测的，形成过程完全随机，往往出乎人的心理预料和实际情况，会有很多情况无法通过正常的决策来解决，导致应急管理措施常处于相对被动和不确定的局面之中，在事件的发生过程中，人们由于周边或自身弥漫的恐慌情绪，很难主动积极收集和保存相关资料，错失第一手资料，信息处于一种不对称、不完全的状态，且工作人员多为当地与其他地区人员临时性与沟通性组合而成，官方和民间机构，它们在不同的平台和系统中相互交叉，相互合作，范围更广，公众参与度广泛，在繁忙时无法准确记录，且在紧急救助后往往就自行解散，事后工作完成也无法将人员再聚集在一起，档案处于各自离散的状态，多源异构档案数量庞大。虽然应急管理经验可以从以往情况来借鉴，但根据发生事件因地制宜选择相应措施也是因为突发事件档案的随机性。

**2. 收集的不平衡性**

重大突发事件档案收集的不平衡性主要包括以下两点：一是收集环境的不平衡性。重大突发事件发生地点随机，相应档案主要收集工作集中在发生地，发生地的环境无法自主选择，发生在较偏远地区应急措施需要花费大量的人力、物力，且还要考虑事件发生的后续是否影响收集工作。二是收集重点的不平衡性。当前阶段普遍重实体轻口述，重大突发事件档案需工作人员主动或被动收集，主动则需要深入发生地一线，人员需求较大，被动则需等待社会民众提供历史资料，而口述档案多需深入事发当地仔细询问调查，事后复盘时间和空间上不允许情况较多，难度系数较大，故多选择实体。

**3. 分布的广泛性**

重大突发事件档案分布的广泛性主要表现在：一为分布地域的广泛性。重大突发事件的发生不受时间、地点控制，分布在世界各地，相应形成的档案也散落在发生地的各处，碎片化明显，给收集工作带来一定难度，需要跨地域收集，且随着交通和科学技术的迅速发展，重大突发事件所影响到的不只局限于案发地，也会通过内在联系扩散到其他地区，给档案工作增添难度；二为分布主体的广泛性。重大突发事件档案的形成分前、中、后三个阶段呈现周期性，它的发展并不是常规中的静止现象，而是一个相对动态现象，三个阶段中分别有不同的主体进行收集，分别有事件的见证者、幸存者、救援工作者以及其他相关者来收集。

4. 利用的即时性

重大突发事件档案区别一般档案的最大特征就是事件本身发生和传播的即时性。重大突发事件本身就具有瞬间的即时性，整个过程一般出人意料，与人们意识之间存在严重脱节，政府机构、各类组织、医疗机构和公众都会因为突发而有一段时间的反应缓冲期，在这期间信息空白，难以判断。重大突发事件的最大的受害者往往是民众，它将对人身安全、社会财产和稳定构成严重威胁，政府需使用强硬措施来减少这种危险。合理使用档案，总结过往经验。因此，重大突发事件受制于它的特性，必须要尽快介入档案的收集管理工作，防止因为工作滞后丢失重要档案记录，减少其所带来的损失，更好地为以后此类事件提供数据和经验参考。

5. 用途的广泛性

重大突发事件档案由于其形成和分布的特殊性，可以用于研究、评估、教育和预警，以及加强社会凝聚力等多方面用途。作为起到原始记录和原始凭证作用的突发事件档案，记录了突发事件的事前、事中、事后，为国家应对重大突发事件提供经验与教训，为预警和决策提供数据支持。此外重大突发事件档案是事发的"第一手资料"，档案部门可以利用档案资源进行深入挖掘，以此来起到科学研究作用，对未来的突发事件有一个更加系统、全面的参考，还可以借此进行社会大众的宣传普及，让大家了解相关历史文化，意识到突发事件档案的重要性。重大突发事件档案作为记忆的载体，可以激发大众认同感，在社会记忆水平上获得更多的社会认同和凝聚力。

### 6. 覆盖的全面性

重大突发事件档案所涉及的深度和广度都是前所未有的，囊括自然和社会事件多方面信息，会对大量人群乃至整个社会产生影响，相对而言是群体性事件而非个人或特定区域事件，传播效率极高，伤害不只是局限在某一特定地点，通常是通过内在联系波及其他领域的更多种类、更深层次、更多公众的二次事件，导致连锁反应，事件影响持续增长。经过网络媒体的报道传播更广，引起全国民众的关注，不及时控制甚至引发舆论的井喷。建设重大突发事件档案资源可以帮助政府和相关部门总结经验，改进现有的治理方式，整合归纳模式，维护社会平稳发展。

### 7. 风险的独特性

突发事件档案包含个人、社会组织、政府的敏感信息，如姓名、联系方式、银行账户信息等，如果这些信息泄露，会造成不可挽回的损失，并可能导致身份盗窃、财务欺诈等问题。突发事件档案可能会保存一些机密信息，如政府的国家安全信息、军队的战队计划等，假如这些信息被未经授权的人获取或者恶意攻击，数据会面临永久性的损失，这将会对突发事件的应对和后续调查有影响，对国家安全产生威胁。此外事件本身涉及危险物质（如火灾、爆炸、泄露等），重返现场收集信息时可能会暴露于有害物质的风险中，这些物质可能会危害人体健康，另外现场存在结构不稳定或受损的建筑物或设施，重返现场会增加坍塌或其他结构性事故的风险。

## （二）重大突发事件档案资源开发主体

在重大突发事件中，其档案资源的主体为公众、社会组织和政府。在建设过程中，政府拥有大量建设突发事件的经验，作为核心管理机构起到主心骨作用，公众作为"第一现场"见证者，社会组织遍布各方面、各领域，都成为突发事件档案资源参与的中坚力量。

### 1. 建设主体

（1）公众

在突发事件的大多数情况下，公众是最主要也是最直接的受害者，往往也是重大突发事件预警的发出者，在地震、大火、洪涝灾害等自然灾害发生时，公众一般是重大突发事件现场的目击者；而在社会安全事件、公共卫生事件中，公众又是事发现场的见证者或当事人，基于自己所处位置，用图像、文字、影像记录下事中、事后的日常生活，作为亲历者掌握着第一手的资料记录，以非宏观视角呈现具有特殊意义和记忆深刻的人、事、物。鼓励个人通过官方渠道分享事件过程中形成的社交媒体信息、口述信息等实体和数字资源，收集信息资源补充集体记忆，同时也要注意对个人记忆的收集，使之成为社会记忆，对官方记录起到微观补充，成为重大突发事件档案社会参与的强大力量。

（2）社会组织

社会组织广义上是多种多样的社会群体，一般来说，社会组织是一个更广泛的概念，由于社会组织的分类标准不同，因此通过分类所形成的特定类别也不相同。与重大突发事件档案资源建设有关的社会组织包括营利组织、公益组织、图书馆和文化馆、媒体等。

营利组织是重大突发事件档案建设中不可或缺的重要组成部分，在社会协同中承担着经济角色，很多重大突发事件发生在营利组织所在地区，这时营利组织在与政府和相关部门进行情况交流后，作为现场第一目击者和应急者，理应也参与到抢救的工作中去。重大突发事件发生以后，营利组织作为社会资源的重要组成部分，可以通过各种方式来帮助受害地区。营利组织在重大突发事件档案中可以主动记录和收集，各营利组织有计划地收集重大突发事件过程中的档案，鼓励员工将自己所见快速上传至相关平台，档案工作人员收到后在线鉴定审核。

公益组织并没有营利业务，利润分配也不存在于成员之间，这从一开始就决定了该组织的宗旨是提供相同的服务，拥护特殊人群的利益，不与服务对象的利益相冲突，提供人力物力支援。首先，公益组织覆盖范围广泛，涵盖了社会生活的所有领域，包括了社会不同层次、不同群体的利益。其次，公益组织成员广泛，对社会生活全方位侵入，包含不同层次、不同方面的档案信息。因此公益组织在与其他社会主体协同机制下既可以充分分工协作，也可以在其他主体间承担沟通的桥梁作用，能够与不同背景的社会、政府和其他社会群体互动和工作，并将需求及时传达给政府，弥补政府在社会协同中的缺陷和不足，尽可能满足多样化需求，调动各方工作，协调各方利益，特别是公共卫生事件中，医疗机构更是救治的主体，全程参与其中，主动记录事件的工作过程，所得到的信息更全面、更具体，更有利于档案收集工作的进行。突发公共卫生事件需要共同协调处理，如 CDC、医疗机构等一线机构，工作互相交叉，由此产生的档案种类多、数量大、来源广，这时需要医疗机构通过图片、文字、影像全面记录整个过程，并按档案部门的指导做好管理工作。

作为独一无二的资源和社会力量，媒体在人类社会发展中发挥了重要作用，在当今科学技术成熟的21世纪，媒体的作用更是不可同日而语，它遍布在我们生活的各个角落，对人类的外部环境与内在思想产生难以预估的影响。网络信息时代信息的传播渠道、方式以及时效都发生了改变，信息的传播更加便利，尤其是短视频拥有大量天然的用户群，传播影响力巨大，公众被赋予了更多发言的权利和空间，即话语权利和话语空间，并在公众舆论处取得重要地位，信息的传播一不小心可能会加剧社会恐慌，大量公众对事件所表达的全部态度、意见、情绪，严重时会引发网络舆情井喷，形成民间舆论场，甚至会威胁公众的身心健康，若信息没有及时更新，反映不准确，会引起社会质疑，产生不良影响，而负面信息加工渲染后，形成显著的"雪球效应"。这时掌握官方发声渠道的媒体准确性、及时性、真实性则显得至关重要，作为一个信息过滤器，媒体应该遵循该机构的公众舆论趋势和指导方向，对信息有效选择和处理，做到及时进行信息公开，并保证信息渠道畅通、方式坦诚。

（3）政府机构

政府作为服务的提供者和事务的管理者，对于承担社会紧急情况的责任是不可避免的，此外政府的社会资源众多，这就使得它在整个突发事件管理过程中起着核心的作用，政府的作用是否得到有效的发挥有关重大突发事件档案资源的后续处理问题。在档案建设中政府机构主要分为两类，一类为政府相关职能部门，如应急管理部；一类为档案机构，如各地的档案馆。突发事件发生后，档案相关部门应有敏锐的意识，在重大突发事件发生后首先提供有力的政策指导，做好相关档案的收集归档等工作，也可根据具体实际情况制定相关标准，从收集、整理、归档、利用这几方面起到良好的指导作用，确保相关档案得以完整保存。政府提供资金和政策支持，图书馆、博物馆等机构可以提供专业性知识和技术支持。档案机构作为建设的主导者，可以使用自身所拥有的档案资源建设重大突发事件档案库，联合众多社会力量，加强主体间的多元协作，参与到档案建设中。上海浦东新区档案馆通过微信公众号发布新冠档案资料征集公告，呼吁浦东各区各界参与其中，收集形式包括文字材料、照片、音像等，收集内容有一线工作者的工作资料、心得体会等。

### 2. 多元主体的协同

#### （1）政府主导

多元主体协同参与档案资源建设是不可阻挡的趋势，可以完善档案资源建设体系。但他们因为自己的思想、实力和其他的不同合作对象将导致冲突和矛盾的出现，这时候往往需要一个"向心力"来领导突发事件档案资源的建设，协调各参与主体的利益，使其平衡，而在突发事件档案以往的建设过程中，政府积累了丰富的经验，形成了一套自有管理体系，所以政府应在档案资源建设中处于主导地位。在实际情况中突发事件档案资源的建设，第一，档案部门可以加强部门协同，推动有关部门对相关条例和应急预案下的人员和部门作出明确的规定，敦促参与突发事件的单位及时向档案部门提供关键信息。第二，统筹协同各参与主体，不同主体在资源建设过程中所具备的优势各不相同，为确保档案资源建设和质量，政府必须积极发挥协调作用，并合理利用各方优势。第三，主动协调相关部门，扩大资金支持，增加用于档案设施和档案技术的资金，为重大突发事件档案工作提供优质的环境和条件。

#### （2）社会组织协同配合

政府尽管在突发事件档案资源建设中享有绝对的权力，但重大突发事件档案本身导致夹杂众多主体，仅凭政府自身力量是很难完成的，社会组织由于其灵活的范围具备独特的优势，因此，社会组织可以作为重大突发事件档案资源建设的补充力量，协同配合政府，完善资源建设工作，发挥作用也是多方面的。第一，信息的协同传递。社会组织具有比政府更接地气的特征，可以从多种角度了解群众需求，在重大突发事件某些时刻发出的信息更能够让民众信服，因此在资源建设过程中，不可缺少社会组织在中间传达信息，起到沟通桥梁的作用，将民众的信息准确传达给政府，媒体将政府重大突发事件档案资源建设情况通过官方渠道解释说明，发布相关政策，让民众了解建设进度。第二，文化宣传。社会组织中的图书馆、博物馆以及高校等事业机构独特的文化属性是核心优势。通过跨机构联合图书馆、博物馆宣传展览，与高校开展学术交流与知识库推广等活动，大力普及重大突发事件档案的重要性，提升重大突发事件档案在民众心中地位，营造良好氛围。第三，政策的监督与指导。社会组织作为重大突发事件档案资源建设的一分子，可以密切关注其建设情况，在随着相关法规政策相继完善时起到监督与指导作用，同时社会组织中的医疗机构、媒体、高校通过自己熟知的档案类型为政策提供合理化建议，行使自己的监督与指导作用。

（3）公众积极参与

公众通常是重大突发事件直接的目击者和事件面向的对象，也是重大突发事件档案资源建设的一份重要力量，与此同时重大突发事件档案的许多内容也需要公众来体现。公众的作用可以通过以下来表现，第一，信息收集的完善。公众拥有着重大突发事件档案的大量"第一手资料"，又由于个人认知与水平的差异，许多档案在公众手中发挥不了作用，这时公众需要将所拥有的资料积极交付于政府，政府经过加工变成可供利用的档案。第二，信息反馈与传递。公众往往是事件发生时离档案最近的人，是直接参与者，公众在了解重大突发事件档案资源建设后，可以就建档过程中遇到的问题提供问题反馈，将自己的看法及时传递给政府，帮助政府制定更具有优势的建设方案和政策。

**（三）重大突发事件档案资源建设原则**

原则是突发事件档案资源建设的首要考虑问题，在原则上，要遵循目标导向和规范化原则，做到基于同一目标，规范化整合各方资源，提高资源利用效益。

### 1. 目标导向原则

社会协同机制下建设重大突发事件档案的目的是将档案工作做好，从这一角度出发，各协同主体拥有同一目标。在同样目标的基础上，各协同主体根据所拥有的资源与其他主体间发挥各自的优势来开展合作。普遍情况下，各协同主体工作方式不同，通过目标导向来引导各协同主体将其工作目标和努力方向到正确的轨道。当某项重大突发事件档案建设整体目标发生了变化，但其中共同参与的档案主体现阶段所做并未及时调整或与建设目标背道而驰，这时就有必要通过建设目标将其目标和建设方向调整到正确的轨道，确保做到目标一致。

### 2. 规范化原则

社会协同机制下建设重大突发事件档案需要各主体的共同努力，规范化是参与主体协同重大突发事件档案的保障也是基础。遵循规范化原则，需要优化多元主体参与档案治理的法律和制度框架，采取法律或者制度的形式进一步明确在重大突发事件档案建设中各参与主体的权利义务、具体参与方式等。对于非政府组织与个人的权责地位进行明确，达到在统一规范的法律制度框架内参与档案建设。首先，要建立起多元主体和公众参与档案建设的相关制度，如各参与主体以怎样的方式加入到建设中，对此有什么评判标准。其次，由于各部门在档案建设过程中权责划分模糊，这让档案建设过程中存在职权交叉和主体混乱等现象，要对各部门、各层级的边界进行规范，档案部门在享受权利的同时也要承担相应的责任，规范化是解决问题的关键。

### (四)重大突发事件档案资源构建对策

构建对策是突发事件档案资源建设的主体部分，我国现阶段法治建设缺少对重大突发事件档案跨部门协同的关注，离大数据时代的要求也存在较大差距，尤其是应用科学技术加强收集和数据保护方面，以及提高资金投入和开展国际合作更是下一个需要关注的重点。

### 1. 建立统一管理机构

确立政府的主心骨地位，合理配置档案资源，在法律层面上制定相关的法规政策，明确档案部门的职责和权限，协同主体的操作指南，制定数据共享标准，为突发事件档案资源建设保驾护航。

（1）明确政府主导地位

在实际的重大突发事件档案资源建设中应是政府占据主导地位、个人参与、社会组织协同的优化格局。政府在宏观上把控全局，确定清晰的职责范围和工作目标，并与其他主体沟通协调，规范和引导各主体的行为。此外应加强对资源建设的监管与调度，起到管理和监督的带头作用，对当前建设中存在的误区进行指正，及时发现问题，协调解决，确保资源的合理配置和利用。协调好各方主体的利益，保证建档过程的正常运转。政府也可以提高自己的专业素养和技能水平，包括了解最新的突发事件档案管理标准、技术和工具等，这能够增强政府的影响力，提升其良好形象，从而更好地占据主导地位。政府可以选择加强宣传和教育，增强公众对突发事件资源建设的敏感度，提高公众的参与和协同意识。

（2）合理配置资源

档案资源的合理配置是基于一定的原则和策略的，以确保档案资源的合理使用和最大化利用。其一，制订详细的信息收集计划。在建设重大突发事件档案资源时，应根据突发事件档案的特点和类型丰富收集的范围和方式，选择制定相应的标准，来保证收集到的信息具有全面性和可靠性，此外还应该注意保护个人隐私和商业机密等安全信息。其二，建立档案资源管理体系。这包括档案在收集、保存、利用等方面的管理规范和流程，同时应充分利用现代科学技术，建立专题数据库和档案馆，以便资源的协同共享。其三，加大财务支持力度。重大突发事件档案往往具有教育价值，需要建设专题档案来起到以史为鉴的作用，而在建设突发事件档案资源过程中，免不了一定的财务支持，例如资金、设备等。可以通过政府拨款、企业捐赠、社会募捐等方式来合理配置财务资源，稳定运行项目。其四，推动合作共享机制。通过数据共享建设，促进突发事件档案资源在政府、社会组织、公众等不同领域的共享和利用，从而避免重复和浪费资源，提高档案资源的利用率。

（3）制定相关法规

政府要通过立法明确重大突发事件档案协同主体的权利与义务，规定各协同主体的目标和内容，立法过程中制定完善的法律条规为其保驾护航。首先，档案部门要明确档案工作责任部门、人员和职责，明确各地区、各部门、各单位重大突发事件档案工作的规章制度、标准规范和操作指南，纳入档案体系建设中，建设过程中涉及利益冲突注意平衡调和政府、社会组织和个人，敦促参与突发事件应急管理的个人和社会组织、单位及时向档案部门提供重要信息。其次，细化各协同主体，目前国家对协同主体参与档案事业仍是处于宏观指导层面，没有更进一步的发展，要制定在协同过程中政府与协同主体参与的方式和内容以及后续的利用等与重大突发事件档案建设有关的政策法规。同时也要注意科学技术方面，尽快建立起一套完备的档案数据共享标准，标准内容应包括档案资源收集、整理、保存和利用等完整的一套流程，对档案数据库的各项数据进行硬性规定。

2. 加强信息收集

针对不同类型的突发事件档案，需要制订相应的档案收集计划与收集人才培养计划，以及拓宽收集类别，确保档案及时、准确、全面地收集整理，为后续的研究和利用提供支持。

（1）制订信息收集计划

为了避免后期出现档案收集不及时和遗漏现象，有必要对档案收集过程中存在的问题进行统一处理，突出对重大突发事件的"应收尽收"，减少流失。第一，收集范围应包括反映重大突发事件的事前、事中、事后三个阶段，全过程收集从事件发生到后续不断形成和积累的众多档案。第二，要明确重大突发事件档案资源的内容收集，丰富收集的内容和方式，应注重利用公众力量和外部协同渠道，明确内容收集的范围、主题和形式，尽可能多地收集与重大突发事件相关的，在类别上包括与事件有关的恢复记录、多个主体的活动记录、事件引发的政治、经济、社会等动向相关记录，在形式上包括书籍、报纸等实体与非实体出版物，调研报告、学术论文等文件，官方网站，静止图像，动态影像，音频，事件发生前后的数值记录，以及与重大突发事件有关的博客、日志和官方媒体发布的新闻稿、广播、视频和纪录片，在自然灾害和社会事件发生后，派去支援的志愿者和工作人员的跟拍记录，每种形式的档案资源从不同层面反映社会记忆。

（2）培养信息收集人员

信息采集人才的培养需要有多方面共同协作完成，目的是提高信息收集效率，这并非一蹴而就，而是一项长期、复杂的工程。第一，要加强重大突发事件档案思维的培养。第二，提高工作人员准入门槛。要提高工作人员准入门槛，设置招聘专业为档案相关，如图书馆学、情报学、博物馆学等专业，或是计算机专业精通科学技术的人员，也可以选择引入外部优秀人才，制定科学、标准的招聘流程，以便高效完成招聘。第三，有效的培训体系。工作人员在信息收集上存在不足之处，需要对工作人员进行有针对性的培训，帮助他们提高自身专业技能、了解重大突发事件档案相关知识、提升管理水平，建立一个相对有效的培训体系，培养信息收集人员，从而更好地服务于重大突发事件档案的建设。

（3）拓宽收集范围

相较于传统的档案收集方式，现代数字化档案收集为档案提供更多类别，覆盖范围更广泛，提供更多可能性。尤其对重大突发事件档案这一海量档案，数字化收集不仅面对实体档案，非实体档案更是数字化收集的重点。实际建设情况下，突发事件发生前后的亲历者录音以及第三方采访所代表的口述记录是不可忽视的存在，口述原始记录可以起到图片、视频所没有的其他角度作用，更具有情感性，具有更强烈的人文关怀，还可以弥补静态资料的缺陷，拥有更真实生动的史料，是对世界记忆工程的补充。此外还有个人社交媒体或博客记录的以网页和 App 为主要载体的档案信息，众多主体的参与是对重大突发事件档案的实时补充，采用现代科学技术全面收集，做到广泛覆盖。在互联网高速发展的今天，出现了去中心化档案收集平台，不同于其他传统论坛，网络论坛是无中心或多中心的输出主体，讨论话题并不集中，实现"双向发言"，最大特色是"用户自己创造内容"，形成"用户—用户"的良性互动。由政府或媒体牵头建设网站或 App，小组的创建、主体与管理由用户自行决定，只设立管理员对小组审核与分类。对于重大突发事件档案的收集，按照自然灾害、事故灾难、社会安全、公共卫生的分类创建小组，用户可自行在小组内上传与事件有关的图频、录音，也可以写下自己亲历亲闻的文字，具有参考价值。这种由用户完全主动完成收集过程的平台，拓宽了协同主体参与渠道，也拓宽了突发事件档案收集范围。

### 3. 完善技术支撑

随着数字化信息发展，档案资源的数字化建设已成为重大突发事件档案资源建设的必要环节，同时为了保护档案的完整性和可用性，需要建立相应的数字化保护措施。

（1）提高科学技术水平

2015年国务院印发《促进大数据发展行动纲要》，中关村大数据产业联盟副秘书长陈新河认为，大数据可以挖掘和对数据精细化，从而让更为个性化并合理的公共服务成为可能。在以提高科学技术水平为导向的档案建设中，建立一支业务精湛、结构合理、素质优良的科学技术专业队伍，是档案建设的支撑和保障。相关部门可以鼓励人员积极学习重大突发事件档案资源建设的新知识、新技能，组织各种科学技术培训和全员科学技术知识学习，从而组建一支高质量科学技术专业团队，这是完善技术支撑的内在要求。此外还要加强培训管理工作，开展周密的培训科学技术工作，让工作人员了解到档案领域科学技术的当前水平，学习先进经验，设置人员运行及维护平台，明确工作内容、细化工作职责，使对科学技术有一个全新的认识，通过数字化技术和平台，提升档案资源管理和利用的效率以及便捷性。档案部门也可以拓宽新媒体渠道，从反馈方向介入，派专人深入网络，主动挖掘与重大突发事件档案有关信息，加强宣传推广，把时下热点与重大突发事件档案特点紧密结合，推出具有创造力、吸引力的节目，提升公众对重大突发事件档案资源建设的认识和重视程度，推动社会各界广泛参与到此档案资源建设中来。

（2）加强数据安全保护

档案安全是档案部门坚持总体国家安全观的具体体现，大数据5G

发展的今天，加深了对个人信息的数据挖掘能力。人脸、指纹、虹膜、声控这些极为隐私的个人特征信息被收集、分析和利用，会造成更严重的信息滥用后果，档案也不例外，重大突发事件档案有着其他档案都无法比拟的风险的独特性，重要档案一旦泄露，会引发无法想象的后果。因此，档案保存和利用工作要紧抓不懈，构建完善的数据安全保护体系，确保数据安全，有效管理档案。2017年召开的全国档案安全工作会议明确指出坚持科技支撑，通过技术创新助力档案安全工作。总的来说，要建立健全数据安全保障制度，制定保密制度和措施，确保重要档案信息层层保护不被泄露和遗失。档案部门应该通过强调划分红线用于面部识别技术的使用来协调技术开发和信息安全，应用区块链及电子签名等信息安全技术提供保障；监管部门也应阻止任何非善意泄露他人身份和面部特征的非法行为。社会组织应加大相关安全人员的投入，建筑起更安全、更坚固的围墙，进行全方位保护，谨防不法分子"翻墙而来"。政府也应利用社交网络给予互联网正确的引导，宣传档案数据安全保护的重要性，可以制作与档案数据安全相关的视频，说明数据泄露的严重危害，完善档案的安全发展理念。

（3）推广应用先进技术

党的二十大报告强调实施国家文化数字化战略，完善现代公共文化服务体系。当前，科学技术和云计算融入社会发展的各个角落，为档案资源建设带来新发展。可以通过科学技术完成数字化叙事，数字化叙事是由一些现代媒体元素，如声音、图片、动画、文字组成的，而可视化、形象化所呈现的内容，是作为聆听者理解和感知的叙事性。如河南卫视"端午奇妙夜"运用数字科技赋能，讲述古时候河南故事。数字化媒体技术的应用也给重大突发事件档案资源建设开辟了新渠道，人们可以通过短视频、公众号获取相关档案资讯，工作人员在科学技术加持下可以制作重大突发事件档案趣味性科普视频，寓教于乐。而新媒体技术将互联网和各种电子产品的移动终端相连，将储存在云端的档案信息传递给用户，打破时空界限，实现档案间的资源共享。

4. 提升资金投入

科学技术的广泛应用带来的是资金的持续支出，除了政策上向政府增加预算拨款，向社会组织提供资金援助以外，也可以通过引入社会资金、提高商业模式效益来提升其经济价值，从而达到目的。

（1）增加政府投入

重大突发事件档案资源建设不仅是传统的档案技术需要，在科学技术发达的21世纪，档案部门应考虑到相应工作带来的优化维护费用，没有资金的加持，一切会原地踏步，特别是重大突发事件档案种类繁多，需要付出很多人力、物力，资金维护的情况更为常见。对于政府机构可以通过增加预算拨款来获得资金，同时也要注意资金的明确流向，是否合理分配，确保钱花在刀刃上。而在建档工作中，资金主要涉及实地调研、科学技术支出、工作人员支出等必要性花费，保证建档工作的平稳运行。对于档案馆、图书馆、博物馆和高校等非营利机构，可以向社会组织提供额外的财政税收政策援助，依据社会组织提供的服务类型，实施不同的政策，用于机构的档案资源数字化建设。对于营利性质的社会组织，可以采用直接或间接财政补贴，激发建设积极性。

（2）引入社会资金

政府加强重大突发事件档案的文化建设，让民众充分了解重大突发事件档案的重要性，加大对档案项目的资金扶持力度，尤其是鼓励社会各界对重大突发事件档案建设提供资金支持。对于无法接收资金支持的档案馆，可以选择捐赠设备来提供建设，如北京远桥科技有限公司给湖北省咸宁市通山县档案馆捐赠价值48万元的华为远桥档案管理一体机一套，支持通山红色老区和山区的档案事业发展，北京远桥公司也为喜德县打造并捐赠了一套档案一体机和档案软件管理系统，助推档案发展。除此之外也可以选择建立突发事件专题档案基金会来积极引入社会各界资金，如美国科技领域口述档案除了有限的联邦政府拨款，更多是依靠民间资本赞助，其中口述档案项目与基金会宗旨相符给予长期资金支持，社会机构会选择为与机构相关的项目提供津贴。再如比尔与美琳达·盖茨基金会与中国政府在艾滋病防治领域开展长期而广泛的合作，依赖盖茨基金会的资金，旨在通过项目来推动艾滋病的预防意识。

（3）提高商业模式效益

商业资金既可以带来经济效益，促进重大突发事件档案资源建设的良性发展，又可以加强档案资源的有效利用，合理保存档案知识。当前我国此类档案的开发利用仍停留在博物馆开发所带来的相关利益上，较为传统，尚未跟上建设发展的步伐。档案部门可以从档案资源本身入手，重大突发事件档案资源丰富，覆盖范围全面，分布范围广泛，可以多维度、全方位开发，将重大突发事件档案资源数字化，针对有特殊价值的重大突发事件档案，把资源收益转化为经济收益，增加经济价值，落实商业投资。如哥伦比亚大学口述史研究室和珍本手稿图书馆共同开放口述档案的存取服务，利用其大量销售了视频、缩微胶片和出版物。还可以对档案使用者进行收费服务，如亚历山大的口述历史在线提供了文本、音频和视频，并在主要的英语口语历史收藏中提供了扩展到世界各地的链接，为需要相关知识的用户提供专属付费链接。

5. 开展国际合作

在开展国际合作之初，首先要明确目标和合作内容，其次重大突发事件档案资源的共享和利用至关重要，需制定相应的共享机制，跨机构、跨行业合作，促进档案资源的共享和利用，建立数据共享平台，打破壁垒，让档案资源真正"活起来"。

（1）明确目标及合作内容

在国际合作的开展上，明确目标和合作内容是必要的。在目标的制定上，切合重大突发事件档案资源建设的实际发展情况，做到有的放矢，开展国家合作的目标是依托丰富的档案资源，在科学技术上抓住机遇，促进重大突发事件档案的协同建设，使之良性发展。在进行国际合作时，首先，应注意符合国家外交政策和档案发展政策两大方面，中国特色大国外交提倡"人类命运共同体"，强调合作共赢，并以"一带一路"为纽带连成一片。以国家外交政策为导向，保证了档案国际合作的可持续性。然后在符合档案政策和馆藏内容的基础上，开展合作，合作内容主要应有收集、保存、管理、利用各种形式的重大突发事件档案资源，包括个人、社会组织、政府以及未来可能出现的新形式档案资源。其次,应保证与各国的博物馆、图书馆、研究所、高校、基金会等社会组织建立合作关系,具备经济、政策、资源、人力、技术等基本条件,从而保证项目的平稳运行,共享资源。

（2）多方共享资源

在突发事件档案资源建设中,档案馆可以与"两馆"加强馆际合作,通过双方所拥有的馆藏资源和科学技术合作,将数字资源有机结合起来,基于资源内容和形式对档案数字资源加以整合,在各自领域内专业化分工,共建共享事件档案资源,也可以由国家牵头主导,跨行业、跨机构合作,增加合作宽度,共同建设重大突发事件档案资源。如"9·11"数字化档案馆与史密森尼国家历史博物馆合作共建共享档案资源,史密森尼国家历史博物馆记录并保存了上千个从展览中对参与者的评论进行数字化记录的故事,除了线下渠道收集档案资源外,还通过线上收集数字资源,大量数字记录是通过博物馆收集的,而且跟"9·11"数字化档案馆资源共享,除了与博物馆合作共享,"9·11"数字化档案馆还与某些地区的历史学会、博物馆等单位开展合作。又如1988年在比利时政府支持下创建的紧急灾害数据库（EM-DAT）,包含了1900年至今世界上22000多起大规模自然灾害和社会灾害,目的是为国家、国际一级的人道主义行动服务,收录了联合国机构、社会组织、保险公司、大学研究所、新闻机构等主体的数据,网站面向社会免费开放,注册后即可下载,从灾害范围、人数来评估经济损失,是国际上应用最广泛的灾害数据库。

（3）构建合作平台

信息时代,互联网的发展不仅改变了信息传递方式,更是改变了信息交流方式,这种信息交流方式能够更好发挥协同作用。重大突发事件档案资源建设也应遵循社会信息交流方式,依靠特别且多样的资源,构建合作平台,打破各国壁垒,方便交流合作,保证多方开展技术和资源的共享,为多方主体的交流和反馈提供平台。如由哈佛大学赖肖尔日本研究所牵头,与众多主体跨国合作建立的日本灾害数字化档案项目。此项目尽可能收集了来自世界各地的档案资源,依托日本"3·11"数字化档案馆、福岛东日本大地震档案馆的资源优势,收集大量信息；依托日本国立情报学研究所和哈佛大学地理分析提供技术化支持，可视化"3·11"地震还原事件来龙去脉；依托日本东北大学构建综合性灾害档案资源系统；依托媒体为档案项目建设提供高度社会价值的素材信息。此外该项目通过参与式的档案资源建设工作模式搭建平台，让使用者和创建者以多种方式参与其中，无论是受灾人民还是地区的档案资源，以及图片、文字、音像等各类型的档案资源，不受时间空间拘束，均可参与档案资源建设，避免无效交流。未来更多协同主体将着重在平台上协调，从而整合资源和相关政策信息，做到资源利用最大效益化，为档案专题建设打下基础，吸引更多目光到建档工作上。

## 第三节　数字档案馆

### 一、数字档案馆概述

#### （一）档案馆

档案馆是收集、保存、管理和利用国家重要档案的基地。我国档案保管机构历史悠久，周代就设置天府集中统一保管文书，且各朝各代都设立了专门的档案保管机构用于国家中央和地方政府机关档案的保管，并配备专门的官员来完成档案管理和修史编志等工作。而档案馆这一称呼是在1954年11月，我国成立国家档案局后正式提出。《中华人民共和国档案法》明确了档案馆是集中统一管理国家档案的文化事业机构，负责档案的收集、整理、保管和提供馆内档案资源的利用，应具有积极开发档案信息资源，为社会公众提供信息利用服务的社会职能。

从档案资源内容和职能角度出发，可将档案馆分类为综合性档案馆、专业性档案馆和部门档案馆。其中以国家综合档案馆为代表的综合性档案馆为主要形式，具有文化事业机构属性，在各级行政区都有设置。随着社会发展和进步，大数据背景下信息数据的爆炸式增长，档案馆在传统档案馆的定义上根据档案资源管理模式和服务方式上延伸出了数字档案馆和智慧档案馆的说法，但是其保管国家档案信息和史料、记录历史真实原貌、开展档案编研和提供信息利用服务的职能没有发生变化。

### (二)数字档案馆

从一开始的新生事物，到如今的大型实际建设和改进，数字档案馆的理念正在逐步成熟。从本质上说，"数字档案馆"是一个基于档案工作的、以档案工作为中心，依托于信息网络，实现资源共享的有序的数字信息空间。在2010年发布的《数字档案馆建设指南》中，对"数字档案馆"的界定是："采用现代化信息技术，收集、加工、存储、管理数字化档案信息，并在各类互联网平台上，为公众提供档案信息服务，实现信息资源的共享。"《电子档案管理基本术语》（DA/T58—2014）于2014年发布，将"数字档案"定义为"以现代化的信息技术为基础，收集、存储和管理电子文件和其他数字化资源，并以多种形式在互联网上使用的综合档案信息管理系统"。这个定义被档案界所接受。之后，数字档案馆经过了三个阶段，即从一个管理数字档案的机构，到一个管理数字档案的系统，以及一个由机构、系统等多个元素组成的系统。

从管理的范畴和功能来看，作为一种历史的原始记录，传统档案馆和数字档案馆都有必要对其进行收集、整理和利用，但是目前的数字档案馆对比传统档案馆已经有了许多变化。首先，将数字档案馆的管理目标从传统的文件变成了数字化的文件，既包含了电子文件，也包含了原有的文件。其次，在文件管理体系中，将文件的操作过程和标准规范等融入到管理流程中。最后，不管是什么类型的文件，文件的提供和使用都是文件的终极目标，但这一目标并不仅限于让用户"登门造访"，还可以借助互联网和平台，按照用户的要求，将文件进行远距离传输，或者在需要时进行数据处理，将文件进行有效的整合，形成更多的知识，从而使文件的信息价值得到最大限度地体现。

#### 1.数字档案馆建设现状

伴随着我国科技领域创新发展及时代进步，构建数字档案馆已经不再是一个新鲜话题，而是成为各档案馆发展的必然趋势。无论在发达国家还是在发展中国家，数字档案馆建设都受到了广泛认同与推广。大部分传统档案馆在受到数字化技术浪潮的影响下，选择朝着数字化方向转型升级，希望可以提高自身服务水平及工作质量，实现良性发展。但是新事物的产生就像一把双刃剑，不仅会带来各种益处，同时也会对传统事物产生冲击与不利影响。数字档案馆在为档案管理工作、社会公众提供便利的同时，也产生了一系列新问题。例如，档案资料在数字化过程中会受到网络环境影响出现资料失真、损毁、丢失等风险。最近几年，随着我国科技领域创新发展，数字档案馆建设中的部分问题得到了解决。例如，通过人工智能技术、信息检索技术等，为用户提供了更加优质高效的服务。此外，我国部分数字档案馆还在积极探索如何利用互联网实现档案资源整合，旨在为全球学者、研究人员的研究工作提供便利。

2. 数字档案馆未来发展趋势

从数字档案馆未来发展趋势来看，可以预测其在未来较长一段时间内仍然会继续推进技术创新，并根据科学技术发展在档案管理工作中不断融入更新颖、先进的技术。利用云计算技术，提高档案馆的档案数据储存能力；利用大数据技术，增强档案内容分析开发力度；利用VR、AR等虚拟现实技术，为用户提供全新体验。此外，未来数字档案馆的应用场景也会更加丰富，实现与各领域、行业跨界合作的发展目标。现阶段，数字档案馆正处于全新的、充满机遇与挑战的环境中，应当紧跟时代发展步伐、基于社会需求，持续创新发展。

## 二、数字档案馆建设

国家档案局于2023年8月公布的《2022年度全国档案主管部门和档案馆基本情况摘要》显示：截至2022年底，全国有各级各类档案馆4154个，通过省级及以上档案主管部门认证的数字档案馆328个，数字档案馆建设比例较低。中办、国办印发的《"十四五"全国档案事业发展规划》指出："十四五"期间，新增30家高水平的机关数字档案室，完成50家企业集团数字档案馆（室）建设试点，建设中央档案馆数字档案馆，新增150家高水平的数字档案馆。国家已非常重视数字档案馆建设工作,该项工作将是今后一段时间各级各类档案馆的重点任务,为档案部门参与政府治理奠定数据基础。

**(一)数字档案馆建设面临的问题及挑战**

虽然在新形势下政策环境、技术环境为数字档案馆建设提供了较大便利与发展前景,但是仍有部分档案主管部门尚未建立专业性强、综合实力高的数字档案馆,在基础设施、数字资源建设、技术应用、社会服务方面仍然存在各种各样的不足之处,如若得不到充分解决,数字档案馆建设将无法高效开展。

**1. 基础设施建设不够充分**

数字档案馆的建设无论是在基础设施、数字化加工还是在软件开发、人力资源开发方面都需要源源不断地投入经费支持,在没有资金保障的前提下,数字档案馆建设无疑是空中楼阁、纸上谈兵。与此同时,由于部分档案馆的领导者或管理人员缺乏档案意识,"重建设、轻管理、轻开发"思想严重,在工作思维上仍然被传统观念所束缚,对数字档案馆建设的认知不充分,导致在政策推动、资金支持等方面不到位,即使上级部门拨付资金,也因思想认知、技术能力有限导致档案数字化建设出现方向偏离、脱离实际的错误,此现象对于基层档案馆而言尤其明显[1]。

**2. 数字化资源建设进程缓慢**

数字档案馆的重要特征是档案资源实现数字化转型。国家档案局颁布的《数字档案馆系统测试办法》中明确指出,尚未完成建立涵盖全部馆藏文件级目录数据库的档案馆不能够申请测试。在实际工作中,由于部分档案馆对数字化加工工作不够重视,导致未数字化档案与日俱增,体量巨大,无法高效开展大规模档案数字化加工工作。档案数字化工作大多是由本单位工作人员在日常工作中抽出时间加工,没有在社会及行业内寻找专业的数字化加工服务公司进行社会采购类型服务,导致数字化速率极为低下且成果的质量难以保障。与此同时,部分档案馆档案数字化工作开展时间较早,对于科技档案、会计档案、人事档案等专业性较强的文件资料在数据格式、著录规范、扫描质量、

---

① 王雪君,李彦. 智慧档案馆建设研究[J]. 档案天地,2022(12):31-35.

归档方式等方面不够成熟，无法与当代数字化工作相衔接，返工问题较为严重，对于档案馆的数字资源建设造成了较大的不利影响。

### 3. 数字化先进技术应用较少

在数字化时代，大数据、人工智能等先进技术的应用已成为档案"十四五"规划中的重要部分。在行业内，浙江、广东、河南、福建等省均提出建设智慧型数字档案馆的倡议。但是实际开展效果甚微，主要原因有两个方面：一是先进技术应用较少。实际工作者对于前沿科学技术理论知识、实际应用了解甚少，难以将其与数字档案馆系统建设工作相结合，在功能开发过程中仅仅是解决电子档案的存储、查询等基本要求，对于后期的开发利用、共建共享、数据挖掘、信息提取等功能没有提高重视，使得数字档案馆的建设浮于表面，难以达到预期效果。二是管理人员大多是档案专业、文化专业。数字化人才较少，整体专业水平较低，档案部门开展数字化继续教育活动较少，使得干部队伍难以在短时间内对于数字档案馆系统平台的建设有充分了解，即使开展调研也是"一头雾水"，容易被科技公司人员所误导。技术追求缺乏理性，没能深入思考实际需求性适用，使得数字档案馆建设形象大于实质内容。

### 4. 智慧化利用水平相对较低

一是共享理念问题。大多部门对于档案资源的利用仍处于被动状态，还未及时转变服务理念，尤其档案数据较为敏感、关键的部门，对于部分信息开放利用鉴定工作开展不到位，对于共建共享工作不认可，认为其可能存在数据泄密等风险，本着"多一事不如少一事"的态度，限制了资源共享效率的提高。二是技术支持问题。分布在各单位各部门的业务系统大多自主建设，没有根据统一的系统构架、开发语言、数据库类型进行开发，使得数字档案馆系统平台与各业务系统存在技术藩篱。档案数据信息难以通过计算机网络实现互联互通、上下联动、在线整合、广泛利用，导致"各自为政"的现象日益加剧。

### （二）数字档案馆建设未来发展方向及建议

面对数字档案馆建设的发展现状及问题难点，需要各地档案主管部门及时调整建设规划战略，增强基础设施建设资金投入、优化人才培养方案、构建先进技术系统平台、打造共建共享格局。发挥数据收集整理、分析挖掘技术优势，充分挖掘隐含在档案资源内的潜在价值，积极探寻适合自身的数字档案馆建设模式。

1. 优化基础设施建设，提供专业设备保障

档案主管部门领导者与管理者要具备档案意识，增强数字化管理思维。深入了解传统档案管理模式难以符合现代社会档案需求的突出问题，积极顺应时代潮流，转变工作思想，在顶层设计层面上为数字档案馆建设提供必要的政策与财政支持，为数字化建设提供资金保障。同时要做到对行业内各硬件设备、安全设备等基础设施了如指掌，积极对接上级档案部门业务骨干，选取兼容性强、实用性强、运维方便的服务器、存储器、扫描仪、安全审计、漏洞扫描等设备，最大程度上提高性价比，保障后期软件技术的研发顺利开展。

2. 明确资源建设进程，加大数字转型力度

一是正确选择数字化外包公司。档案主管部门要在社会中深入调研，根据政府部门制定的市场准入机制和备案登记制度，通过审查公司规模、专业资质、业绩信誉等方面，确定其是否具备档案数字化外包的条件，确保其能够为本单位提供更优质的服务。二是建立有效沟通协调机制。针对工作开展过程中出现的各种问题及时协商解决，通过举办定期会议、建立问题反馈机制、提供进度报告等方式保持良好沟通，及时发现和解决问题，避免问题的扩大化，确保数字化加工工作顺利开展。三是外包与自主数字化相结合。鼓励单位职工全程参与数字化加工工作，一方面做好档案数字化质量及效率的监督监管，另一方面把握契机，学习规范科学、合理可靠的数字化加工技术，提高档案数字化和档案信息管理方面的基础理论知识水平。四是通过结合国家颁布的电子档案数据标准。针对各类专业档案明确加工要求，进一步细化数字档案资源建设，对于早期加工质量不达标的数字化成果，通过现在的图像处理、数字化修复工具等手段进行优化，提高其可用性，进而建立覆盖全馆档案资源的数据库。

3. 构建信息管理团队，融合先进科学技术

一是在系统平台开发过程中引入互联网技术。通过与先进地区档案

主管部门进行深度沟通交流，寻求科学成熟的工作经验，结合自身工作需求，积极探索在新兴技术理论体系、技术框架、应用场景、管理模式等方面的数字档案馆建设规划，充分利用计算机网络、数据库等技术并付诸实践，将其作为新时代档案数字信息传播、利用的基础。与此同时，要保障数字档案馆系统的安全性建设，将先进的安防技术和漏洞修补技术引入数字档案馆建设实践，加大防火墙、杀毒软件、身份验证、数字签章、入侵检测等技术的运用，为数字档案馆运行提供安全保障。二是要重视数字化人员素质的提升。数字档案馆的建设离不开熟练掌握数字化新知识及新技术的管理人才，部门单位要建立人才梯队培养机制，面向社会引进人才、面向单位培养人才，定期通过理论培养、技能比武、外出学习、技术科研等方式加强人才水平提升模式的改革，同时要加强其信息安全意识培训，建立完善数字档案馆安全保障体系，提高档案工作人员的信息安全意识和能力，进而全面打造适合现代科学技术发展特色的人才干部队伍。

4. 打造共建共享格局，强化档案服务质量

一是牢固树立共享理念。数字档案馆建设的最终目标是实现互联互通、共建共享，进而为社会群众提供更加优质的服务，档案管理人员要始终摒弃过去"各自为政、单一发展"的思想意识，主动、动态关注社会公众对档案信息的真实需求，为其主动提供针对性较强的档案信息服务，进而全面提升档案信息服务水平。二是利用计算机网络、数据挖掘、人工智能等先进技术。构建以档案信息资源共享平台为基础，以数字档案馆为载体，以"互联网+档案"为途径的共享新格局，满足社会用户个性化兴趣、行为进行平台的设计与开发，根据用户对信息的需求和日常服务工作质量情况，建立多元化的档案服务模式。例如，利用数据挖掘技术，精准定位浏览频率较高、用户感兴趣的档案资源，发现其内在联系和规律，为今后档案服务提供决策指导的同时实现信息资源的增值利用。三是在系统建设上与当地政务服务平台相契合。根据其开发语言、系统架构等模式，取长补短，提升档案管理系统与当地其他业务网络的兼容性，打通技术隔阂，推动档案信息高度整合、高效传递，为实现共建共享打好平台基础。

在大数据时代，数字档案馆建设已成为当代档案事业转型升级高质量发展的必经之路，为此，档案部门全体人员应积极响应国家及社会对于"互联网+大数据"的思维指导，加大数字档案馆规划建设，准确把握时代优势，不断寻求新思路、新方法、新方案、新途径，以加强数字档案馆服务中心建设以及完善数字档案馆安全防护体系为着力点，奋力书写新时代档案发展的新篇章。

## 第四节 数字档案资源共享

### 一、档案开放数据资源建设

作为数字时代推进中国式现代化的重要引擎，数字中国建设已上升至我国的重点发展战略，数据资源体系建设成为其中两大建设基础之一，档案机构的参与空间随之日趋显著与扩展。于国家至各地的档案事业"十四五"规划中，开放档案数据、融入数据战略、数据归档等成为高频词，指向档案机构充分参与数据资源体系建设。因此，以档案机构官网（指档案主管部门网站、档案馆网站，如档案信息网、档案服务网等）上线历史档案目录与全文数据、参与政府开放数据平台建设等为焦点实践的档案开放数据资源建设被视作关键行动，且正逐步显现实践成效。同时，档案机构如何更全面参与开放数据、如何平衡档案领域的专业要求与公共数据开放的通用方法、如何凸显档案机构在公共开放数据资源建设中的重要地位等亦显示出一定的实践局限。因此，基于现有的实践进展洞察档案开放数据的问题与发展策略极为必要，以便推动档案机构为数字中国的建设贡献更多的力量。

#### （一）档案开放数据资源建设的问题分析

1. 数据开放规模不足

数据开放规模不足主要体现在以下两个方面。

其一，参与开放的档案机构有限。在全国34个省级地区中，仅有7个地区的档案机构在公共数据开放平台中开放档案数据，以及21个地区的档案机构官网开放档案数据。这意味着仅20%左右的档案机构在公共数据平台实现了档案开放，档案机构官网的开放也仅覆盖60%左右的地区。在档案开放数据的参与方上存在明显的规模较小的问题，尤其体现在档案机构参与公共数据开放中。

其二，多数参与开放的档案机构所开放的数据同样规模较小。从开放数据资源的数量上看，各地档案机构之间存在着较大的差异。北京和浙江均开放了超过20个数据集，其他地区只提供了不超过10个数据集。开放数据集数量最多的北京也仅提供了30个数据集，在开放数量上还存在非常大的提升空间。档案机构官网开放的数据量存在同样的情况，超过75%的档案机构官网发布的数据量在50万条以下，与馆藏内容相比开放的数据资源仅占其很小一部分。

## 2. 数据资源价值有待提升

从调查结果来看，所开放数据未有充分的资源价值，主要体现在内容层面。

其一，开放数据的内容在所涉及领域、主题等方面有待多元化。这一问题尤其体现在档案机构参与公共数据开放平台所发布的数据中。调查发现，各地区档案机构开放的档案数据主要集中在历史文化领域与机构业务活动领域。例如浙江省档案馆在公共数据平台上开放的25个数据集均为历史文化类数据，包括浙江历史名人信息、浙江省粮价信息等。与馆藏类的开放数据相比，机构业务数据涉及的主题较为多元，但基本是涉及综合政务、教育科技与文化休闲，如科技项目计划明细表、办事指南、执法检查信息等，较少涉及民生保障等其他领域的数据。

其二，全文类的数据有待增加，这主要是指全文均实现数字化并以数据形态进行发布的资源。根据调查结果，在各地区档案局与档案馆开放的数据中，档案目录数据与机构业务数据占其总开放数据的大部分，仅重庆市档案局在公共数据开放平台上开放了一个档案全文数据集，以及8个省级档案机构官网提供了档案全文数据，且在数据量上远远低于目录数据。档案全文数据在总量以及地区覆盖面上均存在明显缺陷。

### 3. 开放程度有限

由开放的性质着手,当前发布的各类档案资源同样存在不足。

其一,未充分与公共数据开放平台数据实现整体的资源对接。根据2022年国务院办公厅印发的《全国一体化政务大数据体系建设指南》,我国提出要充分整合现有政府数据资源和平台系统,加强数据统筹管理。档案机构作为政府部门同样需要参与到政务数据资源一体化建设中,而公共数据开放平台是该目的得以实现的重要渠道。但当前共有21个省级档案馆在档案机构官网中进行了数据开放,其中仅有4个档案馆同时也参与公共数据开放平台的数据开放。档案机构在选择开放平台时更倾向于通过自身官网来进行,较为忽视其在公共数据开放平台的开放职责,因此在整体的资源对接上存在明显欠缺。而公共数据开放本身也存在着更重视现行数据的开放、忽视其与历史数据的对接的问题,从而导致数据资源建设的整体性受到影响。

其二,数据更新频率过长。由于档案机构官网本身以开放馆藏档案数据为主,因此基本处于不更新状态。而公共数据平台中档案机构的数据存在更新频率过长的问题,当前明确规定更新频率的公共数据开放平台以年度为主,其他则为不定期更新或长期停滞更新,无实时更新数据集。对于开放数据而言,过长的更新频率可能会影响其开放质量,甚至影响数据的有效利用与价值实现。

其三,开放数据获取便捷性有待提高。数据获取的便捷性也影响着数据的开放程度,易获取站点的开放数据能够更及时有效地满足用户需求。仅山东省公共数据开放平台为易获取站点,即获取数据资源无须注册登录、无须付费,以及可以对数据资源进行批量获取。其余站点均为受限获取站点。而主要的受限原因在于未开发批量获取数据功能,这降低了用户在获取开放数据的实践中的便捷性。

其四,数据互操作性不足。从当前各平台的元数据情况来看,平台间未形成较为统一的元数据方案。虽然存在一些共同的元数据元素,例如数据名称、来源部门等,但整体框架各有不同,异质性较高,因此在数据互操作性上存在明显的问题。数据互操作能够实现平台之间的数据交换与共享,避免"数据孤岛",更好地实现档案开放数据资源的整体性建设，而互操性不足则会显著影响数据的开放程度。

**（二）档案开放数据资源的优化策略**

根据分析，我国当前档案开放数据资源建设在开放规模、内容价值与开放程度上均存在不足之处，这与档案领域的开放行动不足存在直接关联，如缺少相应的宏观政策指导与标准规范来对整体的资源建设进行调控并形成一致性的方案；各参与主体未能实现有效参与与积极协作，导致各地区行动差异显著；开放数据的主要依托平台未能实现有效对接，以及没有形成系统性与标准性的流程等。基于以上问题以及问题产生的主要原因，特提出如下策略。

**1.完善档案开放数据制度**

根据调查可以发现，目前我国档案开放数据资源建设存在着开放意识、行动、能力、效果的多方差异，这些问题很大程度在于制度的缺失，如缺乏更加完善的宏观政策与标准规范的指导。因此，制度完善可从以下两方面着手。

**（1）强化政策法规引导**

一方面，出台鼓励档案机构开放数据的政策，明确档案开放数据资源在整体数据资源体系建设中的重要地位。包括为数据开放提供支持和资源、设立激励机制、明确具体的数据开放计划以及构建数据开放指标等。这能为档案机构提供积极的推动力，促进数据开放的意愿和行动。另一方面，政策法规需要用于推进不同地区、领域、层级档案开放数据建设的一体化，实现不同数据平台的互联互通，更要推动档案开放数据资源在建设过程中就有意识地融入整体数据资源体系建设，据此精神制定适应性的战略、规划与实施方案，实现完善统一的数据资源整合。此外，建立档案开放数据资源的管理框架。通过相关法规与指导性文件，明确档案开放数据的责任主体与组织架构，明确档案开放数据资源的管理范围、内容和规则。

**（2）健全标准规范**

为了实现优质的资源建设，完善相关元数据标准和数据格式规范极为必要。元数据是描述数据资源特征和属性的信息，统一的元数据标准可以提高数据的可用性，而统一的数据格式规范有助于不同数据源的数据集成和共享。对于元数据标准而言，需要在深入了解和借鉴现有元数据标准的基础上，根据需求与特点，尽可能全面与完善地描述档案资源最为重要和常用的核心元数据元素，并采用统一的协议与接口，以便实现不同系统之间的元数据交换和共享。同时，档案开放数据相关的流程、保障等同样需要标准规范的支持，如数据分级分类、开放平台、开放流程、质量要求等。

2. 深化主体参与和协同

档案开放数据资源建设既涉及各类档案机构，也同其他的利益相关者关联，他们的协同程度一定程度上决定了行动广度、深度与效果。因此，需要针对档案开放数据资源建设中的各方主体提出相应的优化建议。

（1）推动档案机构的全面参与

档案主管部门、档案馆等档案机构也有着不同的档案管理分工，档案机构的协同并进是档案数据资源得以建设的根本。一方面，不同类型的档案机构均需要开放各自的数据，参与到开放数据的整体行动之中；另一方面，依据各自职责发挥档案数据资源建设的作用，例如，档案馆要合规地充分开发与发布数据，档案主管部门要加强政策与规范引导。

（2）实现多元主体协同

协作层次体现为三个方面。第一，档案馆之间的协同。具体而言，地方档案馆应在相关政策与标准规范的指导之下，开展开放数据的业务学习，明确开放数据的共识与共同的流程与质量要求，在数据描述、元数据、编码规则等方面达成一致，在相关政策的指导之下积极与同级档案馆进行协作。此外，可以搭建档案馆之间协同合作的通道，如协作性的数字档案管理系统或数据共享平台，提供共享文档、协同编辑、数据集成、内容交流等功能，促进档案馆之间的协同合作。第二，各类档案机构之间的相互协同，主要考虑档案馆与档案局的分工。档案馆与档案局同时肩负数据资源体系建设责任，但在实际建设中需考虑自身数据资源的特点，明确作为数据发布者的开放责任，开放不同类型的数据资源。例如，档案馆更多进行特色馆藏资源开放，实现馆藏资源价值最大化；档案局则更多开放在档案行政管理中形成的机构业务数据，更是要在政策与指导监督上发挥作用。第三，深化多方参与协作。在我国目前政务数据一体化的大政方针之下，档案机构乃至整个公共数据开放活动的利益相关者如档案形成机构、数据管理机构、社会各方，都应共建协作框架。例如，档案机构、数据管理机构、业务机构可建立跨部门的合作机制，包括定期召开会议、成立工作组或项目组等。通过提供一个沟通和协调的平台，促进档案机构与数据管理部门间的互动与合作。又如，在当下数据管理机构作为开放数据主导者的背景下，档案机构可从数据资源质量要求、管理经验等方面进行参与。

　　3. 推进档案开放数据资源对接融通

　　在实践中，我国档案开放数据资源建设互通不足，尤其是缺乏集成性或连通性的平台集群建设。因此，优化方向要着眼于资源的互通。

　　（1）推动公共数据开放平台与档案机构官网的连接

　　档案机构官网作为档案资源的主要发布和展示平台，在数据开放方面扮演重要的角色。首先，档案机构官网可优化开放平台及其架构，在资源开放层面对标公共数据开放平台，如数据格式、元数据标准和数据上传流程与要求等，有助于确保数据在这两类平台中的一致性和可互操作性。其次，需要进行数据整合清洗工作，解决不同数据源的数据冲突问题，处理重复、缺失或不准确的数据，从而提高数据质量，使其符合共同的标准和要求。最后，应建立数据链接和索引机制，将数字档案馆中的数据资源与公共数据开放平台进行连接。这可以通过公共数据开放平台和档案机构官网约定一种统一的标识符来实现。

　　（2）实现公共数据开放平台与数字档案馆的对接

　　数字档案馆作为数字档案资源的存储和管理平台，承载着重要的数据资源。实现公共数据开放平台与数字档案馆的对接，可以整合并向用户开放数字档案资源，提高档案资源的可利用性和可访问性。具体而言，数字档案馆同样需做到进行数据清洗和标准化以及数据链接。但与档案机构官网的不同之处在于，数字档案馆需要建立授权与权限管理机制，确保敏感和受限制的档案数据得到适当的保护。公共数据平台对相关数据的权限管理一般按照无条件开放、依申请开放、不允许开放三个级别进行管理，因此在实现平台对接的过程中，应同时考虑数据权限的对接，尤其是数字档案馆也应在权限设置方面向公共数据开放平台寻求参考，根据对当前档案数据的权限要求，统一访问控制和数据权限规则，确保数据权限设置上的有效对接。

### 4. 完备档案开放数据资源建设流程

从现实来看，各地档案机构未充分建立可供参考的系统化、标准化流程，可从以下几个方面进行完备。

#### （1）建构系统化流程

这涉及档案开放数据的全过程活动，从数据筛选、准备，到发布和更新，要形成一套清晰、规范的流程。这样的流程应该覆盖从数据采集、处理、清洗、标准化、元数据管理、访问控制、发布和更新等环节。系统化流程的建立可以确保数据质量和一致性，降低数据处理的复杂度和错误率，提高数据的可用性和可信度。同时，它还有助于规范档案开放数据的发布和更新，以及数据权限的控制和管理。

#### （2）强化标准化流程

这是指基于一定的规范和标准，对档案开放数据的处理和管理进行优化。这样的流程应该建立在相关的数据标准、元数据标准和数据交换格式等基础上。标准化流程的建立可以提高数据的互操作性和一致性，使不同档案机构和平台之间的数据能够无缝集成和共享。它还有助于增加用户对数据的理解和使用的便捷性，提高数据的可发现性和可重用性。

#### （3）完备流程设计

在具体的流程设计中，主要但不限于以下几个方面。第一，明确流程环节和责任主体。确定涉及档案开放数据的各个环节，明确每个环节的具体工作内容以及相关责任主体，确保数据开放流程的连贯性和工作的顺畅进行。第二，优化数据质量管理。制定数据质量管理规范和流程，包括数据清洗、校验、纠错和质量评估等环节，保证数据的准确性、完整性和及时性。第三，设计元数据管理流程。制定元数据的录入、管理和维护流程，确保数据资源的描述和搜索能力。尤其需要对元数据的格式和内容进行标准化，提高数据的互操作性和可用性。

第四，规范访问控制和权限管理。建立适应开放数据资源特点的访问控制和权限管理规范，确保数据的安全性和隐私保护，明确对不同数据类型和敏感数据的访问限制和权限要求，并形成统一化的规定。第五，加强监控和持续改进。建立流程监控机制，对流程环节进行监控和评估，及时发现和解决问题。持续改进流程，根据用户反馈和需求，不断优化流程，提高效率和用户满意度。

## 二、大数据赋能档案资源共享

2020年修订的《中华人民共和国档案法》新增"档案信息化建设"一章的第四十一条规定"国家推进档案信息资源共享服务平台建设"，主要针对信息孤岛现象比较普遍、数字资源共享难等现实问题。2021年，中共中央办公厅、国务院办公厅印发的《"十四五"全国档案事业发展规划》中明确提出要推进档案数据资源共享平台建设。加强区域内、跨区域、跨层级档案资源共享平台建设力度。在此大背景下，档案工作想要得到长足、有序的发展和完善，务必要结合时代发展的特征，推动并创新档案数据资源共建共享模式。

### （一）大数据赋能档案数据资源共享的作用机制

大数据是通过信息转化技术来实现对数据的存储、传输和转化。在档案数据资源的管理方面，大数据技术可促进其共享和利用。大数据技术在档案数据资源共享的全过程中具有可持续性、动态性和智慧性等多重特征。首先，平台建设是一个长期的过程，可以实现数据的二次提取和循环利用。通过建设平台，大数据赋能可以实现动态交互和实时反馈的功能。这意味着用户可以根据自己的需求，在平台上进行实时的数据交流和反馈，从而更好地满足他们的需求。其次，大数据赋能还可以通过深入分析技术，提高运作效率。通过对大量数据的分析，可以找到隐藏在数据中的规律和趋势，从而提高工作效率和准确性。再次，大数据赋能可以提高档案数据共享的信息水平、高效化水平和科学化水平。通过大数据技术，可以将档案数据从传统的纸质形式转化为数字化形式，从而实现数据的共享和传播。最后，大数据技术还可以对档案数据进行分析和挖掘，提取有用的信息和知识，从而提高档案数据的利用价值和科学性。综上所述，大数据赋能可以打破传统档案数据共享的信息壁垒，提供数据基础来完善治理模式和提升科学决策能力。同时，大数据赋能还可以大幅提高档案数据资源共享的效率，并提高服务的预见性和准确性，促使档案数据资源共享更加科学可行。

1. 大数据赋能促进多元主体协同治理，提升档案数据资源共享高效化水平

多元主体协同治理是实现档案数据资源共享的有效途径。大数据赋能促进多元主体协同治理在实现档案数据资源共享方面起到了重要作用，并且也成为促进风险防范的必要前提。首先，大数据技术突破信息壁垒，激发了多元主体协同治理意识。在传统条件下，由于信息的不对称，档案数据资源的共享往往受到限制。而大数据技术提供了一个统一的信息交流和共享平台，使得多元主体可以更加便捷地获取所需的档案数据资源，促进了信息的流动和传播。其次，大数据平台提供了便捷快速的数据共享机制，缩短了主体之间的信息差。传统的档案数据共享方式往往需要经过烦琐的手续和程序，导致了共享效率的低下。而大数据平台的出现使得主体之间可以直接共享数据，无须中间环节，大大加快了数据共享的速度和效率。通过融合新兴技术如"VR""区块链"和"元宇宙"，档案数据资源共享的渠道和模式得到了多样化的拓展。创新的多元主体协同治理模式使得用户和档案部门之间的距离进一步缩短，提高了交互效率，并产生了协同效应。

2. 大数据赋能促进风险防范，提升档案数据资源共享科学化水平

大数据时代，数据资源呈现持续增长的趋势，数据逐渐成为重要的要素。随着科技的发展，档案资源也正在从传统的模拟形态转变为数字形态。然而，随着技术的进步，安全问题也日益突出，导致了档案数据失真、失密和失控的情况频繁发生。为了应对这一挑战，首先，需要加强档案数据安全的法治建设。通过健全相关法律法规，明确档案数据的管理和保护责任，以确保数据的安全性和完整性。同时，还需要提升档案数据安全的协同共治能力，各部门和机构之间需要加强合作，形成共同防线，共同管理和保护档案数据，从而有效地减少数

据安全事件的发生。其次，还需打造档案数据安全的技术壁垒。通过引入先进的技术手段，如数据加密、身份认证等加强对档案数据的技术保护措施，有效避免数据被泄露和篡改。再次，为了应对档案数据安全的挑战，培养专业人才也至关重要。需要建立档案数据安全专业的培训机制，提供相关知识和技能，培养一批具备专业能力和素养的人才，为档案数据的安全提供有力支持。同时，还需要建立档案数据安全工作的新格局。这意味着我们需要完善相关制度和机制，健全档案数据安全管理体系，从而形成一套科学、有效的工作机制，提高档案数据的安全保护水平。最后，需要建立档案数据安全的防治体系，提高治理能力。通过对风险和漏洞的全面评估，采取相应的预防措施和应急响应，有效降低档案数据安全事件的发生概率，提升整体治理能力[①]。

**（二）大数据赋能档案数据资源共享的路径探索**

1. 优化数字化治理体系

在推进数字化基础设施建设方面，需要扩大数据网络覆盖面，避免出现地区性的"数字鸿沟"。这对于实现档案数据资源共享平台的目标至关重要。同时，优化数字化治理体系也是提升治理水平的关键。通过建设一体化平台，不仅可以实现多个部门的数据联动，还能够提供更全面、更专业的服务，从而促进治理水平的提高。然而，在搭建平台的同时，也要注重其使用效率。只有平台的高效使用，才能更好地发挥数字化基础设施和服务管理平台的作用。基于此可得出结论：数字化基础设施和服务管理平台的建设是档案数据资源共享平台建设的基础，优化数字化治理体系可提升治理水平。

2. 完善数据共享机制，保障档案数据资源安全

任何事物的发展必须有完善的运转机制作为保障，大数据赋能档案数据资源共享需要完善的数据共享机制。

（1）完善相关法律法规，为数据安全把好关

目前，《"十四五"全国档案事业发展规划》在顶层设计层面，要求坚持健全、规范和标准化的管理制度，依据《档案法》《档案法实施

---

①金波,杨鹏.大数据时代档案数据安全保障探究[J].档案学通讯,2022(03):30-38.

条例》《档案馆工作条例》和相关的《网络安全法》等法律法规，政府作为数据统筹的主体，应完善数据所有权的管理体系，加强对数据收集、存储、使用等流程的管理，对违规使用数据的行为依法追究责任，保障数据安全。在具体操作层面，要严格遵守《档案著录规则》（DA/T18—2022）、《数字档案信息输出到缩微胶片上的技术规范》（DA/T44—2009）、《纸质档案数字化规范》（DA/T31—2017）以及涉及的全国革命历史、明清、民国、安全技术等行业标准。通过从顶层设计角度规范我国档案数据资源的"收、管、存"工作，在实际操作层面明确档案数据资源中的著录、标引、修编等细化工作，进一步科学准确地揭示和描述我国档案数据资源的内容和形式，从而提高在实现档案数据资源共享过程中的精度和深度。

（2）创新档案数据共享模式

解决传统共享模式中存在的隐私问题，并最大化地发挥档案数据共享的效果。首先，我们提出了一系列关键措施，如维护数据的私密性，不公开原始数据、采取数据可视化和问题导向的利用模式，以便用户更直观地理解数据。其次，采用AI智能互动技术来整理和反馈结果，提高用户的交互体验。同时，将数据可视化融入治理平台，使决策者更全面、深入地了解数据的意义和影响。最后，采用交互式选项进行多角度、多领域的动态反馈模式，以满足不同用户的需求。

3. 科学整合档案数据资源体系

基于国家、地区与机构的上下级分布式管理是其主要手段，但会因缺乏协调造成档案信息割据，阻碍了资源的共享。鉴于此，在我国档案数据资源共享的制度基础上，要尽量完善不同层面、不同地区和不同领域的档案信息资源整合与共享组织框架和运行机制，明确各个方面参与主体的权利与责任。在内容建设上，根据加快馆藏档案资源的数字化整理和数据库建设，深度挖掘未开发档案数据资源的价值，对已开发档案数据资源成果进行"再次创新"，构建档案数据资源共享的大数据平台，从而有序推进在大数据环境下我国档案数据资源的整合与共享。在平台构建上，结合大数据特征和我国档案工作实际情况，积极搭建"目录中心数据库""全文检索数据库""专题档案数据库"

"历史档案数据库"等资源共享平台，以上平台的设想和构建不仅仅要响应号召停留在国家层面，还要辐射到省市区级层面、其他领域以及馆际合作与交流层面，这样才能实现在大数据环境下档案数据资源的数据共享和网络共享。

4. 优化档案数据资源服务体系

衡量档案数据资源共享成败的一个重要的标准就是档案服务，档案服务的优劣会影响用户的利用需求，用户利用需求的满足会激发档案工作者开发档案数据资源的热情，档案数据资源的整合和开发工作会影响共享档案数据资源的实际效果，这是一个闭合的流程。基于此，对档案数据资源服务体系进行优化可以提升档案信息资源共享的成效。档案保管主体要按照行业规范打造档案数据资源共享平台，需要在满足共性的用户利用需求外，因时因地因情制宜的展示特色化的档案数据，开展定制个性化档案数据服务，实现各级联动共享的档案服务模式。构建出"以资源为基础、以需求为导向、以服务为向导"的档案服务体系，从而更好地实现档案数据资源的共享。

5. 注重大数据人才培育

技术的发展和应用对于促进大数据赋能档案数据资源共享起着至关重要的作用。从技术角度来看，技术作为人力资本的"溢出"能够有效地提升大数据的应用能力和效率，使得档案数据资源得以更好地共享和利用。在人才队伍建设上，把原有的档案队伍作出结构化调整，要坚持"因才制宜"的建设原则，大数据资源的开发必然会涉及科学技术的熟练应用，要求计算机专业人员既要有严谨的技术思维也要有活跃的档案思维，这样使技术和内容充分结合从而实现档案资源的共享，建设档案人才体系是实现档案数据资源共享的关键。通过加强技能提升、培养数据分析能力和应用能力以及储备适应市场需求的人才，我们能够更好地推动大数据在档案工作中的应用和发展。同时，吸引大数据相关专业的人才加入档案队伍，《中华人民共和国职业分类大典》首次将"档案专业人员"独立分为小类，将原"档案业务人员"的提法改为"档案专业人员"，充分体现出国家对档案工作和档案人才队伍的重视。

# 第四章　数字档案的存储与传播

## 第一节　数字档案存储概述

### 一、数字档案分布式存储技术

在档案数字化背景下，如何有效存储和保护海量的档案数据成为亟待解决的问题。传统的集中式模式存在单点故障风险诸多限制，而分布式存储技术是指将数据分散存储在网络中多个节点上的一种存储方式，它具有去中心化、数据冗余、安全性等特点，有效提升了档案数字化存储的稳定性、安全性和效率。分布式存储技术在数字档案存储中的具体应用体现在以下几个方面。

#### （一）数据冗余备份与容错性

分布式存储系统通过在多个节点或服务器上存储数据的多个副本来实现数据冗余备份。当一个节点或服务器发生故障时，系统可以通过备份的数据副本来快速恢复丢失的数据，从而保证数据的可靠性和完整性。这种数据冗余备份的策略使得即使在单个节点或服务器发生故障时，系统仍然能够提供持续可用的服务，保障用户对档案数据的访问需求。

通过采用数据冗余备份的方式，分布式存储系统可以提供高度的容错性。当系统的某一部分发生故障时，系统可以自动切换其他可用节点或服务器上的备份数据，继续提供服务，从而避免因单点故障而导致的数据丢失或不可用性。这种容错性使得系统能够更加稳定、可靠地运行，减少因意外事件而对档案数据造成的影响。

#### （二）高可用性和负载均衡

分布式存储技术的另一个重要应用是提供高可用性和负载均衡。这两个方面相互关联，共同确保系统在面对持续和突发的用户访问需求时能够保持稳定运行。通过将档案数据分布存储在多个节点或服务器上，分布式存储技术可以提高系统的可用性。当某个节点或服务器发生故障或需要维护时，系统仍然可以通过其他可用的节点或服务器来提供服务，避免了单点故障导致系统不可用的情况发生。这种高可用性保证了用户可以随时随地访问档案数据，无论是在正常工作时间还是在紧急情况下，都能够得到及时的响应和支持。

负载均衡是指将用户请求合理分配到系统的各个节点或服务器上，以避免出现某些节点或服务器负载过重而导致性能下降的情况。分布式存储技术通过采用负载均衡算法，可以实现对用户请求的动态调度和分配，将请求分散到不同的节点或服务器上展开处理，从而保持系统的整体性能和稳定性。这种负载均衡机制可以有效提高系统的处理能力，减少因负载不均而导致的性能瓶颈，保证用户能够获得稳定快速的访问体验。

### （三）扩展性和弹性存储

数字档案存储涉及大量的数据，而分布式存储技术能够提供良好的扩展性和弹性存储能力，以应对数据规模的增长和变化。分布式存储技术通过将档案数据分布存储在多个节点或服务器上，可以实现系统存储容量的动态扩展。当档案数据量增长时，系统可以通过增加节点或服务器来扩展存储容量，而无须大规模改造或迁移数据现有系统。这种扩展性使得系统能够灵活应对不断增长的数据需求，保证系统的长期可用性和稳定性。

分布式存储技术还赋予了系统弹性存储的能力。弹性存储意味着系统可以根据实际需求自动调整存储资源的分配和利用，以实现最佳的性能和效率。例如，系统可以根据档案数据的访问频率和重要性，将热数据存储在高性能的存储介质上，而将冷数据存储在低成本的存储介质上，以平衡存储成本和性能需求。这种弹性存储机制可以帮助系统充分利用存储资源，提高存储效率，降低成本开支。

### （四）安全性和权限控制

保障档案数据的安全性和实施权限控制是至关重要的，分布式存储技术为实现这一目标提供了关键的支持。分布式存储技术通过采用加密、身份验证等安全机制，确保档案数据在传输和存储过程中的机密性和完整性。数据在传输过程中可以通过加密技术实施保护，防止被未经授权的第三方窃取或篡改。而在存储过程中，数据可以分布存储在多个节点或服务器上，并采用数据冗余备份技术来防止数据丢失。此外，系统还可以记录数据访问日志，实施审计机制，以便监控和追溯数据的访问情况，从而加强对数据安全性的管理和控制。

分布式存储技术还可以实现对档案数据的精细化权限控制。通过认证和授权用户身份，系统可以根据用户的角色和权限设置不同的访问权限，限制用户对档案数据的访问和操作。例如，系统可以设置只有特定权限的用户才能够访问和修改敏感档案数据，而其他用户只能够查看或只读档案数据。这种权限控制机制可以有效地保护档案数据不被未经授权的用户访问和修改，确保档案数据的机密性和完整性。

### (五)数据去重和压缩

数据去重和压缩是分布式存储技术的另一个重要应用，它能够有效减少存储空间的占用，降低存储成本，并提高数据传输效率。数据去重是指识别和删除重复的数据，只保留一个副本，从而减少存储空间的占用。在数字档案存储中，由于档案数据中可能存在大量的重复内容，如相同的文档、图片或视频等，通过采用数据去重技术，可以将这些重复数据识别出来，并只存储一份副本。这样一来，不仅能够节省存储空间，还能够提高数据的存储效率和管理效率。

数据压缩是指通过压缩算法将数据转换为更小的表示形式，以减少存储空间和传输带宽的占用。采用数据压缩技术可以有效减少档案数据的存储成本和传输成本。例如，对于文本文件可以采用压缩算法如gzip或lz4展开压缩，对于图片和视频等多媒体文件可以采用JPEG或H.264等压缩算法展开压缩。通过数据压缩技术，可以将档案数据的存储空间和传输带宽大幅减少，提高系统的性能和效率。

### (六)数据一致性和版本管理

在数字档案存储中，确保数据的一致性和有效的版本管理是至关重要的。分布式存储技术通过提供一致性协议和版本控制机制，可以有效解决这些挑战。分布式存储技术采用一致性协议来确保分布式系统中的数据一致性。当多个用户同时对同一份档案实施读写操作时，可能会出现数据不一致的情况。分布式存储技术通过实施一致性协议，如 Paxos、Raft 等来保证系统中所有副本的数据保持一致性。这样一来，无论用户访问的是哪个副本，都能够看到相同的数据，从而确保数据的一致性。

分布式存储技术还可以提供有效的版本管理机制，以跟踪和管理档案数据的变更历史。在数字档案存储中，档案数据可能会经常被修改、更新或删除，为了追踪和记录这些变更，系统需要提供版本管理功能。通过版本管理机制，用户可以查看和恢复档案数据的不同版本，了解每个版本的变更内容和时间，从而实现对档案数据的有效管理和控制。

### （七）智能分析与数据挖掘

分布式存储技术的应用远不止基础的数据存储与检索，更在于其对智能分析与数据挖掘能力的支持。借助分布式存储架构的大规模数据承载能力，可以汇聚海量的数字档案资源，形成庞大的数据池。基于分布式存储技术，智能分析工具能够实时、高效地从海量档案数据中提取关键信息，通过机器学习、深度学习等先进技术展开知识发现和模式识别。例如，通过对历史档案数据的深度挖掘，可以揭示出趋势变化、关联关系、异常情况等有价值的信息，为决策提供有力的数据支持，极大地提升了档案资源的战略价值和社会效益。

此外，分布式存储系统具有良好的可扩展性和灵活性，可以根据数据分析任务的需求动态调整存储资源分配，确保复杂的数据挖掘计算过程得以顺利开展。同时，分布式存储技术还能与大数据分析平台无缝对接，实现数据在存储、计算、分析各环节的高效流转，促进档案信息资源向知识资产的有效转化。

## 二、档案数字资源长期存储策略与技术

### （一）档案数字资源长期存储策略

1. 建立健全档案数字资源长期存储政策

建立健全档案数字资源长期存储政策是保障数字资源长期存储的基

础和前提。为此，在政策建设中，应该从明确数字资源长期存储目标、制定完善的政策体系以及建立有效的评估机制等方面进行制度设计与创新，以实现对数字资源长期存储的引导作用。具体而言，要坚持"国家主导、统筹规划、分类指导、分级保护"原则，加强政府宏观管理，构建统一协调机构，形成多元参与模式。加快信息基础设施建设，提升服务能力，为数字资源长期存储提供物质支撑。在数字资源长期存储过程中，应根据不同类型资源的特点，采取差异化措施，使之更好地融入社会发展之中。明确档案数字资源长期存储的目的，即保护国家和社会的文化遗产，保障公民的知情权和参与权。同时，明确档案数字资源长期存储的原则，即安全可靠、科学规范、合理经济、便捷高效。建立科学完善的数字资源整合机制，确保数字化成果的安全性和完整性。建立符合我国国情的数字资源库，并通过多种渠道收集各类数据资源，保证其能够满足各领域用户使用需求。建立完整的数字资源管理平台，促进数字资源共享。建立数字内容安全保障体系，防止非法复制、篡改等行为的发生，提高档案数字资源的保密性及可用性。健全知识产权法律体系，为数字资源的合法利用保驾护航。此外，也要规定档案数字资源的格式、存储介质、存储环境、备份策略、检索方式等基本要求，以确保数字资源的安全可靠。在法律法规的监督和管理中，重点关注如何做好相关工作：一是进一步完善《档案法》及其配套法规；二是加大宣传力度，增强全社会的档案意识；三是建立电子文件归档标准和管理制度，强化对档案电子文件的监管。总之，为了确保数字资源的长久保存，需要不断改革和创新，以适应时代变化，进而推动档案管理事业健康可持续发展。

## 2. 计算机防火墙与防病毒技术

计算机防火墙与防病毒技术是当今信息安全保护的重要手段。防火墙是一种位于计算机网络边缘的安全设备，主要用于控制网络流量和保护内部网络免受外部攻击。而防病毒技术则是在计算机或网络系统中对病毒、木马、蠕虫等恶意代码进行检测和防御的技术。防火墙技术可以分为网络层、传输层、应用层三个层次。网络层防火墙主要基于IP地址和端口号对网络流量进行控制，通过设置访问规则、过滤规则等来限制网络访问。传输层防火墙主要针对TCP/UDP协议进行控制，通过监测会话建立过程、连接状态等来判断是否允许数据包通过。应用层防火墙则是在特定应用程序上实现防护，例如Web应用程序防火墙可对HTTP请求进行检测和过滤，防止SQL注入、跨站脚本等攻击。在档案数字资源保存中，合理的使用计算机防火墙与防病毒软件能够有效地阻止各种恶意入侵事件的产生，保障数字资源的完整性、安全性以及长期稳定运行，最大限度地为用户提供优质高效的服务，从而使其发挥出应有的作用。

防病毒技术则主要包括防病毒软件、入侵检测系统等。防病毒软件通过对文件进行扫描和检测，来判断是否存在病毒、木马等恶意代码，并进行清除。入侵检测系统通过监测网络流量和系统行为等信息，发现并报告可能的安全威胁。防火墙与防病毒技术在数字资源长期存储中起到重要作用。对于数字档案的保存与传输过程中，需采取措施保护其不受到未经授权的访问、篡改、破坏等威胁。防火墙可限制访问来源，避免远程攻击的发生。防病毒技术则可检测和清除可能存在的病毒等恶意代码，保障数字档案的完整性和可靠性。例如：在档案数字资源的采集、加工和存储过程中，采用防病毒技术，保证档案数字化后不会被非法修改或者删除，将加密后的数据存放在硬盘等存储介质时，也要采取相应的安全措施，以防数据丢失或泄露等等。

3. 加强数据备份管理

在档案数字资源数据备份中，除了定期对系统进行检查外，还必须采取必要的措施确保数据库数据的稳定性。首先，需要做好数据的备份工作，即根据实际情况选择合适的数据恢复方法，通过适当的手段降低数据库中数据丢失的概率，加强数据备份管理工作，如利用服务器集群、网络存储设备等提高数据容灾能力。同时，还要加强数据修复处理，以尽可能多地减少数据丢失带来的损失。对于一些特殊类型的数字档案来说，可以利用专门设计的软件工具实现对档案数字资源的自动复制操作。此外，还应考虑如何建立起完整可靠的数据生命周期模型，以便更好地分析数字档案馆内档案数字化的质量状况。其次，档案数字化数据安全管理是一个动态发展的过程，不同阶段的数据具有各自独特的特点，这就要求管理人员应充分了解这些特点，有针对性地开展数据管理工作，包括数据收集、整理及归档，以及相应的数据审计和安全策略制定。在具体实践过程中应注意以下几点：其一，要注重档案数字化前后数据间的一致性，特别是文件级项目之间的一致，应充分考虑到不同版本档案数字化所产生的差异，尤其是元数据和内容变化。在保证系统稳定运行的前提下，尽量简化数据处理流程。其二，应结合用户需求，合理确定安全目标。在档案数字资源管理系统开发建设前，应对各环节风险因素做详细评估，并从整体上把握好整个系统安全体系的架构和组成。最后，档案的备份应与信息安全相结合，才能保障数字档案的完整性、真实性。一方面，要加强备份环境建设，为档案数字资源管理系统提供安全可靠的备份空间；另一方面，要加强档案数字化的安全防护机制。

### （二）档案数字资源长期存储技术方案

#### 1. 考虑数据的完整性和可靠性

档案数字资源的长期存储是一个重要的任务，需要采取一系列措施来确保数据的完整性和可靠性。在数字化过程中，应该采用适当的数据格式和编码标准，以确保档案数据的完整性和可读性。常见的数据格式包括 PDF、XML、TIFF 等，这些格式具有较高的通用性和可读性，且能够保留档案数据的原始结构和内容。此外，还可以根据不同的档案类型和用途选择不同的编码标准，比如 JPEG2000、MPEG-4 等，以满足不同领域的需求。另外，还应建立完善的档案数字资源整合平台，为数据的存储、检索、利用及共享创造良好的条件。除了采用合适的数据格式和编码标准外，还需要建立完善的元数据管理系统，记录数字资源的相关信息。元数据是描述数字资源的数据，包括文件格式、校验和修复策略等，是数字档案管理和维护的基础。通过建立元数据管理系统，可有效地记录数字资源的相关信息，便于后续的管理和维护。例如：记录数字资源的制作日期、制作者、文件格式、存储位置等信息，以便于管理人员能够对数字资源进行有效的管理和维护。通过建立基于元数据管理系统的数字档案保护体系，不仅可以减少由于文件破损而导致的损失，而且还能提高数字资源的利用效率和利用率，从而提升档案的使用价值。此外，在数字化过程中，还需要采取一系列技术手段来确保数字资源的完整性和可靠性①。比如，可以采用数据校验技术来检测数字资源是否存在损坏或错误，并采取相应的修复策略来保证数字资源的完整性和可读性。同时，还需要制定相应的备份策略和数据迁移计划，以确保数字资源的安全性和可持续性。总之，档案数字资源的长期存储需要综合运用多种技术手段和管理措施，以确保数字资源的完整性和可靠性。

### 2. 采用多样化的存储技术

档案数字资源的长期存储是一个重要而复杂的任务，需要采用多样化的存储技术来保证数据的安全性和可持续性。传统的硬盘、光盘等存储介质具有容量大、读写速度快等优势，但也存在一些问题，如寿命有限、易受物理损坏和技术淘汰的影响。为了克服这些问题，应该采取一系列的措施来确保档案数字资源的长期存储。首先，采用多个独立的存储设备进行备份。通过使用多个不同类型的存储设备，如硬盘、光盘、磁带等，降低数据丢失的风险。如若一个存储设备损坏或出现故障，备份设备仍然可以提供可访问的数据副本。这种多重备份的策略可以有效地保护档案数字资源免受单点故障的影响。其次，定期进行数据迁移和更新也是至关重要的。由于技术的快速发展，存储介质和格式可能会不断发生变化。为了防止档案数字资源因技术淘汰而无法访问，需定期将数据从旧的存储介质迁移到新的存储介质上，并对数据进行必要的格式转换和更新，确保档案数字资源始终能够在当前技术环境下被正确读取和解码。再次，为了保证数据的安全性，还可以采用数据加密的方法。通过对档案数字资源进行加密，有效防止未经授权的访问和篡改。最后，还需建立一套完善的访问控制机制，限制只有授权人员才能查看和修改档案数字资源。保护档案数字资源的机密性和完整性，除了备份和迁移，还应考虑长期存储档案数字资源的物理环境和条件。例如：档案数字资源应保存在稳定的温度和湿度条件下，以减少存储介质的老化和腐蚀。定期检查存储设备的运行状态，确保其正常工作并及时更换老化的设备。

①曾智. 亿级城建档案数字资源管理策略小议[J]. 城建档案,2019(07):10-14.

### 3. 数据验证和修复

数字档案资源的长期存储是一个极其重要的课题，而其中数据验证和修复则更是其中不可或缺的一环。由于数字媒体的特性，尤其是自然衰老和技术失效等问题，数字资源的完整性和可读性很可能会受到影响。因此，针对该问题，需要采取一系列有效的数据校验和修复技术，以确保数字资源的长期存储和可持续利用。数字资源通常存储在硬盘、光盘、磁带等介质上，这些介质随着时间的推移，会受到物理性能和环境的影响，导致数据的逐渐损坏和无法读取。同时，随着技术的不断进步，存储介质和格式也在迅速更新换代，旧有的数字资源可能面临无法被新技术设备识别和解码的问题。这些因素都会对数字资源的完整性和可读性造成潜在威胁。首先，冗余校验码是一种常见的技术手段，通过对数据进行冗余编码，可以在一定程度上检测和纠正数据错误。例如：利用海明码等技术，在数据中引入冗余信息，当数据出现错误时，根据冗余信息进行纠正，从而保证数据的完整性。其次，还可以采用错误纠正编码等方法，通过在数据中引入冗余的编码信息，实现对数据错误的检测和修复，进而提高数字资源的可靠性和稳定性。对于数字档案而言，由于存在大量的不确定的数据属性（如内容、结构、类型等），所以必须使用一些特殊的加密算法来保证数字文件的安全性，包括加密方式、密钥生成以及密文长度等。最后，通过定期的数据验证和修复来保证数字资源的长期存储。定期的数据验证可通过对数字资源进行定期检测和扫描，及时发现数据的损坏和错误。一旦发现问题，立即采取修复措施，以防止问题的进一步扩大。针对长期存储的数字资源，应考虑定期转移和迁移，将数据从旧的存储介质和格式迁移到新的技术平台上，以确保数据的长期可读性和可用性。

### 4. 建立健全的组织和管理机制

档案数字资源的长期存储是现代社会数字化发展的必然需求，也是保护历史文化遗产和推动社会进步的重要任务。为了确保档案数字资源能够得到有效的管理和保护，建立健全的组织和管理机制显得尤为重要。建立专门的档案数字资源管理部门或机构可提供专业的技术支持和管理服务。档案数字化涉及多个环节，包括数字化设备的选型和采购、数字化过程中的数据整理和质量控制、数字资源的存储和备份，以及用户的查询和利用等。这些工作需要专业的知识和技能，并与相关部门进行协调和合作。建立专门的管理部门或机构，可集中人力、物力和财力资源，提供全方位的支持和服务，确保档案数字资源的高质量和可持续发展。同时，建立专门的档案数字资源管理部门或机构还可以促进资源共享和协同发展。在数字化时代，不同机构和部门都可能拥有大量的档案数字资源，但由于缺乏统一的管理机制和标准规范，这些资源往往处于孤立状态，无法得到充分的利用和价值发挥。建立专门的管理部门或机构可推动资源共享和协同发展，通过构建统一的数字资源平台和标准接口，实现不同机构之间的资源互通和数据交换。这样一来，不仅能提高资源利用效率，还能促进跨领域、跨机构的合作与创新。

综上所述，档案数字资源长期存储策略及技术方案的研究对于我国档案事业的长远健康发展具有非常积极而深远的意义。在未来的优化中，需继续加大对数字资源长期存储的理论探讨力度，加强相关法律法规建设。完善标准体系，制定符合中国国情的技术标准和技术规范，从而保障数字资源长期存储实践活动有序开展。

## 第二节　数字档案云存储

### 一、云计算与云存储在数字档案的应用

云计算是指通过网络将数据存储在远程服务器上，并在需要时访问，以实现租用服务而非购买服务的目的。公有云、边缘云、私有云、多云、混合云、分布式云和社区云是不同类型的云计算部署方式，每种方式都需要不同级别的客户端控制，并提供不同级别的隐私保护。公有云是高度隔离的，以防止不同企业之间的云服务重叠，并确保每个企业的隐私和安全。边缘云将计算能力分散到网络边缘的客户端和

设备，以降低处理成本并提供更多低延迟体验。私有云是仅由一家公司使用的云，提供最高级别的保护和控制。

云存储是一种将数据存储在互联网上，由云计算提供商进行管理和操作的云计算方法。它是按需提供的，具有即时容量和成本，无须购买和管理自己的数据存储基础设施，节省了费用。云存储有两个主要类别：不受管理和受管理的云存储。不受管理的云存储已为客户预配置，用户不能格式化、安装自己的文件系统或更改磁盘驱动器属性。受管理的云存储提供按需的互联网存储容量，受管理的云存储系统对用户呈现为原始磁盘，可分区和格式化。云存储采用逻辑内存范式，允许提供商将数据存储在不同区域的多个服务器上，同时对用户完全透明。最常见的3种云存储格式是块存储、对象存储和文件存储。

云计算和云存储技术在数字档案领域的应用广泛而深入，主要可以归结为以下四个方面：①数据存储。传统的数字档案管理，通过专门的硬盘或存储设备来进行文档的备份和存储。这种方式存在着易损坏、毁灭性且不便于管理等缺点。而云计算技术可以提供分布式的云存储服务，将数字档案数据保存到云端，实现数据的快速备份和恢复，同时保证数据的可靠性和完整性，从而大大提升了数据安全和可靠性。②数据传输。在传统的数字档案管理中，用户需要通过手动复制或移动等方式将数据从一台设备转移到另外一台设备，这样操作的容错性和安全性都较低。而在云计算技术的支持下，用户可以利用云存储服务，在不同设备之间自由传输和访问数据，极大地提高了数据的传输安全和访问效率[①]。③数据分析。云计算技术具有强大的计算能力和分析能力，可以对大规模的数据进行处理和分析。在数字档案管理中，用户可以利用云计算技术进行数据挖掘、内容分析等操作，从而更好地支持数字档案的管理和利用。④安全保障。云计算技术具有多重安全机制，能够保障数字档案数据的安全性。例如，云计算提供的虚拟化技术，可以将不同的操作系统和应用程序隔离运行，避免恶意攻击对整个系统造成影响。同时，云计算技术也可以实现数据加密、网络防火墙等安全措施，为数字档案保驾护航。

①孙学良.基于电子政务云的馆际共享技术研究[J].黑龙江档案,2017(05):68-69.

## 二、基于NAS架构的数字档案云存储系统

由于数字档案存储数量的大幅度增长，以及数据传输量分配的不平衡和储存系统性能的限制，导致数字档案存储响应时间较长且稳定性不佳。因此，如何提升数字档案的存储性能和安全性成为当前档案存储研究的关键议题。NAS作为一种基于网络连接的数据存储架构，通过将存储设备连接到网络，使其能够被多台计算机或设备共享和访问，并实现对存储设备的集中管理。在NAS系统中，用户可以通过文件系统管理磁盘阵列，并设置相应的访问权限，从而降低数据存储过程中的传输时间，并优化数字档案文件的管理流程。

### （一）NAS云存储系统总框架

基于NAS架构的数字档案云存储系统设计的总框架可分为四个层，分别为数据采集层、逻辑控制层、网络传输层和存储管理层。数据采集层是数字档案云存储系统的最底层，主要包括数据采集、数据处理、数据存储等组成部分。数据采集层负责接收来自不同渠道的数据，并将此类数据进行处理和转换，以便在后续的存储和使用过程中能够更加高效和便捷地管理。逻辑控制层位于数字档案云存储系统分层的中间，主要包括元数据管理、数据访问控制、安全性管理等组成部分。逻辑控制层主要负责对采集到的数据进行处理和分析，并对数据进行分类、索引、检索等操作，以满足用户在后续的存储和使用过程中的各种需求。网络传输层是数字档案云存储系统的数据传输层，主要包括数据传输协议、数据传输通道、数据传输速度等组成部分。逻辑控制层主要负责对经过处理后的数据进行传输和分发，并确保数据在不同设备之间的高效传输和共享。存储管理层是数字档案云存储系统的最高层，主要包括数据存储设备、存储空间管理、数据备份和恢复等组成部分。存储管理层主要负责对已经处理和传输过的数据进行存储和管理，以确保数据的可靠性、安全性和可用性。

### （二）基于NAS架构的系统分层

1. 数据采集层

基于NAS架构的数字档案云存储系统设计中，数据采集层的分析

流程主要包括数据识别、数据获取和数据处理。数据处理是数据采集层的关键流程。在此流程中，首先对采集的数据进行处理，剔除文件中包含的重复数据。为此，选择Python的hashlib库来读取数据，并将文件中的每个数据项转换为哈希值。使用SHA-256算法对数据集中的每个数据项进行哈希运算，得到其对应的256位哈希值。比较每个数据项的哈希值，如果两个数据项的哈希值相同，则判断为重复的数据项，将其从数据集中去除，并重新读取其他数据，减少后续存储空间的占用，并提高数据的查询效率。数据集处理完毕后，采用层次聚类方法对不同类型的数据进行进一步分类。接着，选择Altova XMLSpy转换工具，将数据统一转换为XML格式，并对数据中的特殊字符进行转义处理，避免出现XML语法错误。之后运用曼哈顿距离方法进行相似性度量，曼哈顿距离的计算公式如下所示：

$$d = |x_1 - y_1| + |x_2 - y_2| + \cdots + |x_n - y_n|$$

上式中，$x$和$y$表示$n$维向量，其各个分量分别为$x_1, x_2, \ldots, x_n$和$y_1, y_2, \ldots, y_n$；$d$表示曼哈顿距离。对于$n$个样本，计算其间的曼哈顿距离，得到一个$n*n$的距离矩阵$D$。将每个样本看作一个初始聚类，得到$n$个聚类。找到距离最近的两个聚类，将其合并为一个新的聚类，得到$n-1$个聚类。根据新的聚类，重新计算样本间的距离矩阵$D$。重复此步骤，直至达到预设的聚类数目，实现对数据集进行分组和标记，确保数据的完整性和一致性，减少后续网络传输过程的数据传输时间和网络带宽的占用。

## 2. 逻辑控制层

RBAC（基于角色的访问控制）技术是基于NAS架构的逻辑控制层中的关键安全技术之一。通过信息的划分将其运用于数字档案云存储系统中的访问控制和权限管理，实现数字档案在云存储系统内的长期管理。为此，将档案信息字段上传到云服务器，并且建立每个前端信息ID与后端键类型之间的映射关系。当需要查询或检索档案信息时，可以直接通过前端信息ID快速查询或检索相应的后端信息键值。

针对数字档案信息进行对应处理后，需要遵循最小权限原则，即给用户分配最小必需的权限，权限值$u$的计算公式如下所示：

$$u = w + e + x / w + e + x + f$$

上式中，$w$ 表示用户信息；$e$ 表示用户所申请的管理行为；$x$ 表示访问控制代码；$f$ 表示控制字段区间。根据上述计算公式，当操作用户完成登录后，系统会综合分析其个人信息，包括其身份、所在部门、职位等，并根据其身份和需要进行权限划分，从而降低数据管理风险，确保数字档案信息管理工作的有序实施。

3. 网络传输层

基于 NAS 架构的数字档案云存储系统设计中，网络传输层主要负责传输客户端与 NAS 服务器之间的数据，确保文件在网络中传输的高效性、安全性和可靠性。本系统采用网络交换机 Cisco Nexus 9000，网络适配器 Intel X710，光纤通道适配器 QLogic QLE2690。同时选用 RAID6 配置，提供更快的数据读写速度，减少磁盘寻址时间，并提高系统的响应速度。此外，系统选择内接式磁盘阵列卡，将大数据块分割为多个小块，通过网络连接实现磁盘块级别传输与存储，为用户提供高效的数字档案保护和管理服务，同时也具有一定的扩展性。在基于 NAS 架构的云存储系统中，使用 TLS 协议来实现数据加密和认证，结合使用 TCP 网络协议的拥塞控制机制，避免网络拥塞和数据包丢失。同时，在数据传输过程中，通过 GLBP 技术在多个路由器之间形成虚拟路由器组，当主路由器发生故障时，使备用路由器接管其工作，并负责将流量转移到其他可用的路由器上，实现传输故障转移，提高网络带宽和稳定性。

4. 存储管理层

在 NAS 架构的数字档案云存储系统中，存储管理层负责管理存储资源，提供数据存储和访问服务。存储管理层以存储容量、存储性能、存储可靠性为设计重点，实现数据保护、数据备份和恢复功能，保证数据的安全性和可用性，并采用压缩技术，对存储空间进行优化和管理，减少存储空间的使用和提高数据存储的效率。在数字档案云储存过程中，将数据分成多个块，每个块分别存储在不同的节点上，实现数据的分布式存储和访问。在 NAS 分布式负载均衡的运行过程中，客户端首先发送备份请求，NAS 服务器接收请求并检查数据的类型。如果该服务器适合存放该数据，则直接返回数据给客户端。相反，则将数据应该存放的NAS服务器地址返回给客户端。根据NAS服务器的负载情况，负载均衡设备将数据发送到正确的存储服务器。在整个过程中，每个NAS服务器对自己存储的数据负责。

通过合理的数据分片策略，将数据均匀地分布到不同的节点上，从而实现负载均衡。同时，基于NAS架构，通过同时访问多个节点来实现访问过程的并行处理，提高访问速度和处理效率，提升整个云储存系统的工作性能。基于NAS架构的数字档案云存储系统的整体性能较佳，在保证数据安全性的情况下，实现了数字档案的优化存储与管理。展望未来，相关研究人员仍需紧跟现代化技术的发展趋势，进一步优化和完善该系统，以满足数字档案管理不断增长的需求，为社会数字化进程做出贡献。

## 第三节 数字档案网络传播及管理

### 一、数字档案信息视觉传播

伴随着网络信息技术、移动通信技术的发展与进步，新的媒介形态不断涌现，以抖音为代表的短视频平台兴起并受到公众的广泛欢迎与推崇。新兴视觉传播媒介为档案信息传播提供了新平台，其在新闻传媒、出版等领域的广泛应用，也为档案信息视觉传播奠定实践基础。由此，将视觉传播引入数字档案信息传播，或能为档案传播注入新活力。

#### (一)档案信息视觉传播概述

档案信息视觉传播是档案信息传播主体以静态图形或动态图像为视觉符号，对档案信息进行可视化表达，并通过线上展览、动画、视频等途径进行视觉呈现，以优化档案信息表达效果、满足用户档案信息需求的过程。

根据美国政治学家哈罗德·拉斯韦尔于1948年出版的《社会传播

的结构与功能》一书中提出的"5W"传播模式，构成传播过程的五种基本要素分别是传播者（who）、传播内容（says what）、媒介（in which channel）、受传者（to whom）和传播效果（with which effect）。档案信息视觉传播逻辑契合拉斯韦尔的"5W"传播模式主要表现如下。

1. 传播者（who）——主体逻辑

传播者主要指档案部门。档案部门承担着将档案信息资源进行编辑加工和视觉展示的职能，是档案信息传播的主体。《档案法》明确规定，国家鼓励档案馆开发利用馆藏，开展专题展览、媒体宣传等活动。《"十四五"全国档案事业发展规划》也明确指出，档案部门围绕庆祝中国共产党成立100周年等重要时间节点、重大纪念活动，通过展览陈列、新媒体传播、影视制作等多种方式，不断推出具有广泛影响力的档案文化精品。可见，国家支持档案部门进行多样化的档案信息传播与宣传，而视觉传播包括利用视觉展览、短视频、微电影等形式进行传播，其在档案信息表达中的应用迎合了国家对档案部门进行多样化传播的要求。

2. 传播内容（says what）——内容逻辑

传播内容主要指传播过程中的具体档案信息。自2000年第十四届国际档案大会以来，档案"休闲利用"逐渐进入大众视野。现代社会大众休闲时间的增多需要档案部门提供带有消遣性质的、有趣的档案信息，而视觉传播的方式则恰好回应了该需求。视觉传播将以文本叙述为主的抽象信息转化为图像、视频等直观形象，对平淡枯燥的档案文本信息进行多维立体构建与可视化表达，使其以视觉化形式呈现，档案信息形象化与直观化效果显著增强，从而降低公众获取档案信息的认知成本，有利于档案的"休闲利用"。

3. 传播媒介（in which channel）——媒介逻辑

媒介指信息传播的渠道、中介。随着现代媒介技术的发展，传播媒介呈现出多样化趋势。媒介多样化驱动档案信息传播采用多样化的传播形式，以达到优质的传播效果。视觉传播是这一趋势下的衍生物，其利用图像、动画、影像、视频等多种形式，拓展档案信息传播面和影响力，使档案信息传播渠道从报刊、书籍等传统媒介向应用视觉技术的新兴媒介延伸，符合现代公众获取信息的媒介选择倾向。

4. 受传者(to whom)——用户逻辑

受传者是档案信息传播的对象和目的。随着生活水平的显著提高，公众对档案信息、档案文化的需求日益增加，加之对线上获取信息的依赖，迫切要求档案部门创新档案信息传播方式，而视觉传播则契合了这一要求。区别于传统单向灌输式传播，视觉传播中的交互设计推动用户反馈机制的构建，有利于档案部门明确公众的信息需求，从而精准推出符合公众偏好的档案信息。同时视觉传播不再局限于单一平面表达，多种传播形式能够满足公众多样化的信息需求。

5. 传播效果(with which effect)——效果逻辑

档案信息传播效果有两层含义：狭义上是指传播行为在受众身上引起的心理、态度和行为的变化；广义上指对受众和社会产生的一切影响和结果的总和①。视觉传播方式与图像时代人群的学习和浏览习惯相适应。档案部门应用视觉传播方式传递档案信息，能够实现公众从单一且慢速地读档案向多元且动态快速地看档案转变，进而增强档案传播的整体效果。视觉传播的方式适应时代发展潮流，能够扩大档案受众，提升档案文化传播的影响力。

传统的档案信息传播主要是档案部门依托档案成果编纂、举办档案展览或利用报刊书籍等方式向公众传播档案信息，提升公众档案意识。相较于传统传播方式的灌输式、平淡化，档案信息视觉传播呈现出诸如多元化、主动性、可视化、立体性、碎片化、娱乐性等新特征。

**(二)基于拉斯韦尔"5W"传播模式的档案信息视觉传播策略**

鉴于档案信息视觉传播存在碎片化、娱乐性传播等问题，基于拉斯韦尔"5W"传播模式，拟从传播者、传播内容、传播媒介、传播受众、传播效果5个维度提出相关传播策略。

1. 探索跨界合作,构建多元主体联动机制

在移动互联网络技术的发展潮流下，档案信息视觉传播呈现主体多元化特征。其视觉传播能力的提升需要不断探索跨界合作，并构建以档案部门为核心的多元主体联动机制。

---

① 郭庆光. 传播学教程[M]. 北京:中国人民大学出版社,2014.

与博物馆、图书馆等公共文化事业单位进行跨界合作。档案馆与图书馆、博物馆等具备一定的合作基础和合作经验,其合作有利于优化馆藏、扩大用户群、提高服务质量。且目前我国档案部门信息视觉传播能力不足,而博物馆、图书馆在此方面已有充分的理论基础与实践经验。以"9·11"国家纪念博物馆为例,"9·11"国家纪念博物馆的展陈特色之一就是与档案馆进行合作,在展览中汇集多种形式的档案,包括实物档案、声像档案、口述档案,全方位实现灾难记忆的时空再现与意义重构。该展览取得的成功离不开与档案馆进行合作,汇集多种形式的档案记录了整个灾难历程,给参观者带来极强的震撼力。由此,档案部门与博物馆、图书馆等进行跨界合作,能够实现各方优势整合与资源联动融合,扩大档案信息的辐射范围,从而提升档案信息视觉传播的广度与深度。

构建以档案部门为核心的多元主体联动机制。档案部门始终是档案信息传播的核心,但相较于传统的档案信息单一化传播方式,档案信息视觉传播是一个多元主体共同参与的过程,文化事业单位、自媒体、用户等主体在视觉传播过程中都发挥了重要作用。因此,提升档案信息视觉传播能力,要构建以档案部门为核心的多元主体联动机制,在发挥档案部门的馆藏优势的同时,充分借鉴文化事业单位在文化传播方面的实践经验,发挥自媒体在短视频运营方面的优势,吸引用户参与,明确用户需求,从而发挥多元主体联动效应,实现视觉传播质量的提升。

2. 深挖馆藏资源,提升传播内容的质量与内涵

档案部门应对本地馆藏资源进行深层次挖掘与开发,依据馆藏特色建立专题档案数据库,并基于该数据库创作档案系列微视频作品,打造具有自身特色的档案微视频文化精品,如在2019年备受关注的《寻找档案里的初心和使命》系列短视频。该系列短视频聚焦浙江省档案馆馆藏的珍贵红色档案,从中精选30个具有代表性的档案物件,以系列短视频的形式带领大家重温红色记忆,感受家国情怀。同时,档案部门在创作短视频作品时可融入新兴技术,从不同视角、不同维度、不同层次解读馆藏档案资源,创作档案系列微视频,形成档案系列微视频作品集群。档案系列微视频的创作与推广,不仅能够向社会传播

档案信息，也较好地应对了碎片化传播所带来的挑战，能够吸引观众浏览兴趣并持续关注该作品的发布与更新；某类专题具有连续性与传承性，也能够让受众记忆持久，提升传播效果。

此外，档案部门应坚持内容为王，切实提升传播内容的质量与内涵。传播内容是档案信息传播的主体部分，传播内容的好坏直接影响公众的阅读兴趣。当前视觉传播中出现的内容同质化等问题，不断影响着受众的阅读体验。在档案信息传播过程中，优质内容仍是传播的核心。档案部门应加强视觉传播的内容建设，丰富传播内容的内涵，增加表达内容的厚度，为公众提供优质原创的档案信息。如青岛市档案馆自2014年起相继推出"蓝色三部曲""红色三部曲"微电影，每一部微电影的推出都取得了良好的社会反响，受到广泛的关注与肯定。其成功的背后离不开青岛档案人深耕优质传播内容，立足馆藏档案特色，坚持用微电影这一新形式讲好中国档案故事，宣传中国档案工作。

3. 融合多元技术，构建全媒体档案信息传播网络

档案信息视觉传播能力的提升，离不开多元技术的支撑与各类媒体的广泛运用。为此，档案部门应融合多元技术，以档案信息为纽带，构建全媒体档案信息传播网络，实现档案信息全景式传播。

融合多元技术，助力视觉传播。5G时代的到来，以高速率、低时延、大连接为主要特征的5G技术应用于视觉传播可实现视频的高清、无延迟；以个性化分析、智能化预测为主的AI技术的应用，能够实现档案资源管理与用户数据分析；VR等虚拟现实技术的应用，能够给用户带来高度的沉浸式与更加极致的交互式体验，从而增加用户黏性。

借助短视频、微博、微信等平台，融合新旧媒体，构建全媒体档案信息传播网络。在视觉传播过程中，档案部门应广泛运用各类媒体，依据不同媒体的特性，对传播的档案信息进行合理分工；同时整合不同媒体的优势，发挥大众传媒在覆盖范围方面、短视频平台在虚拟场景和双向互动方面、微信公众号平台在立体传播与深度解读方面、微博在舆论引导与裂变传播方面的优势，从而实现档案信息纵横交织全覆盖式传播，构建各类媒体融合的信息传播网络，实现视觉传播效益的最大化。

### 4. 采集用户小数据,构建档案用户画像

档案部门在视觉传播中要始终坚持"用户至上"的理念。为此,基于传播受众视角,提出档案部门应采集用户小数据,构建档案用户画像的策略,以满足档案用户个性化信息需求,实现视觉传播的精准化。

小数据具有明显的个性化特征。美国康奈尔大学教授德伯哈尔·艾斯汀将小数据定义为个体利用社交媒体、移动技术、网络等形成的具有个人特征的数据痕迹。为满足用户个性化的信息需求,档案部门有必要将小数据应用于档案信息传播领域,采集档案用户在以抖音为代表的短视频平台接收档案信息过程中产生的诸如个体特征数据、用户体验数据、社会化及共享数据等小数据信息。对档案用户小数据进行分析与特征提取,明确用户的年龄层次、学历水平、兴趣爱好等,根据用户的"数据痕迹"预测用户隐性信息需求与信息接收偏好,从而构建档案用户画像。档案部门基于构建的档案用户画像推出用户喜闻乐见的档案微视频等视觉信息,以满足用户的信息需求,实现档案信息的精准推送,提升用户的满意度与体验感。

### 5. 评估传播效果,构建用户反馈机制

传播效果是档案信息视觉传播是否有效的主要表现,对传播效果进行评估与用户反馈机制的构建有利于优化档案部门视觉传播效果,提升其传播能力。

评估传播效果。档案部门可通过对推出的短视频作品浏览量、点赞量、分享数等后台数据进行传播效果的横向与纵向评估,了解公众对档案题材作品的情感态度。同时,档案部门可制定档案信息视觉传播效果指标评价体系,对视觉传播效果进行量化分析,再将量化分析数据反哺视觉传播,形成视觉传播的良性循环,优化档案信息视觉传播生态。

构建用户反馈机制。在视觉传播潮流下,用户已成为传播服务的中心。加强与用户交互能获取用户关于传播内容的反馈,从而生产出令用户满意的作品。视觉传播中,用户反馈主要通过线上问卷的发布、后台私信留言以及评论区互动等方式。目前,我国档案信息视觉传播用户反馈体制尚未健全,用户反馈的信息并未得到及时回应与解决,

用户参与度低，构建完善用户反馈机制已成为档案部门亟须关注的问题。其构建可实现档案部门与用户的双向互动，档案部门能及时响应用户需求，为视觉传播指明方向；同时，用户在反馈过程中也能与档案部门进行互动，增强其体验感，最终有助于提升档案部门视觉传播能力。

## 二、具身传播视角下 AI 在档案信息传播中的应用

具身传播是将具身性引入传播学研究而产生的传播类型，从属于传播与身体研究。传统的档案传播由于其传播方式的局限性，受众的范围与接受程度都受到种种限制，在具身传播视角下，档案信息传播的叙事方式及视角有了改变，也打破了物理世界的界限，可以应对不同认知程度的受众进行有效的传播，提升用户对档案信息的接受和理解。伴随着 AI 在档案传播中应用的展开，档案学界也面临着新的挑战，因此需要结合 AI 的发展重新思考如何实现档案信息传播策略的调整、优化与创新。

### （一）具身传播视角下 AI 在档案信息传播中面临的挑战

具身传播的出现从内容和形式上都极大地促进了档案信息传播的发展，为档案信息传播的效率与革新带来了种种机会，也带来了诸多挑战。

#### 1. 具身传播视角下"AI+"交互模式存在失范风险

具身传播强调传播过程中提升受众体验感，"AI+"的信息交互模式不仅能给受众带来诸多便利，同时也可能会造成一些失范风险。

第一是数据隐私和安全风险。数据隐私和安全风险在 AI 驱动的互动式传播模式中尤为显著，广泛的数据收集不仅增加了数据被不当使用或泄露的可能性，而且可能引起受众对于个人隐私的严重担忧。当受众意识到他们的个人数据可能被不当使用时，对此类平台的信任度就会降低。信任的丧失不仅有损受众体验，而且可能长期影响档案信息传播的有效性和可接受度。

第二是内容的准确性和偏见问题。AI 系统在处理历史档案和文化内容时可能会引入算法偏见，从而导致内容的误解或扭曲。这不仅影响受众对档案内容的理解，还可能传播错误的信息或观点。算法偏见

可能源自数据集的选择、算法设计的不平衡，或者是开发者的无意识偏见。当AI基于特定地区或文化的数据集训练时，它可能在解释其他地区或文化的历史内容时产生偏见。这会导致对档案内容的误解和扭曲，从而误导受众，传播存在偏差的信息或观点。由于AI系统提供了高度个性化和互动的体验，用户的反应和行为可能极其多样化，从而导致不可预测的互动结果。这种不确定性不仅可能导致系统出现意外的反应或故障，还可能影响档案信息的解读和传播效果。此外，受众在与AI互动过程中可能产生新的、未预见的使用模式，这些模式可能超出了系统设计者的预期和系统的处理能力。这种不确定性还可能导致受众体验的差异化，因此，理解受众行为的不确定性对于设计更有效、更具包容性的AI驱动传播系统至关重要。

2. 具身传播视角下AI技术影响叙事内容呈现

档案信息传播的具身形式有助于给受众带来良好的交互体验，打破物理界限隔离，提升受众认知，但目前内容制作环节面临挑战较多。这些挑战不仅包括技术实现的难度，还涉及内容的选择和呈现方式。

首先，需要考虑到选题的限制和资源展示的时效性。虽然虚拟现实等技术可以提供沉浸式的体验，但并非所有档案主题都适合使用这些技术。对于涉及重大事件或灾难性事件的档案，虚拟现实技术可能会给受众带来不必要的负面情感冲击。其次，制作这类内容需要考虑时效性和敏感性，这限制了可用于传播的档案资源的多样性。另外，训练AI模型时也会出现一定的数据问题。在处理和展示信息时可能会忽略复杂性和多元性，从而导致叙事角度的单一和视角的主观性。有学者专门研究和探讨了数据驱动的AI在叙事创作中的局限性，认为由于AI模型通常基于现有的数据集进行训练，这可能导致它们在处理新颖或非典型叙事时的能力受限和存在偏差。最后，AI技术也可能会带来叙事视角片面性的问题。由于AI技术在叙事结构的设计上会出现偏差，导致叙事视角存在一定的片面性。这可能会影响到需要快速和多角度解读时受众的体验和对档案内容的认知。

3. 具身传播视角下AI技术利用不当削弱效果

对AI技术作用的夸大，容易让受众陷入"技术成瘾"的困境之中，把技术作为逃避现实的手段，沉迷于数字智能技术构建的虚拟世界，给档案信息传播活动带来潜在的安全隐患。同时，工作人员掌握先进技术的水平也将对档案资源的传播效果产生直接影响。目前的相关工作中，由于缺乏必要的专业技术人才以及高素质的档案工作人员，容易造成档案信息传播质量参差不齐的现象，从而削弱其最终呈现效果。

第一，具身传播助力档案信息传播的前期工作中，由于制作团队人员知识技能水平较低，仅对档案资源素材进行简单剪裁、拼接和加工，使用拼接素材来呈现出全景式的效果，虽然这样做可以为受众重现当时情境，但是静态素材简单拼接的效果仍然比不上沉浸体验，无法引起内容的质变，传播内容缺少了多元化、个性化特征，从而削弱了传播效果以及用户体验。

第二，使用具身设备进行传播活动的价格成本较高、制作周期较长，而当前的档案信息传播活动中，还没有充分发挥AI技术的优势，如使用AIGC的手段，仅仅通过学习到的模型去渲染就可以实现3D内容的建模，可以大大降低这类虚拟内容制作和渲染的高昂成本。同时，大部分档案部门未建立起专门的"AI+"档案工作室，这就造成了档案信息传播无法与AI技术进行有效的融合，不利于其可持续发展。

**（二）具身传播视角下AI用于档案信息传播的实践策略**

AI技术的快速应用带来诸多新的挑战，要求我们在应用新技术的同时，也需要有意识地规避其风险。因此，在推进档案信息传播提质增效的过程中，应从风险监管、内容挖掘、技术利用三个方面着手进行优化完善，实现档案信息传播的高质量发展。

1. 树立档案传播风险意识，加强相关部门监管制度

AI技术助力具身传播构建多维立体的传播业态，为档案信息的传播注入了强劲动力。然而在我们积极拥抱AI技术这一新生事物的同时，也要时刻警惕它可能带来的风险。若不关注具身传播、AI技术带来的一系列衍生问题、缺乏档案传播风险意识，那么随着传播风险的不断积累，必然会影响到档案信息传播工作的健康发展[①]。面对以AIGC为

①向安玲,高爽,彭影彤,等.知识重组与场景再构:面向数字资源管理的元宇宙[J].图书情报知识,2022,39(01):30-38.

代表的 AI 技术的快速发展以及由此可能引发的各种传播伦理失范问题，可以从多方面着手应对。例如，随着 OpenAI 的系统越来越接近通用人工智能（AGI），其在大模型的开发上也变得更加具有风险意识，并于 2023 年 12 月 18 日发布了大模型风险防范框架。文件中指出当前对前沿 AI 的风险研究还远远不足，只有更加主动、科学地进行开发和部署才能够降低风险。

健全的监管制度是推动档案传播工作的重要保证，但目前有关部门档案传播的制度建设还存在着一定的不足和滞后。各级档案部门需要明确在档案工作监管活动中的主导地位，切实保障信息的安全性和真实性，在法律框架下建立监督和惩罚制度。对档案信息传播活动实施全过程监督，建立健全档案信息传播监督体系有助于营造良好传播环境。因此，政府也必须承担起相应的责任，首先要防止管制过严，使其丧失协同创新的活力，同时也要防止过度放权，避免造成治理体系的混乱无序。各相关部门可以通过完善制度建设弥补碎片化与制约能力不足的缺陷，强化制度控制功能，发挥更加显著的监管作用。

2. 健全档案资源利用制度，扩充档案资源报道主题

档案资源是档案信息传播的最根本的基础，档案资源的开发与利用始终是档案工作的重中之重。《"十四五"全国档案事业发展规划》就明确提出了"十四五"期间要把加强档案资源建设列为重点工作。但目前档案资源开放水平不高的问题导致档案信息传播陷入了"无米之炊"的窘境，只有不断加大档案收集的力度、挖掘档案资源的价值，努力把"死档案"转变为受众可感知、可触摸到的"活信息"，才能将档案的内在价值更加生动形象地传递给受众，最大限度地满足受众对档案资源的利用需求。现代技术的进步推动了档案传播媒介的变化和发展，而数字人文时代的档案传播可利用 AI 技术，将档案资源转化成图像展示出来，并通过虚拟现实技术和增强现实技术，让受众通过视、听、触、嗅等感官媒介直接感受虚拟情境中的事物，使他们有身临其境之感。充分利用 AI 技术对档案宣传和服务工作进行优化和完善，可以使档案文化得到更好的传播、提高档案部门的传播能力，同时在一定程度上扩大档案工作的社会影响力。

虽然 AI 技术在核心基础层面获得一定突破，但档案信息传播领域的应用程度不高，致使档案传播内容的深度不足、吸引力较低。正确运用包括 AI 在内的现代科学技术，充分挖掘现有档案数据价值，将有助于提升档案信息传播工作的效率与质量。AI 是现代科学技术的主要技术之一，通过 AI 在内的一系列数字化技术实现具身传播的应用，可以有效地为档案传播提供技术保障、扩充档案主题内容。例如，2023年3月1日，字节跳动公益联合中国第一历史档案馆、敦煌研究院等，与 PICO、抖音共同推出了首部 VR 交互式沉浸体验游戏"古籍寻游记"，借助 6DoF 交互技术帮助复活的古籍变得栩栩如生，受众在游戏中可以与历史人物面对面交流，在 VR 世界里触摸古老文明，沉浸式体验文物背后的故事。

### 3. 发挥 AI 技术正向优势，激活档案社会记忆活力

AI 技术的不断突破，为具身技术媒介带来多感官通道、高度情境性等诸多优势。在 AI 技术助力档案信息实现具身传播工作的过程中，档案部门的主导地位将被不断弱化，而其作为咨询和指导组织的社会作用会越来越强。现今，档案部门缺乏既具备档案专业背景又掌握数字科学技术的复合型人才，导致当下档案信息传播的技术应用水平一直不高，档案社会记忆活力也没有被完全激活，进而影响了档案信息内容的质量以及传播的效果。

随着科学技术的快速发展，档案管理工作也在不断引入新的技术和工具，这些新事物促使档案管理效率大幅度提升。此时档案工作者的职责亦在动态创新变革之中，档案工作者不仅自己需要及时学习和掌握新的技术和工具，同时也需要为受众提供相关技术指导和专业技术服务。对于档案工作者而言，基于智能语音、图像的智能交互、AIGC、个性化分析、情感分析技术等 AI 技术应当是辅助档案编研、传播工作的工具，因此不断提高自身对现代科学技术的掌控能力将是一个必然趋势。为了实现 AI 技术助力档案传播工作，档案部门应在充分发挥本地区特色的基础上进行资源共享，实现各专业领域之间的知识融合补充；利用统一元数据标准对文本、图像、视频、空间等多层次、多模态的档案信息资源进行结构化描述，与大数据技术相结合，形成档案

编研成果，如大事记、档案专题资料库等。

　　综上所述，随着科学技术与身体传播不断结合与发展，媒介技术开始试图越过身体在传播中的阻碍，令身体在传播中的地位得以显著提高。AI技术的实践不仅改变了媒介传播方式，也体现了人类的具身性探索。具身传播时代下做好档案传播工作需要主动迎接新技术新思想，充分利用好AI技术，积极适应具身传播时代大势，将科学技术与档案文化内涵相结合，进而推动档案信息传播朝着更加多元、更加个性化的方向发展。

# 第五章　数字档案建设与管理的保障体系

## 第一节　宏观管理保障体系

数字档案建设与管理是档案事业发展的战略举措，也是档案工作现代化的立体战役。为了确保这项工作循序渐进、卓有成效，需要自上而下地进行总体规划和精心组织实施。

### 一、数字档案建设与管理规划

数字档案建设与管理规划是档案行政管理部门针对档案数字化事业发展制定的全局性、长远性谋划，是对发展目标、任务、措施的宏观思维、精准描述和权威部署，是反映发展规律、驾驭发展大局、破解发展难题的顶层设计，具有定位目标、激发士气、凝聚人心、统一步伐的作用。

#### （一）规划制定的原则

##### 1. 统揽全局的原则

规划首先要明确数字档案建设与管理的指导思想、基本目标、工作任务、措施步骤、保障体系、评价指标等。数字档案建设与管理规划要有前瞻性、系统性、严肃性、权威性和操作性。在目标的确定上既要起点高，又不能不切实际地盲目拔高；在任务的确定上既要全面覆盖，又要重点突出；在措施的确定上既要宏观布局，又要微观落地；在保障体系的确定上既要营造动力机制，又要设定约束机制；在评价指标的确定上既要定性，又要尽可能定量。特别要做到与本单位档案事业发展规划和本地区数字化发展规划相衔接，争取取得组织、资金和人力上的支持。为了落实好规划，要建立集规划制定、协调、监督、意见反馈、补充完善于一体的规划执行机制。通过落实责任、考核和目标管理，努力实现预定的数字化蓝图。

### 2. 分步实施的原则

数字档案建设与管理涉及面广，工作量大，制约因素多，因此在制定规划时，要充分考虑国家、地区数字化战略的实施进度、档案数字化的近期需求、档案基础工作条件、管理制度和业务规范的配套情况，以及经费、人力的投入能力等。要在全局性、长远性目标的指导下，根据需要和可能，将总目标分解为若干阶段性目标，以便分步实施。阶段性目标要处理好前后衔接关系，每一阶段的目标任务既要继承前阶段的成果，又要为后阶段创造条件。特别要将档案信息资源建设列入阶段性目标的主要任务，并提出量化的指标要求，如电子文件归档和传统存量档案数字化应当达到多少百分比等。

### 3. 需求驱动的原则

需求驱动原则是指以公众需求为驱动力，尽可能地根据公众的正当档案利用需求不断改进平台建设，切实满足公众对档案服务更高的要求[①]。现代科学技术几乎无所不能，然而只有与特定的需求相结合，才能实现数字化的价值。需求决定档案数字化的发展方向、检验标准和实际效能，是数字档案建设的出发点、归属点和动力源泉。不重视需求或找不准需求，必然使数字档案建设与管理偏离正确的轨道，甚至付出沉重的代价。2002年，美国国家档案馆为了建立电子文件档案馆（ERA），制定了电子文件档案馆的需求体系文件，之后用了8年时间对该需求进行了4次版本升级，可见他们对需求研究的重视程度，也说明精准把握需求的难度。

### 4. 突出重点的原则

所谓突出重点，就是规划要满足重点需求。需求是一个相当具有"弹性"的概念，在分类上有：一般需求和主要需求、潜在需求和现实需求、表面需求和本质需求、当前需求和长远需求等。突出重点就是要在调查研究的基础上，分析出和把握住主要需求、现实需求、本质需求、当前需求和紧迫需求。因此，在制定规划时，要从本单位、本

---

①朱兰兰,刘晴.城市记忆视域下档案信息资源平台建设的思考[J].黑龙江档案,2019(02):12-13.

行业的实际出发，以问题为导向，以必要性和可行性统一为基础，找准需求，定义总目标和阶段性目标，一步一个脚印地有序推进数字档案建设与管理工作。

### （二）规划制定的步骤

#### 1. 组织机构

数字档案建设与管理规划的制定事关大局、事关长远，应当建立由单位主要领导主持，数字化管理人员、相关业务技术人员和档案管理人员参加的规划起草小组，具体负责规划制定的全过程工作。为了开阔眼界，借用外力，还可以聘请外单位有关档案数字化的专家，对规划起草人员进行培训，对起草工作给予咨询、审核、把关，或直接负责规划的撰写工作。

#### 2. 调查研究

调研主要包括四个方面：一是对国际、国内、本地区、本行业档案数字化发展战略和规划的调研，了解对数字档案建设与管理目标、任务、措施的定位，以便为本单位规划制定提供参考。二是对同行业或相近行业档案数字化的先行单位进行调研，以便学习和借鉴他们的成熟经验。三是对社会数字化发展状况进行调研，了解软硬件技术发展水平，以及哪些技术适用于本单位。四是对本单位档案工作和数字档案建设与管理需求进行调研，发现和分析存在的问题，研究利用数字化手段破解问题的对策。

#### 3. 撰写规划

对调研结果进行归纳总结，撰写调研报告。根据调研报告撰写规划大纲，并征求有关领导、专家或业务技术骨干的意见。根据拟定的规划大纲，撰写规划初稿。初稿完成后组织专家进行科学性和可行性论证，并广泛征求机关各业务部门和相关单位的意见，修改完善后交本单位领导审核、签发，然后正式发布。

#### 4. 规划发布

规划发布时要一并提出规划执行的指标要求、进度要求和责任要求，并按照"言必信，行必果"的要求，跟踪规划的执行情况。

### (三)规划的主要内容

#### 1.回顾总结

回顾总结本单位数字档案建设与管理的进程、现状,取得的基本经验或主要体会,以及存在的主要问题。对于尚未建立档案管理信息系统的单位可以总结本单位档案工作的现状,以及为档案数字化创造的基础工作条件,如档案制度化、标准化建设,档案资源建设、档案人才队伍培养等。

#### 2.目标定位

目标是对档案数字化建设预期前景和效果的描述。目标可以分为总体目标和具体目标两部分。目标定位要有以下"五个度":①高度,即体现高起点、高标准、高水平;②宽度,即做到档案业务工作的全覆盖;③深度,即要致力解决发展中遇到的热点、难点问题;④亮度,即要有创新点和闪光点;⑤温度,即要满怀热情地贴近时代、社会、生活、百姓。总目标的实施周期应尽量与本单位发展规划相吻合,一般为5年。

#### 3.任务部署

任务是对目标的细化。目标一般比较原则、概括和宏观,任务则要尽量具体和微观。任务一般按数字档案建设与管理的要素细分,包括基础设施建设、信息资源建设、应用系统建设和保障体系建设等。任务部署要尽量做到定时、定量,如纸质档案数字化工作每年要达到多少页、占馆(室)藏总量的百分比是多少等。

#### 4.措施落实

措施是指实施数字档案建设与管理的必要条件,一般包括人员观念的改变、档案基础工作的跟进、技术平台的建设、信息安全的落实、资金持续投入以及人才队伍培养等。其中档案基础工作部分要特别强调"兵马未到,粮草先行",即提前、重点做好电子文件归档、纸质档案数字化工作。

## 二、数字档案建设与管理组织

制定科学的规划是档案数字化的起点和前提,它使建设与管理者在目标、任务、措施等方面达成了共识、统一了步骤。接着，就需要通过强有力的组织，即通过指挥、协调、监督、指导、服务等管理方式和行政手段，确保规划的贯彻落实。执行力不足会使一个好的规划流于形式，创新规划的执行体系和执行手段，是提高规划的权威性和约束力的关键举措。

## （一）思想观念更新

数字档案建设与管理是新形势下档案工作顺应潮流，抓住机遇，加快发展的重大战略。规划是战略实施的顶层设计，是长远性、全局性的谋划，是避免战略实施随意性和盲目性的有效举措。只有充分认识规划实施的重要意义，才能增强实施规划的责任心和自觉性。同时，要认识到实施规划要有新思路、新对策。要改变过去重规划、轻实施，重技术、轻管理，重平台建设、轻资源建设，重档案科研、轻成果应用等片面的、落后的观念，以崇尚科技、重视改革、锐意进取、尊重人才、创新务实、真抓实干的新思路、新对策，来破解规划实施中的难题，化解来自各方面的阻力，推进规划的顺利实施。

## （二）组织体系创新

档案数字化应当是"一把手工程"，必须由机构的主要领导分管数字档案建设与管理工作，并建立集规划、执行于一体的档案数字化主管部门，才能及时高效地协调处理数字档案建设与管理中遇到的复杂关系，避免因多头管理而造成政出多门、相互推诿的现象。

档案信息系统的建设和运行涉及与外界系统的互联。前端与办公自动化互联，确保对归档电子文件的前端控制。后端与本单位各种业务系统互联，确保为社会或本单位行政业务系统提供档案信息服务。单靠档案部门难以处理与档案外部系统的关系，必须由本单位主要领导牵头挂帅，才能做好跨部门的组织协调工作。因此，各单位分管档案工作的领导应当同时分管档案数字化工作，负责实施数字档案建设与管理规划的各项组织工作，负责将规划实施列入本单位数字化发展规划和年度计划，使这项工作在机构、岗位设置，人员、经费投入等方面得到满足，保障规划的实施。

### （三）管控措施到位

档案行政管理部门要对规划的实施采取有力的管控举措。

**1. 要保持规划的权威性和严肃性**

对已经列入规划的每项任务都要"言必信、行必果"，对规划后未执行的任务要追究原因和责任；按照规划制订有关项目的实施方案，规定具体的实施内容、进度、要求，一抓到底，直至见效；将规划实施的组织、协调、监督、指导纳入档案工作的法规、制度、标准、规范系统中去，纳入行政部门工作的职责和考核办法中去，通过档案法治和行政的手段，防止发生档案数字化不作为或乱作为现象。

**2. 要夯实数字档案建设与管理的各项基础工作**

档案数字化建设的重点是档案信息资源建设。为此，要围绕档案信息资源管理的目标和任务，扎扎实实地做好传统文件和电子文件的积累、归档，以及归档后的档案鉴定、分类、组卷、著录、编目、数据录入、档案扫描、档案保管、档案划控等基础工作，利用数据库技术，建立起大规模、高质量的档案信息资源总库，为档案信息系统运行提供优质的信息资源。

**3. 要确保规划实施的各项投入**

切实按照规划要求落实软硬件网络平台、应用系统、数据资源、人才队伍、保障体系等各项建设任务。对建设项目的完成情况和实用效果进行科学的评估，并将评估的结果列入档案数字化建设单位业绩考核的指标。资金投入要避免重硬件投入、轻软件投入，重技术性投入、轻管理性投入，重一次性投入、轻持续性投入的倾向，使资金投入在发展阶段、发展要素、发展层次上，有合理的结构比例。

### （四）科研教育跟进

鉴于档案数字化具有知识密集和技术密集的特点，档案科研和教育已成为数字档案建设与管理的两个重要支柱。为了更好地发挥科研工作对档案数字化的引领作用，要加强对档案数字化项目的选题指导、立项审查、实施跟踪和结题评审等环节的全过程管理。对不可行的项目在立项阶段就予以否定；对科研项目的结题评审要严格把关；对重点科研项目要组织各方力量联合攻关，特别要加强档案局（馆）、高校档案学专业和科学技术开发公司之间的联合，从档案专业和计算机技术的紧密结合上提高科研成果的质量。要加大档案数字化科研成果的推广力度，充分发挥理论成果对实践的指导和引领作用。要采取有效的行政手段和考核措施，大力推广集成化、通用化的数字档案室和数字档案馆应用系统，彻底改变过去各自为政，重复建设，自成体系，难以互联的粗放型发展模式。

## 第二节　法律规范保障体系

### 一、标准规范建设

#### （一）管理性标准规范

管理性标准规范是对数字档案建设工作进行管理的一套规则，包括计算机安全法规与标准、数字档案信息资源合法性的确认等，它需要国家档案行政管理部门统一制定并推广实施，以保证档案数字化的统一规范和资源共享。

档案数字化管理性标准规范包括两个方面：一是对人的管理性标准，主要是指对与数字档案建设和管理相关的人员进行管理的标准，包括档案工作人员管理标准、软件设计人员管理标准、用户管理标准、用户角色控制标准、用户权限审批标准等，明确档案工作人员的职责和任务以及用户的权利和义务，以保证档案数字化建设各项工作的正常开展。二是对物的管理性标准，主要是指对数字档案信息资源实体的全过程规范化管理，以及对数字化设备，如机房、硬件、软件存储载体的规范化管理，主要规范这些资源可以给谁用、如何使用和如何保管的问题。

#### （二）业务性标准规范

业务性标准规范是对档案数字化及数字档案业务处理进行的规定，解决业务操作行为不统一的问题。其范围包含与档案数字化相关的术语标准：数字档案采集标准，包括数字档案建设所涉及的数字化加工、元数据、资源创建、描述等；数字档案管理标准，包括数字档案资源组织、资源互操作等；数字档案利用标准，包括数字档案资源检索、服务等；数字档案存储标准，包括数字档案资源长期保存等；数字档案的术语标准及管理规范，包括数字档案的基本术语、资源的标识、描述数字档案的文件格式、元数据格式、对象数据格式等。

### （三）技术性标准规范

技术性标准规范是对档案数字化及数字档案管理有关技术应用进行的规定，主要解决技术应用不适当而导致的质量问题。其范围包括硬件基础设施建设技术标准、软件系统工作平台技术标准、数据存储压缩格式规范、数据长期保存格式规范、数据加密算法规范、网络数据传输规范、数字水印标准等。

### （四）评价性标准规范

评价性标准规范是对档案数字化及数字档案管理的成果和效用进行评判的指标体系，包括档案数字化系统（包括数字档案室、数字档案馆、电子文件归档管理等系统）的研制、数字档案资源的开发和利用、信息安全、科学技术应用的广度和深度、数字化人才开发、数字化的组织和控制、数字化的效益等评价的标准。其中数字档案资源开发和利用应该是测评指标体系中的重要部分，可细化为馆（室）藏档案数字化的数量、多媒体编研成果的种类和数量、数字信息的提供利用方式、数字档案的利用频率等。

### （五）标准规范的贯彻落实

标准一旦颁布生效就应当具有严肃性和权威性。为了更好地落实档案数字化标准规范，要做好以下工作：一是档案数字化标准规范的宣传教育。通过举办专题培训班，或将有关标准内容纳入档案专业培训课程，宣传有关标准规范贯彻的意义、目的、内容、要求。二是采取行政手段，加强对档案数字化标准规范的宣传贯彻力度，做好常态化督促、检查和指导工作。三是将档案数字化标准规范的执行情况纳入数字化项目的评审、鉴定、验收程序和要求中，贯标通不过，责令整改，整改通不过，项目不予通过验收。从建设项目立项评估、可行性研究等前端开始，就给予强有力的标准指导和贯标监管。四是档案数字化标准规范建设要与时俱进。档案行政管理部门要收集贯标工作的信息反馈，及时发现标准规范脱离实际的情况，以便在调研分析的基础上对有关标准规范进行修订。五是档案数字化标准规范的修订要倾听行内有关领导、专家、业务骨干、计算机专业人员的意见，充分参考图书、情报、文博、电子商务、电子政务等相关标准，以便使标准规范做到向上、向下和横向兼容，确保其开放性、先进性和适用性。

## 二、档案治理法治化

### （一）档案治理领域的硬法与软法

根据治理规范的不同，治理方式可以分为硬法治理和软法治理两种，它们运行各自规则，共同促进公域治理实现"良法善治"的目标。档案治理是国家治理的重要子领域，档案法治的基本内容亦包含档案硬法治理和档案软法治理。

#### 1. 档案治理领域的硬法

硬法是指国家立法当中的那些具有命令—服从行为模式、能够运用国家强制力保证实施的法律规范。硬法存在于法律、法规和规章的法律文本中，在行为模式的语言形式上一般采用"应当""禁止""必须"等能够反映立法者对行为人强制性命令和规范性要求的词语，在此基础上，还常伴有法律责任条款，促使行为人遵守相应的命令和要求。硬法和软法的最明显区别在于，硬法的实施以国家强制力为保障，在实践中，通常以法规范是否拥有国家强制力保障实施作为区分硬法和软法的判断依据。

档案治理领域的硬法是指档案法规中的硬法规范。其中，依据国家档案局公布的《国家档案法规体系方案》，档案法规主要包括：其一，档案法律。当前，我国已有《档案法》专门的档案法律。另外，刑法、民法、文物保护法以及数据安全法等法律中涉及档案的内容和条款，也属于档案法律。其二，档案行政法规、党内法规和军事法规。例如，《中华人民共和国档案法实施条例》《军队档案条例》。其三，地方性档案法规。例如，《上海市档案条例》《江苏省档案管理条例》。其四，档案规章，包括国务院部门档案规章和地方政府档案规章。例如，《环境保护档案管理办法》《国家档案馆档案开放办法》。

2. 档案治理领域的软法

软法是指那些法律逻辑结构未必完整、无须依赖国家强制力来保障其实施却又能产生现实规范效力的法律形态。具言之，无论创制主体是国家机关还是社会团体，只要是不依赖国家强制力而取得实际效果的行为规范都属于软法范畴。软法具有四个主要特征：其一，软法具有多元的创制渠道，既可以通过国家机关制定、认可，也可以经由社会组织或民间团体制定、认可；其二，软法的法源除了国家法中的法规外，还有社会组织和协会的自律章程、公共政策以及专业标准等；其三，软法的实施不依靠国家强制力，而是通过社会舆论、行业监督等产生的社会压力，迫使公共主体自觉遵守软法，进而实现调整社会关系和规范人们行为的目的；其四，面对新领域、新问题，即新技术、新发展为档案治理带来的新挑战和新风险，软法能够及时提供有效的规范供给。

依照软法当前的理论研究，档案治理领域的软法主要有档案法规中的软法规范、公共政策、社会组织和协会的自治章程，以及专业标准等。其一，档案法规中的软法规范。档案法规中存在着大量的软法规范，以新《档案法》为例，其软法规范所占比重高达71%。其二，公共政策。公共政策是法律授权机关经由特定程序，在社会各利益团体充分表达自我意志的基础上，为解决公共问题、实现公共目标而制定的，用以指导和规范人们行为的准则。此类软法通常以指示、指南、命令、规范等作为具体表现形式，具有灵活性和应急性的特点。其中，在全国范围内具有效力的档案公共政策有《全国档案事业发展"十三五"规划纲要》《"十四五"全国档案事业发展规划》等；具有地方效力的档案公共政策有《江苏省"十四五"档案事业发展规划》《湖南省"十三五"城建档案事业发展规划》等。其三，社会组织和协会的自治章程。此类软法由团体成员依照民主协商的原则制定，对全体成员具有普遍约束力。例如，《中国档案学会章程》规定："凡拥护本章程，有加入本团体意愿，符合会员条件者，可申请成为本团体的会员。""会员如有严重违反本章程的行为，经理事会或常务理事会表决通过，予以除名。"其四，专业标准。此类软法的制定主体包括国家、地方和行业，以提升档案治理能力、质量和服务群体的满意度为核心目的，对档案治理提出了具体的要求和行为规范，如《档案行业标准归档文件整理规则》《档案服务外包工作规范》等。

### (二)软硬混治进路下实现档案治理法治化的构想

欲实现软硬混治这种理想型治理模式，需要完成以下步骤：一是补齐档案软法治理的制度短板；二是正确处理硬法和软法之间的关系，包括建立健全硬法和软法的良性转化机制以及良性共存机制。

#### 1.补齐档案软法治理的制度短板

一方面，规范软法的生成机制。如何在发挥档案软法治理优势的同时避免其缺陷是档案治理需要处理的首要问题。软法在制定过程中尽管具有灵活性、多样性、民主性以及迅速回应实践需求等制度优势，但是也存在着创制层级较低、创制过程简单、创制主体专业化程度不高和法律知识欠缺等问题。为发挥软法的正向治理能力最大化，必须规范软法的生成机制。这就要求从源头上保证软法来源的合法性，创制过程的民主参与性和程序正当性，相关内容的公平正义性以及与硬法的协调共生性。首先，软法制定要坚持"共建、共治、共享"的理念。重视开展软法制定前的评估工作，充分预测档案软法规范中权力与权利、权利与义务的关系，群众的共识基础，规范的实施机制，责任追究和权利救济途径等内容，进而发现档案软法治理的最大公约数，打造多元主体"共建、共治、共享"的档案治理新格局。其次，健全软法制定与修改程序。严格遵循协商民主原则、依照集体表决机制开展工作，提高软法制定与修改程序的科学性、民主性和公开性。最后，政府可以针对软法的制定与修改出台指导性文件，为其他主体在制定和修改软法时提供参考。

另一方面，强化软法的实施效力。主要是加强软法实施的内外部监督。尽管软法的实施机制缺乏国家强制力的保障，但是凭借社会的评价机制和信用机制仍能保证一定的实施效果。因此，强化软法的实施效力，重点在于完善监督机制，加强内外部监督。具言之，由于外部监督的约束力相对较弱而内部监督具有较强的威慑力，软法监督应当以内部监督为主、外部监督为辅。具体的监督方式包括定期检查、成员举报、违法信息公开等。

### 2. 构建硬法和软法的良性转化机制

实际上，硬法和软法的划分是相对而言的，并非终极意义上的规范形态，彼此之间仍存在着一定程度上的互动[①]。因此，在档案治理法治化进程中，应充分调动硬法和软法之间的互动性，进而在档案治理领域构建起二者之间的良性转化机制。需要明确的是，此种转化机制应当是彼此开放的，二者可以相互转化，既可以从软法升级为硬法（即软法硬化），又可以由硬法演变为软法（即硬法软化）。一方面，硬法的制定程序复杂且烦琐，往往难以及时回应社会现实，而软法在制定程序方面要灵活许多，有时候为了回应社会现实可以先进行软法立法，待时机成熟时再将软法转化为硬法。另一方面，一些档案硬法规范因在实践中被刻意忽视而长期没有得到执行，存在成为事实软法的可能。然而，软法硬化和硬法软化有利也有弊，在转化过程中，硬法和软法彼此间的僭越、抵制、对抗等异化现象，使得硬法治理和软法治理互相掣肘不能形成治理合力。档案法规之所以长期被视为软法，非良性的硬法软化现象是重要原因。因此，在推进档案治理法治化的进程中，要通过立法机制，及时整合硬法和软法，适时进行硬法和软法之间的转变，充分保障档案法规范的国家和社会价值，进一步提升档案治理效果。

### 3. 健全硬法和软法的良性共存机制

首先，厘清硬法和软法各自的适用范畴。硬法在传统档案治理领域仍具有良好的治理效果，但是对于新兴领域，鉴于硬法治理的滞后性缺陷，可以通过软法先行治理。当然，此种硬法和软法适用领域的划分过于简单化、绝对化。现实中，存在大量的硬法和软法似乎都可以进行治理的模糊地带，应当由组织和个人根据自身的实际需求作出选择。一方面，此种规范适用方式充分尊重了组织和个人的自身诉求；

---

[①]廉睿,高鹏怀. 整合与共治:软法与硬法在国家治理体系中的互动模式研究[J]. 宁夏社会科学,2016(06):81-85.

另一方面，如果组织和个人选择软法治理，可以节省档案硬法治理过程中的行政和司法资源，实现国家与社会的共赢。总之，档案治理法治化注定是兼具系统性、综合性、复杂性的庞大工程，单纯依靠硬法治理或者软法治理都是不可行的，唯有厘清二者的适用范畴，实现软硬混治，方能为档案治理提供最佳的规范供给。

其次，调动硬法和软法的互补机能。一方面，在档案治理过程中，硬法是底线和重要保障，可以弥补软法理性的不足。另一方面，在档案治理领域，仍存在部分硬法没有覆盖到的空白领域。在推进档案治理法治化的进程中，这些领域同样需要规范调整。仔细研究这些领域产生的原因，大多是硬法介入的成本较高，或者不适宜介入。例如，档案服务产业的专业标准显然不适宜采用硬法的强制性手段进行规范调整。而在此时，软法便可以充分发挥其弥补硬法缺陷的优势，参与档案治理，实现对此类档案治理领域的适度规制。因此，在档案治理法治化的背景下，应当充分调动硬法和软法的互补机能。

最后，协调硬法和软法之间的关系。硬法和软法共同构成了档案法规范体系，并且以各自的方式发挥作用。硬法和软法之间关系的协调不仅有利于硬法和软法自身的完善，更能够促进档案治理法治化的发展。在档案治理过程中，要实现硬法和软法之间关系的协调必须坚守如下两个原则：第一，"合理"原则。硬法和软法协调的首要前提是所制定的法是良法，要符合社会对值得的、更好的"公共善"的基本要求和期待。第二，"合法"原则。软法不能与硬法的原则和精神相抵触。在档案法规范体系中，软法在整体上仍然是从属的、辅助的，在内容上必须符合硬法为档案治理设定的最低标准，不能与硬法的原则和精神发生直接而激烈的冲突，避免档案治理法秩序的混乱。

### 三、档案数据治理体系

数字档案建设与管理中涉及大量档案数据，档案数据集档案属性与数据属性为一体，是数据化的档案信息及具备档案性质的数据记录。2021年出台的《"十四五"全国档案事业发展规划》（以下简称《规划》）明确提出要着力"推动档案全面纳入国家大数据战略"，重点开展"档案数据治理"相关研究，以"全面推进档案治理体系建设，提升档案治理效能",为大数据时代档案数据治理体系研究提供了坚实的政策支撑,具有重要的指引意义。目前亟需进一步加强档案数据治理,不断建立健全科学合理、系统完善、行之有效的档案数据治理体系。

**(一)法治引航:筑牢档案数据治理根基**

法律是治国之重器,良法是善治之前提。政策法规制度是推进档案数据治理工作法治化、科学化和规范化的重要基石,有助于保证档案数据治理有序运行。其一,加紧出台顶层专门立法。应立足我国国情与档情,广泛借鉴国际典型法律法规,以《中华人民共和国网络安全法》《中华人民共和国档案法》《中华人民共和国个人信息保护法》《中华人民共和国数据安全法》《规划》等法律规范为纲领,制定专门规范档案数据治理的政策法规和条例办法,使档案数据治理有法可依,推动档案数据治理合法合规。例如,英国政府2018年发布的《通用数据保护条例》《数据保护法》就将档案数据治理纳入其中。其二,合理制定配套政策法规。应以贯彻落实国家顶层关于数据治理的上位法精神要求,把握大数据时代发展特征与要求,因时制宜、因地制宜制定符合区域发展需求、可行可用的档案数据治理制度规划、实施办法等配套政策文件,明确档案数据治理推行细则和方案,形塑自上而下响应式的档案数据治理法规制度体系,为档案数据治理保驾护航。例如,澳大利亚国家档案馆在政府数据治理相关法律法规的宏观指引下,相继出台《数据战略2020—2022》《数据战略2023—2025》《2030国家档案馆战略:一个转型和值得信赖的国家档案馆》等一系列关于档案数据治理发展的规划与文件,致力推动档案数据治理实践迈上新台阶,构筑新型档案数据治理体系,全面融入国家数据治理整体布局。

**(二)数据驱动:培育档案数据治理主体**

千秋功业,人才为本。人才是助推档案数据治理可持续发展、建立健全档案数据治理体系的根本动力。其一,固化继续教育培训机制。档案部门在大力引进大数据、数据科学等专业性人才的同时,还应注重对现有档案人才队伍进行继续教育。可通过邀请档案学界和业界相关权威学者专家对档案工作人员进行专题培训,聚焦档案数据治理开展主题研修,采用"以学传新""以老帮新""以优带新"等形式,培养档案专业人员数据思维与实践能力，进而提升其档案数据治理素养。其二，加大档案数据人才培养力度。构建档案数据治理体系、推进档案数据善治，需要源源不断的档案数据人才支撑。档案高校作为档案数据人才培养的"排头兵"，应协同其他档案高校，强化与档案实践部门协作联动，对标社会档案数据人才需求，通过修订人才培养方案、重塑课程体系建设、创新教育教学方式，打造档案数据人才培养全新模式，为档案数据治理智能化升级提供有机活能。比如，中国人民大学联合其他36家档案高校、企事业单位等共同发起成立档案数据产教融合发展平台，有助于共育档案数据高素质人才，为打造档案数据治理新生态筑基赋能。其三，营造档案数据伦理文化。"档案数据治理不单是档案管理方式与技术应用变革，更是一场文化变革，需要让档案数据治理成为档案行业乃至整个社会的一种普遍意识和文化自觉"，形成多维立体、高效协作的档案数据治理文化生态。

### （三）多路并进：强化档案数据全程管控

加强档案数据全生命周期管控不仅是深化档案数据治理的着力点和发力点，更是档案数据治理体系的重要落脚点和关键点。强化档案数据全生命周期管控需重点聚焦档案数据开放共享、档案数据质量控制、档案数据安全治理等方面。其一，构建档案数据开放共享机制。档案数据开放共享是档案数据治理的起点，是实现档案数据善治的必要之举。在开放科学时代，档案部门应围绕政策保障、多元共治、技术赋能等方面，构建协同配合、互动运行的档案数据开放共享机制，促进档案数据有序开放、高效共享，有效释放档案数据价值要素，助力档案数据治理行稳致远。其二，完善档案数据质量控制体系。《规划》提出要"加强档案资源质量管控""加快档案资源数字转型"，为档案数据质量优化控制指明了着力方向。为此，档案部门应依据相关法律法规和标准规范，积极联合业务部门、数据管理部门、档案外包服务机构等多方主体，采用合理手段和工作对档案数据采集、存储、处理、传输、共享、利用等全生命周期过程进行管控，建立"事前防控—事中监控—事后调节"三位一体的档案数据质量控制体系，实现档案数据科学化、标准化、规范化管控，推动档案数据向善治方向发展。其三，筑牢档案数据安全防护屏障。档案数据安全是档案数据治理的底线。档案部门要树牢安全治理理念与责任意识，合理制定档案数据安全政策法规、战略规划等，组织开展档案数据安全治理方案编制与技术攻关，建立上下联动、立体响应、分级有序的档案数据安全共治格局，更好为档案数据治理奠定安全基石。

**（四）数智赋能：锻造档案数据治理能级**

档案数据治理离不开数智技术的应用和支撑。《规划》指出要"积极探索知识管理、人工智能、数字人文等技术在档案信息深层加工和利用中的应用""重点开展新一代信息技术在档案管理中的应用"，为加强档案数据治理新技术运用提供了政策支持。其一，探求多元数智技术融合运用。如借助大数据分析、云计算、机器学习等技术可对档案数据治理前端进行预测和防控，有效防范化解各类风险；依托物联网、人工智能、GIS等技术可对档案数据治理中端进行实时跟踪监测，实现档案数据动态治理；利用区块链、智能合约、数字孪生等技术可对档案数据治理后端进行追溯调节，及时调整和改进档案数据治理策略与措施，不断优化档案数据治理质效。其二，探索实行首席数据官制度。譬如，澳大利亚国家档案馆建立信息与数据治理委员会，并设置首席信息官，负责统筹国家档案馆内所有信息数据资产，为工作人员提供数据治理相关指导、咨询及培训等。其三，着力建设档案数据中心。档案数据中心是实现档案数据整体智治的综合性技术载体设施，在档案数据治理过程中扮演着底座支撑作用的角色。比如，江西省建成档案大数据分析应用系统，并与江西省档案馆数字档案集成系统、江西档案云中心等第三方应用系统进行精准对接，通过实时采集、清洗、挖掘、分析处理数据仓库中的档案数据，实现档案数据治理的高效化、精准化和智慧化。

## 第三节 人才队伍保障体系

### 一、数字档案人才队伍建设的目标和路径

#### (一)人才队伍建设目标

档案数字化发展背景下，档案标准法规日益完善，档案发展方向愈发开放，档案软硬件升级持续加快，这都对档案人才队伍建设提出了新的要求。

1. 档案数字化走向依法管理，要求培养一支"三个熟悉"型专业人才队伍

在档案数字化过程中，档案标准日趋完善。一系列的档案标准陆续颁布，涵盖档案顶层设计、业务经办、技术革新等多个层面。这就要求档案数字化工作必须依法治理，建设一支熟悉档案标准规范、熟悉专业档案知识、熟悉实践业务操作的专业人员队伍成为依法治档的前提和基础。

2. 档案数字化走向开放，要求打造一支"三个善于"型服务人才队伍

从最初个别档案机构为优化服务而自发开展档案数字化，到档案部门为提升服务水平自觉推动档案数字化，到档案服务从一部门向所有单位扩展，再到档案资源在服务民生方面发挥了更为重要的作用，档案服务始终是档案数字化发展的宗旨和方向，这就要求建立一支善于转变服务理念、善于创新服务模式、善于拓宽服务渠道的服务型档案人才队伍。

3. 档案数字化走向现代化，要求建设一支"三个兼具"型复合人才队伍

档案软硬件设施的持续完善和升级贯穿于档案数字化全过程，其间，计算机、辅助管理软件从无到有、从弱到强，馆藏数字化、电子文件管理、数字档案馆建设全面铺开。这就要求建立一支既兼具档案

专业知识、技能，又兼具软硬件技术、网络服务技术与数字化项目实操能力等方面的复合型人才队伍。

## （二）人才队伍建设路径

### 1. 专业型人才队伍建设路径

培养专业型人才队伍，是一项关系人员管理、培训等多个方面的系统性工作，需要建立完善三个体系。一是完善业务经办体系。结合档案政策法规，建立一套完善的规章制度和业务规范体系，对档案数字化的各个环节进行明确的规范化管理，明确数字化各项业务工作流程，统一各类档案标准，制定各项操作说明，减少档案工作者工作的随意性和主观性，通过依规经办，让档案工作人员在规范的业务经办过程中，持续提高专业化水平。二是实施工作轮换体系。鼓励支持档案工作者在不同类型业务之间调动、在业务工作与管理工作之间轮换，减少职业倦怠，在引导他们积累多方面专业工作经验的同时，发掘个人业务特长优势和兴趣，让他们逐渐成为数字化各个岗位的行家里手。三是建立各类横向项目团队体系。设立档案数字化多类横向项目，为档案工作者增设兼职项目组长、兼职项目骨干等虚拟职位，在完成数字化项目的过程中，激发队伍工作热情，锻炼业务实际操作能力，形成档案数字化人才梯队。

### 2. 服务型人才队伍建设路径

培养服务型人才队伍，需要以业务实践为主线，做好理念、技能、渠道三个层面的提升。一是在服务理念层面持续更新。克服"重收藏保管，轻开发利用"的传统观念，将服务群众作为档案数字化工作的出发点和立足点，不断更新观念，让档案数字化工作贴近群众需求，贴近经济发展，贴近民生保障。二是在技能提升方面依靠实践。引入社会化项目开发力量，与本部门档案数字化人员共同成立档案服务品牌开发团队，在档案资源信息库扩容、档案信息检索技术升级、品牌档案产品编研、数字档案馆开发等项目的开发中培养人才梯队。三是在服务渠道拓展层面加强合作。主动引入信息传播领域人才充实档案队伍，增加档案数字化人才队伍的传播推广能力；充分利用新媒体、广播、电视、报刊等各类新闻媒体开展全方位的合作，培养档案数字化人才队伍的宣传推广能力。

3. 复合型人才队伍建设路径

培养复合型人才队伍，需要内培与外引相结合，做好四个"一批"。一是培养一批与时俱进的复合型人才。角色的转变必须通过不断学习、更新知识结构来实现①，档案数字化工作者要秉承终身学习的理念，根据档案数字化发展需要，持续更新知识结构和技能结构。二是引进一批复合型实践人才。档案数字化工作技术要求高、学习周期长，这就要求多引进数字化应用人才，特别是有数字化项目操作经验的复合型人才。三是打造一批高层次的档案人才团队。"全才"的个体难得，"全才"的团队易得。档案数字化是一项整体性强的事业，既需要领军型人才，也需要人才团队的助力，一个多元技能的团队对于档案数字化的深入推进必不可少，有利于在高效推进工作的同时，培养人才梯队。四是引入一批市场化服务机构。档案数字化越走向深入，对新技术要求就越高，这就要求档案数字化推进部门主动向外寻求智力支持，通过服务外包等方式，引入一批专业的市场化服务机构，发挥"头雁"效应，带动档案人才队伍建设。

## 二、档案数字化背景下档案专业人员的再教育

随着档案数字化与"大档案化"时代的来临，以互联网与电脑技术为标志的科学技术对档案管理的工作模式产生了巨大的影响。如果档案专业人员依旧还停留在过去那种职前档案专业教育的认知与专业能力的掌握上，不仅难以动态地掌握复杂的档案材料形成规律，更难以适应时代的发展与要求。因此，在数字化背景下，对于档案专业人员进行再教育非常必要。

### （一）数字发展对档案专业人员提出的要求

由于数字时代融入了大量的科学技术元素，对档案专业人员最直接的影响就是以现代化办公设备为支撑的知识密集型工作取代了过去以人工为支撑的劳动密集型工作。处于数字化时代的档案专业管理人员，不仅要关注时事动态，掌握有关档案政策的相关知识，更要努力提升

①薛四新. 档案馆现代化管理：从数字档案馆到智慧档案馆[M]. 北京：电子工业出版社，2019.

职业能力，具备数字化背景下的管理能力、非线性编辑软件的使用能力以及一定的创新能力，以期更好地适应数字化时代的发展。具体而言，数字化时代对档案专业人员提出三个方面的新要求。

1. 数字化管理能力

当今，以大数据、云计算与人工智能等为代表的新一代科学技术，不但影响着全球产业结构调整、科技创新与社会发展，而且也影响着现代人的日常工作与生活。相较于传统的档案信息内容，电子档案虽然也是以文字或图片等形态在屏幕上呈现，但究其背后的传输与存储等处理，却是以数字编码的形式存在，而且其开发与利用的形式也是多样化的。因此，电子档案管理具有文、图、档处理一体化的特征，这就决定了电子档案管理需要一定的专业技术。在这样的背景下，利用信息高速公路，快速为用户传递档案信息就成为数字档案管理工作的目标。也就是说，作为档案工作的实施者，档案专业人员首先应该具备数字化处理能力。然而，数字化管理毕竟属于新型事物，科学技术的掌握也不是一朝一夕的事。我国当前很多档案专业人员，尤其是年龄较大的专业人员，还不能熟练掌握科学技术，更不具备多途径的设计、创新、管理能力。因此，对于档案专业人员的再教育是数字化时代迫在眉睫的任务。

2. 软件使用能力

数字化时代，各种办公软件不断更新与优化，数字化技术的快速更新要求档案专业人员必须具备多格式混编、时间线输出等能力，即音视频编辑的后期处理技术，也是当前常见的非线性编辑技术。目前，国内外已经开发出具有各种功能、各种版本的非线性编辑软件，非线性编辑系统的构成要素比较复杂，既有字幕编辑与特效处理，也有工程序列的建立，还有视频采集卡（声卡）捕获等。对于档案专业人员而言，熟练掌握一两种常用的编辑软件是数字化时代的一般要求，而要想掌握软件使用技术，就必须要进行培训与学习，以适应数字化时代的要求。

3. 创新能力

纵观人类整个档案发展史，档案数字化是一次巨大的进步，不仅标志着档案管理本身的一次极具成功的创新，更是一次人类活动主题的变革。因此，数字化时代的档案管理对于档案专业人员而言，本身就内含着对档案管理人员必须具有一定创新能力的要求。创新是事业取得成功的关键，当今世界正在加速迈向数字经济时代，数字化不仅成为驱动经济发展效率变革、质量变革、动力变革的新引擎，而且也正在悄然改变着人们的工作模式。因此，档案专业人员应积极顺应时代自身发展的潮流，发挥数据要素潜能，用数字化来驱动自己业务的发展，促进数据资源的开发利用，释放档案数据的价值。

**（二）档案专业人员继续教育数字化转型的策略**

档案专业人员继续教育要在档案法与国家档案局出台的系列配套规章制度、行政规范性文件以及制定的不同业务领域的档案标准规范的基础上，做好顶层设计，制订出系统的继续教育方案，不仅要创新继续教育的内容与模式，还要搞好档案学网络教育，着力丰富网络教育平台功能，组织编写适应时代发展的教材。

1. 明确档案专业人员继续教育定位，加强对数字化的反思

中国档案事业经过70多年的发展，取得了巨大的成就，但是，时代与科技是不断向前发展的，这必将改变档案专业人员工作的方式与专业技能。因此，在新的时代，不仅要总结、反思我国档案发展的规律与继续教育的经验，更要结合新时代发展的背景与我国教育的现实需求，准确定位档案专业人员继续教育的目标与模式，以及做好课程内容、课程体系、教育模式、教学组织形态等方面的建设，系统梳理档案学专业教育新的研究对象、研究范式及社会需求，积极探索档案学专业教育改革、发展与创新的理念和思路，主动适应科技与社会的发展所带来对人才需求的变化，真正进入与国家数字化进程、数字战略"共振""共进"的新阶段。总之，继续教育要直面新时代所带来的问题，以实现数字化时代档案专业人员的价值塑造与能力培养为目标，立足数字化时代所带来的新需求，重视吸收当前国际先进知识与经验，兼收并蓄，致力于打造通专融合且适应时代发展的高素质人才。

2. 丰富网络平台功能，推进档案工作转型

通过对档案专业人员继续教育的网站和平台的调研分析发现，当

前，我国档案专业继续教育的网络平台主要存在平台功能单一和档案游戏缺乏两方面的问题。整体来看，档案学继续教育网络平台培训班同样存在功能、形式单一，内容陈旧等问题。因此，在数字化时代，档案学继续教育网络平台首先应该利用数字化技术，通过平台整合、技术融合和流程重构等方式来推动档案管理系统提升，大力打造网络平台，丰富网络功能。这样，档案学继续教育网络平台不仅能实现档案专业人员的学习功能，还能发挥档案育人的作用。换言之，数字赋能不仅为建立统一的档案专业人员继续教育平台奠定基础，也是推进档案工作数字化转型的基本路径。因此，档案部门的领导干部必须首先转换思维模式，树立数字化管理理念与意识，着重提升自身的数字化领导与治理能力，培养数字化思维，要依托档案管理部门或者数字档案馆，组织专业技术人员大力开发数字化平台的管理功能、在线交流功能、学习功能与评估反馈功能，使网络继续教育平台不仅能够体现数字化、共建共享的时代特色，而且还可以实现档案专业人员继续教育平台的共建共享。

3.扩大档案继续教育规模，创新继续教育模式

由于人手的短缺，使得很多单位不得不任用非档案学专业背景的人员承担档案管理工作。对于此类人员而言，他们迫切希望提升自己的专业能力，因此，扩大档案继续教育规模、创新档案继续教育模式就成为当务之急。

为了解决当前档案专业继续教育资源有限的问题，国家档案局与国家档案馆应该首先承担起继续教育的责任，从继续教育的目标、形式、内容、时间以及线上线下培训形式等各个方面做好顶层设计，对各省市档案局、档案馆下达继续教育任务，在继续教育的人数、时间等方面必须作出严格的规定，并组织人员对继续教育进行检查验收。其次，中央政府与地方政府必须划拨档案专业继续教育专项经费，用于档案专业继续教育的场所、教材、教师队伍与教学设备建设（包括线上与线下），并利用软件技术组织团队制作适应数字化时代发展的教学录像、远程讲座、专题报告，也可以进行专业实践示范与训练，努力提升档案专业继续教育的质量。再次，采用科学技术对档案专业人员的

培训，不仅能够改变传统继续教育相对单一的模式，而且还可以使学员能够通过不同类型的媒体与平台获得更为丰富多彩的内容。因此，继续教育除了常见的信息资源展示方式，更要大力开发数字教材，因为数字教材不但可以满足学员"随时、随地、随手、随心"学习的需要，而且可以促使档案继续教育的数字化技术不断优化与创新。最后，在教学形式上，档案专业继续教育的课堂教学可以结合 VR、AR 等技术立体化地呈现教学内容，VR 技术利用多源信息融合交互实现三维动态视景和实体行为系统仿真，通过 VR、AR 等技术的课堂教学，可以推动教育教学数字化，使档案专业人员继续教育在媒体互联共通的环境下实现教育资源共享，在技术融合的环境下实现教学模式的创新。

## 第四节　信息技术保障体系

### 一、数字档案建设与管理常见技术

#### （一）数据挖掘技术

1. 分类技术

分类技术通常与档案数据的决策工作密切关联。在档案数据挖掘过程中，分类技术能够与档案数据相关的决策树技术结合使用，对数据库系统记录的档案数据进行定义处理，并对数据库中全部档案数据记录的相关属性进行定义，如输出属性与输入属性等。在定义后对档案数据进行训练，采用抽取样本等形式，科学合理地选择数据库中的一部分档案数据进行训练。以便通过训练充分掌握档案数据的变化规律，精准找出档案数据属性的变化规则。之后对属性规则进行分析，根据规则分析结果，对后续新的档案数据及其在数据库中的记录情况进行判断预测，记录、分析预测情况。在档案数据挖掘中，分类技术结合决策树技术，根据客户的基本档案信息资料、档案历年的详细数据等，对客户行为进行预测，更新补充客户相关档案数据信息。

## 2. 聚类技术

聚类技术主要应用于档案数据属性的归类聚集方面。利用聚类技术可以对档案数据库中的数据项进行分析，判断档案数据库中各数据项的属性，对档案数据项不同属性值之间的相似程度进行鉴别，将属性相似度较高的数据进行筛选聚类。通常情况下，聚类技术具有对档案数据专业性要求不高的特点，因此现阶段在档案数据挖掘中广泛应用。同时，在档案数据挖掘工作中，聚类技术的应用能够有效增强数据之间的关联性。在企业中不同部门、不同工作岗位、不同收集渠道，获得的档案数据差异较大，通常无法有效建立关联。聚类技术的应用能够深刻揭示数据的规律和关联，使档案数据之间产生更深层次的联系，有效提升档案数据挖掘质量，并助力档案数据相关管理工作效率提升[1]。此外，工作人员可以在聚类技术应用过程中，采用分割聚类算法，将不同档案数据的处理程序进行分析对比，在分析比较后将档案数据信息进行综合处理，实现档案数据的高效科学聚类。

## 3. 关联技术

关联技术主要应用于档案数据之间的关联规则分析中。在档案数据挖掘中应用关联技术，能够先找出某个数据中的数据项等内容，再在另一个档案数据中找出同一个数据项，以此挖掘分析隐藏在两个同样数据项之间的关联规则。通过分析档案数据之间的关联规则，工作人员能够更好地对相关档案工作之间的关联进行发掘，更好地预测和决策。同时，档案关联规则的挖掘，能够辅助工作人员更好地为客户提供相应服务，提升工作人员的服务水平。工作人员可以使用关联技术，找出客户档案中基础档案信息的关联变化，有效掌握潜在客户人群，并且能够对客户的具体兴趣喜好情况进行确认，最大限度满足客户真实需求，为客户提供更加优质的服务。此外，在档案数据挖掘中，关联技术可以与相关算法结合使用，例如，采用现阶段各类新型的算法，改善档案数据挖掘工作中存在的不足，更好地判断出档案数据之间的关联。

---

① 李恩洁. 大数据环境下的档案管理系统信息检索及挖掘技术[J]. 黑龙江档案,2021
(04):280-281.

### （二）人工智能技术

#### 1. 自动化分类与索引

数字档案管理中的一个首要任务是有效地分类和索引海量的数字信息。人工智能的自动化分类系统通过强大的机器学习算法，能够迅速而准确地识别文档的内容，并将其自动归类至相应的类别。这种智能分类不仅提高了工作效率，而且减轻了档案管理员在烦琐手动分类上的负担。

这里值得关注的是深度学习模型的应用，例如卷积神经网络（CNN）和循环神经网络（RNN）。这些模型在处理图像和文本数据上表现出色，使得档案可以更精确地被分类。以医疗档案为例，通过训练深度学习模型，系统可以自动将病历归类至不同病症类别，提供了医疗信息管理的高效解决方案。

此外，自动化索引的应用也变得越来越普遍。通过分析文档的关键词、主题和语境，人工智能能够创建更为准确和全面的索引，使得用户能够更加轻松地找到所需的信息。这种自动化索引系统在大规模档案的管理中发挥着关键作用，为信息检索提供了更为精准和迅速的途径。

尽管这些技术的应用为数字档案管理带来了显著的优势，我们也需要审慎考虑自动化系统的可解释性和透明度，以及对多样性和特殊情境的适应性。这样才能确保自动化分类与索引不仅高效，而且符合档案管理的实际需求和规范。

#### 2. 智能检索与分析工具

在数字档案管理的领域，人工智能的引入带来了智能检索和深度分析的重大变革。这方面的创新通过多种技术手段，使得用户能够以更直观和智能的方式与档案信息进行交互。

#### （1）自然语言处理（NLP）的进展

NLP技术的进步使得系统能够理解和处理人类自然语言，从而实现更智能的检索。这意味着用户不再需要依赖严格的关键词搜索，而是能够以自然的语言提出查询。例如，智能语音助手Siri和Alexa已经在个人档案管理中展示了其潜力，为用户提供更直观、人性化的交互方式。

（2）语义分析的应用

通过深度学习和语义分析技术，档案管理系统能够更全面地理解文本和图像信息。这使得系统能够更准确地解释用户的意图，并为其提供更为相关的档案。例如，在法律档案管理中，系统可以理解案件描述的语义，为律师提供更具洞察力的法律建议。

（3）机器学习的决策支持

人工智能不仅带来更智能的搜索，还为决策过程提供了支持。通过分析档案中的大量数据，机器学习模型可以识别趋势、预测未来发展，并提供给决策者们更为全面的信息。这在企业档案管理中尤为显著，帮助领导层更明智地制定战略和政策。

尽管这些智能检索和分析工具为档案管理带来了许多优势，但是我们必须注意确保其在多样性、文化背景和语境方面的适应性。同时，隐私问题也是一个不可忽视的挑战，我们需要在技术创新的同时，建立合适的法规和伦理准则，保障用户信息的安全和隐私。这样才能更好地发挥人工智能在数字档案管理中的巨大潜力。

通过这些人工智能的应用，数字档案管理迎来了更高效的自动化处理和智能化检索，为用户提供了更加便捷的档案服务。然而，在追求效率的同时，我们也必须深刻思考数据的隐私安全和伦理问题。在人工智能的应用中，如何平衡便利性与隐私保护成为数字档案管理的新课题。

## （三）区块链技术

区块链技术作为去中心化、不可篡改的分布式账本，为数字档案管理领域提供了强大的安全性和透明度。这一技术不仅在金融行业，如数字货币和智能合约中得到应用，同时在档案管理方面也展现了独特的优势。

### 1. 保障档案完整性

区块链技术通过将档案信息存储在分布式网络中的多个节点上，实现了高度的信息冗余。这使得任何人要篡改一个区块中的信息变得极其困难，从而保障了档案的完整性。在医疗档案管理中，区块链可以确保患者数据的安全和不可篡改，为医疗信息的准确传递提供了信任基础。

## 2. 可追溯性与溯源

区块链的交易历史记录和时间戳机制，使得档案的溯源变得清晰和可靠。在食品行业，区块链技术可以追溯产品的整个生产和供应链过程，确保档案的真实性，防止信息伪造和不当处理。

## 3. 提高信息透明度

区块链的开放性和透明性使得档案信息更容易被访问，这对于公共档案的管理具有重要意义。政府文件、法律文书等可通过区块链技术确保信息的透明和可验证性，促进公民对政府行为的监督。

尽管区块链技术在提高档案管理的安全性和可追溯性方面表现出色，但其性能和能源消耗问题仍然需要解决。特别是在大规模应用时，我们需要探索更高效的共识机制和能源友好型的区块链技术，以确保其在数字档案管理中的可持续应用。

### (四)增强现实(AR)与虚拟现实(VR)

AR和VR技术的引入为数字档案管理带来了视觉与交互的全新维度，为用户提供了沉浸式的档案体验。

## 1. AR技术的实时信息叠加

AR技术通过实时叠加虚拟信息到现实世界，使得用户能够在实际场景中获取与档案相关的信息。在博物馆档案管理中，AR技术可以通过扫描展品，呈现与展品相关的历史信息、文物背后的故事等，为参观者提供更深入的文化理解。

## 2. VR技术的沉浸式体验

VR技术通过创建虚拟环境，使用户能够沉浸在档案所代表的场景中。在历史档案管理中，VR技术可以重现过去的环境和事件，让用户仿佛置身于历史时空，提高对历史事件的感知与理解。

## 3. 交互性与用户参与

AR和VR技术不仅仅是信息的呈现，更是用户与档案互动的媒介。用户可以通过手势、语音等方式与虚拟信息进行交互，提升了用户参与感。在教育档案管理中，这为学生提供了更具吸引力的学习方式，激发了他们的学习兴趣。

### 4. 实践场景的融合

AR和VR技术在培训和模拟场景中也表现出色。例如，在医疗档案培训中，VR可以模拟手术场景，帮助医生进行实际操作的模拟，提高了培训的实用性和效果。

尽管AR和VR技术在档案管理中的应用呈现出巨大的潜力，但是我们仍然需要解决硬件成本、带宽需求以及与实际使用场景的融合等问题。特别是在推广应用时，要考虑到用户群体的多样性和技术设备的普及程度，以确保技术的实际应用效果与期望相符。

## 二、不同阶段的技术应用

### （一）数字档案的创建和获取

#### 1. 在档案数字化过程中的应用

扫描技术。扫描技术是将纸质档案转化为数字形式的关键技术。通过扫描仪，可以将纸质档案逐页扫描成数字图像。

图像处理技术。图像处理技术可以对扫描得到的数字图像进行优化和修复。通过图像处理技术，可以去除图像中的杂点、调整图像的亮度和对比度、修复图像的损坏部分等。图像处理技术可以提高数字图像的质量和清晰度。

光学字符识别（optical character recognition，OCR）技术。OCR技术可以将扫描得到的图像中的文字识别为可编辑的文本。通过OCR技术，可以将纸质档案中的文字内容转化为可编辑的电子文本，方便后续的搜索、检索和利用。OCR技术可以大大提高档案数字化的效率和准确性。

#### 2. 在档案数字化安全管理中的应用

加密技术。加密技术可以保护数字档案的安全性和完整性。通过使用加密技术，可以对数字档案进行加密传输和存储，防止档案被非法获取和篡改。同时，加密技术还可以对数字档案进行数字签名，确保档案的真实性和可信度。

身份认证技术。身份认证技术可以确保数字档案的使用者是合法的。通过使用身份认证技术，可以对使用数字档案的用户进行身份验证，只有通过身份验证的用户才能访问数字档案。

访问控制技术。访问控制技术可以限制数字档案的访问权限。通过使用访问控制技术，可以按照用户的角色、权限等设定不同的访问级别，控制用户对数字档案的访问权限。

### (二)数字档案的存储和管理

数字档案的存储和管理是数字档案管理过程中的核心环节。在此过程中，需要注意多个方面，包括存储技术、备份策略、权限管理等。

数字档案的存储技术包括云存储和数据库等。云存储是一种将数据存储在互联网上的服务，用户可以通过网络随时随地访问和管理数据。此存储方式具有高可用性和可扩展性的特点，可以根据需求灵活调整存储容量。同时，云存储还提供了数据备份和灾备功能，确保数据的安全性和可靠性。

数据库是一种用于存储和管理数据的软件系统。通过数据库，可以将档案数据结构化存储，并提供高效的数据检索和管理功能。数据库可以通过备份和复制等机制，确保数据的可靠性和安全性。此外，数据库还可以通过权限管理，对用户的访问和操作进行控制，保护档案的安全和隐私。

数字档案的存储和管理相比起传统的纸质档案具有更大的便利性。数字档案可以通过计算机、移动设备等方式进行存储和访问，用户可以随时随地获取所需的档案。数字档案的存储容量可以根据需求进行扩展，不再受到物理空间的限制。

数字化存储的可靠性可以通过备份策略来提高。通过定期备份档案数据，可以防止数据丢失和损坏。备份数据可以存储在不同的地点和介质上，以防止单点故障。数字档案还可以通过数据恢复和灾备策略，保证数据在灾害或故障发生时的可恢复性。

在安全性方面，数字档案的存储和管理可以通过权限管理来保护数据的安全性和隐私。通过权限管理，可以对用户的访问和操作进行控制，确保只有授权的人员可以访问和使用档案。权限管理可以根据用户的身份和角色，对档案的访问和操作进行限制。同时，数字档案还可以通过加密技术等手段，保护数据的机密性和完整性。

### （三）数字档案的检索和利用

数字档案的检索和利用是数字档案管理过程中的重要环节，涉及检索技术、数据挖掘等方面。

全文检索。全文检索是一种通过关键词搜索来查找文档的技术。通过全文检索，用户可以根据关键词快速定位和获取所需的档案。全文检索技术可以对档案中的文本内容进行索引和搜索，提高信息查找的速度和准确性。

数据挖掘。数据挖掘是一种通过分析和挖掘大规模数据，发现隐藏的信息和关联关系的技术。通过数据挖掘，可以从档案中发现新的知识和见解，提供更多的价值。数据挖掘可以应用于档案的分类、聚类、关联规则挖掘等方面，帮助用户更好地利用档案。

数字档案的高效检索和利用能力。数字档案相比起传统的纸质档案具有更高效的检索和利用能力。以下是数字档案的高效检索和利用能力的应用特点：①快速定位和获取。通过全文检索等技术，用户可以根据关键词快速定位和获取所需的档案。相比之下，传统的纸质档案需要手动翻阅和搜索，耗费时间和精力。②精确搜索和过滤。数字档案可以根据用户的需求和条件进行精确搜索和过滤。通过设置搜索条件和过滤规则，可以快速筛选出符合要求的档案，提高信息查找的准确性。③大数据分析和挖掘。数字档案可以通过数据挖掘等技术，从大规模数据中发现隐藏的信息和关联关系。通过数据挖掘，可以帮助用户更好地理解和利用档案，提供更多的价值。④个性化推荐和建议。数字档案可以根据用户的历史访问和使用记录，提供个性化的推荐和建议。通过分析用户的偏好和行为，可以向用户推荐相关的档案，提高档案利用的效果。

### （四）数字档案的整合和共享

数字档案的整合和共享是数字档案管理过程中的重要环节，涉及多个方面，包括标准化、元数据管理、信息集成等。

标准化。标准化是数字档案整合和共享的基础。通过制定统一的规范和标准，可以确保不同系统、不同数据格式之间的兼容性和互操作性。标准化包括数据格式标准、元数据标准、交换协议等方面，可以促进数字档案的整合和共享。

元数据管理。元数据是描述数据的数据，可以用于数字档案的整合和共享。通过元数据管理，可以实现对数字档案的内容、属性、关系等信息的统一管理和描述。元数据可以用于数字档案的分类、检索、利用等方面，提高数字档案的管理效率和利用效果。

信息集成。信息集成是将不同来源、不同格式的数字档案进行整合和集成的技术。通过信息集成，可以将分散的数字档案进行统一管理和访问，提供一体化的信息服务和应用。信息集成可以基于云计算、大数据等技术实现，可以支持大规模的数字档案整合和共享。

权限管理和安全控制。数字档案的整合和共享需要加强权限管理和安全控制。通过权限管理，可以控制用户对数字档案的访问和使用权限，确保数字档案的安全性和机密性。同时，需要加强数字档案的信息安全保护，防止信息泄露和非法访问等问题。

# 第五节 信息安全保障系统

## 一、数字档案信息安全问题分析

电子档案的安全涉及法律法规、工程技术、安全意识、系统环境、管理制度等多个方面，是一个多层面、跨领域的综合性问题。通过梳理分析，电子档案管理的信息安全问题主要存在环境、技术和人为三方面问题。

### (一)环境因素

1. 承载环境破坏导致安全问题

自然灾害的发生会对房屋建筑、机械设施造成巨大的破坏，雷电、水灾、火灾、地震、台风等自然灾害的发生会造成档案保管库房的坍塌或摧毁，也会直接威胁到档案管理信息系统的硬件设施及电子档案的安全，导致档案管理信息系统不能使用，甚至会因为硬件设施遭到破坏而导致电子档案数据丢失甚至彻底损毁。电子档案存储载体的物理寿命较短，材料老化、磁场影响、温湿度影响，都会导致电子档案信息内容的破坏或丢失。电子档案的存储依赖于计算机系统的运行环境，计算机软硬件故障也会给电子档案带来同样的破坏。

2. 网络环境复杂带来安全隐患

电子档案信息的形成、管理、利用和长期保存离不开网络环境，电子档案的安全依赖于档案管理信息系统和网络环境的有效保障。档案管理信息系统的不完善，网络环境的不安全都会导致电子档案被他人窃取、破坏或篡改的可能。

### （二）技术因素

1. 系统缺陷和漏洞

电子档案的存储依赖于计算机系统，因此科学技术、网络技术在不断革新创造的过程中，会给电子档案的安全带来深远的影响。一方面，技术进步带来电子档案信息管理和利用的不断改进完善；另一方面，由于技术局限性导致系统漏洞或缺陷，又为电子档案增加了被窃取、盗用、被非法篡改及破坏的安全风险。

2. 计算机病毒及黑客攻击

长期以来，基于计算机传播的病毒屡见不鲜，网络病毒的跨平台能力、传播能力、变化能力和交互能力更强。网络黑客的攻击行为活跃，攻击损毁目的明确，具有重要价值的电子档案更是其攻击的主要目标，他们利用系统的安全缺陷突破网络薄弱环节，盗取或篡改电子档案，甚至破坏管理系统，导致档案管理系统崩溃等严重后果。

### （三）人为因素

1. 人为管理不善

档案管理人员安全保密意识淡薄是电子档案管理的重大隐患。档案管理人员对数字信息加密技术、维护计算机系统及网络技术生疏，操作失误，对信息安全法律法规没有做到令行禁止，增加了电子档案的安全风险。

2. 他人蓄意破坏

故意破坏是一种恶意人为威胁电子档案安全的行径。别有用心的人利用电子档案信息系统的安全漏洞，对档案信息进行蓄意盗取或篡改，造成档案信息失窃失真，以达到获取利益的目的，对电子档案的安全造成极大危害。

## 二、构建多层次的安全防护系统

### (一)网络安全设计

#### 1. 网络隔离控制

在档案管理系统网络边界部署网络防火墙设备，解决内部网络与外部网络的边界隔离问题。对涉及不同密级的网络之间或与无线网络之间互联，必须使用网络隔离网关设备，确保只有通过系统规定的协议进行数据信息安全隔离交换。隔离网关设置内、外网输入输出相对独立的通道，通过传输代理摆渡（不同网络间流转）格式化报文的方式，实现交互信息的受控安全。

#### 2. 抗拒绝攻击

在档案管理系统部署抗拒绝服务攻击设备，以防止遭受来自广域网络的拒绝服务攻击。通过镜像网络进出的流量，分析被保护网络是否受到拒绝服务攻击。检测到攻击事件后，通过路由协议改变被攻击地址的路由，实现攻击流量和正常流量的分离，对攻击流量进行清洗，并将正常流量回注内网，实现抗拒绝服务攻击的能力。

#### 3. 网络入侵检测

在档案管理系统网络边界部署网络入侵检测，采集网络流量，及时检测和发现网络中出现的攻击和破坏行为。根据档案管理系统的业务特点，提取正常网络行为特征，深度检测和分析网络报文的合规性，发现网络流量和报文内容中存在的异常行为，精准地发现和定位网络入侵和恶意用户行为，分析并形成全网安全预警。

### (二)系统安全设计

#### 1. 主机安全防护

##### (1)登录控制

为服务器、终端提供身份识别、登录控制、网络访问控制、外设访问控制、非法外联监控等安全功能，用户登录档案管理系统必须使用电子钥匙；对服务器、终端的在线状态、违规接入、非法外联、外设拷贝和网络访问等行为进行安全监控和审计。

（2）重要文件保护

对操作系统的重要文件实施完整性检验机制，防止被病毒、木马等非法修改、破坏。通过规则设置，控制进程或用户对指定文件/目录的访问行为，并提供文件加密能力，以约束超级用户的权限，提高操作系统的安全性。

（3）主机外设管控

通过规则设置，控制用户使用光驱、USB存储设备、打印机、网络接口等外部设备，并对信息设备进行详细规范地记录，如时间、操作类型、文件信息、用户信息等。

2. 软件安全防护

（1）软件签名管理和验证

对在终端和服务器上安装或运行的程序进行签名验证，首先计算程序文件的哈希值，然后用证书中心的公钥解密签名值，再对比两个值，可以确定该程序文件是否经审核、未被修改过，然后决定是否执行，从而阻止不可信软件的执行。

（2）软件白名单

设置软件白名单机制，对主机上启动的进程实施控制，并对进程加载的DLL进行合规性检验，只允许白名单中的进程和所需的DLL运行。初始的白名单由管理员统一设置，下发至各终端。管理员可以决定经过软件签名验证的进程及其相关的DLL信息是否自动加入白名单。

3. 进程安全防护

进程安全防护涉及病毒防护和资源安全管理两个方面的内容。病毒防护解决非法进程或线程对计算环境进行非法访问或破坏的问题。资源安全管理主要解决合法进程在异常条件下对计算、存储资源的异常访问，保障计算环境持续、稳定地运行。

（1）病毒防护

采用集中统一的防病毒策略，及时更新木马、恶意程序的最新信息，对档案管理系统的计算机实施扫描、监控、查杀病毒，消除病毒传播途径，防止病毒感染及破坏。

（2）资源安全管理

提供统一的应用软件开发框架，封装统一的内存、存储、数据库访问接口，屏蔽应用进程对操作系统调用的直接访问。根据进程的优先级和重要程度，通过框架对各进程资源的访问进行统一配额、监视和控制。

### 4. 漏洞扫描

定期扫描、检查及分析计算机网络和系统的安全漏洞，及时发现问题，并对系统当前的安全状况作出安全及风险评估，根据评估结果改进相应的防护措施和安全策略，有效地杜绝系统的各种安全漏洞隐患。

### （三）数据安全设计

#### 1. 数字签名

数字签名是非对称密钥加密技术与数字摘要技术的综合应用。保证信息传输的完整性、发送者的身份认证和防止抵赖行为的发生。数字签名将摘要信息用发送者的私钥进行加密，与原文一起传送给接收者，接收者只有用发送方的公钥才能解密被加密的摘要信息。然后用 HASH 函数对收到的原文重新产生摘要信息，与解密的摘要信息对比。如果相同则说明收到的信息是完整的，否则说明信息被修改过。数字签名既能确认信息的发送者，也能确认信息的完整性[1]。

数字签名在电子档案的生成、归档、整理、利用等环节进行应用。具体表现形式：①在电子档案生成、登记过程中，绑定著录人的数字签名，用以确定责任人保障电子档案的真实性。②在电子档案归档过程中，拟、审、签、批都应保存相应人员的数字签名，与电子档案一并归档。③档案员对电子档案进行移交、接收、分类、组件、编号、编目等行为，系统也应采集相应人员的电子签名及时间信息，以便追溯。④技术人员在利用电子档案过程中的检索、浏览、借阅等，发送带有电子签名的申请，档案管理部门根据借阅人的权限，提供相应的档案记录并按期自动回收。

---

①杨静,张天长.数据加密解密技术[M].武汉:武汉大学出版社,2017.

2. 电子档案安全访问设计

（1）对重要电子档案进行加密存储和多重备份，防止电子档案的窃取和破坏。

（2）建立电子档案访问控制列表，对重要电子档案读、写等操作进行权限控制，通过钩子（Hook）机制对系统提供的电子档案访问操作进行捕获，只有符合权限要求的操作方可继续执行。

（3）对重要电子档案进行访问监视告警，一旦出现越权的异常操作则进行相应的声音警示或显示告警，并根据保密处置规则向信息中心运维人员发送警报。

（4）每次对重要电子档案修改后，进行MD5（Message Digest Algorithm 5，消息摘要算法第五版）校验计算，并将最新的特征值进行加密存放。访问前重新对该电子档案进行MD5校验计算，得出的值与前一次存放的值进行比较，如果相同则表示电子档案未被篡改，否则认为该电子档案已被篡改。

（5）对高密级、高敏感性电子档案可采用分布式存储技术，每个电子档案分片存储到不同的服务器上，并且每个电子档案分片至少在两台服务器上进行镜像备份，除非攻破相当数量的服务器，否则将无法窃取完整的信息。破坏某台服务器也不会影响对电子档案的访问，可以通过其他备份服务器进行访问。

3. 数据库安全访问设计

（1）对数据库进行全局的访问授权和访问控制。将系统、应用进程或人员作为数据库访问的对象，通过安全基础设施进行用户统一管理。对数据可按库、表、记录等不同的颗粒度向不同的用户进行读、增、删、改授权。

（2）通过统一的数据访问接口对数据库进行操作，屏蔽业务应用通过数据库厂商提供的API（Application Programming Interface，应用程序接口）函数直接访问数据库系统。在数据访问接口中，数据访问者需填写相应的身份信息和对应的数字证书，通过统一身份认证与授权平台验证进行数据访问控制。

（3）数据库访问客户端通过数据库传输代理进行数据库连接和数据

传输。在传输代理层对数据采用对称加密，防止数据在传输过程中被窃取。

（4）数据透明加密。对指定数据库的表、列或记录行进行加密，保证敏感数据在磁盘上存储为密文状态，防止恶意用户通过操作系统或直接磁盘拷贝获取数据库存储文件，利用逆向数据格式恢复其中的敏感数据，实现存储层的安全防护。

（5）基于三权分立机制，实现独立于数据库管理系统的用户权限设置能力。利用数据加密技术，由安全管理员设置哪些数据库用户有权访问敏感数据，严格控制用户访问敏感数据的权限，解决数据库管理员等超级用户权限不受控制的问题。

电子档案管理系统信息安全最终目标在于采取科学有效的措施对电子档案形成、保存及利用的全生命周期进行保护，其应对措施既包括科学技术的保障，也包括制度管理的建设，通过技术和管理的有机结合，才能保障电子档案信息不被偶然或恶意的泄露、篡改和损毁，保持存在性、完整性及可用性。从技术层面提出应对策略旨在保护电子档案在整个生命周期中真实性、可靠性、完整性及可用性，后续拓展法律法规、标准规范、管理制度、人才培养等多个方面研究相应对策。

### 三、数字档案信息安全全过程管理

#### （一）完善档案信息安全管理流程

制定全面的档案信息安全管理流程，是保障档案数字化过程中数据安全的关键环节。

第一，档案管理部门要积极与企业内部各部门进行交流讨论，了解他们对档案数据的使用需求、存储方式和访问频率，以及潜在的安全隐患。在此基础上，对当前档案管理工作的流程、数据格式、存储和访问模式进行全面分析。

第二，结合档案管理工作实际，一方面，根据档案数据的机密性、使用价值和访问频率，确定档案信息的安全等级；另一方面，做好档案信息安全的风险评估工作，识别潜在的档案信息安全威胁，如未经授权的访问、数据泄露、数据篡改等。

第三，基于需求分析和风险评估，定义档案数据的分类标准，如公开、内部、机密等，设计档案信息安全管理标准。其一，明确档案数据在不同安全等级下的存储、访问、传输、备份和销毁要求和标准。其二，制定详细的操作指南，例如，如何安全地存储机密档案数据、处理数据泄露事件等。其三，设定档案数据的定期审查和更新机制，确保数据的准确性和完整性。其四，根据数据分类和部门或角色的数据使用需求，设计档案信息访问权限模型，并设定权限审核机制，确保员工只能访问与其职责相关的档案数据。其五，做好档案信息的安全管理监控，实施实时的档案数据访问监控，确保档案信息经授权才可被访问与使用。其六，结合档案信息安全管理监控结果和实际工作中的具体问题，对档案信息安全管理流程和标准进行定期修订和更新，同时，鼓励员工提供反馈建议，确保管理流程和标准与实际工作相匹配，提高档案信息安全管理工作成效。

### （二）加强档案管理人员的管理和培训

档案数字化转型涉及技术的变革，需要档案管理工作人员具备相应的素质和技能，满足档案数字化转型背景下档案信息安全管理的需求，为确保档案信息安全，加强档案管理工作人员的管理和培训至关重要。

第一，加强档案管理人员的管理。一方面，明确职责划分。随着档案数字化工作的深入，工作人员的职责范围不断扩大。因此，要明确每个人的具体职责，如数据输入、数据检索、数据保护等，确保每个环节都有专人负责，便于追责问责。另一方面，加强访问控制管理。在档案管理工作中，并不是所有的档案工作人员都需要访问所有的档案信息数据，因此，可以通过实施严格的访问控制，确保工作人员只能访问与其工作直接相关的档案信息数据，减少数据泄露的风险。

第二，注重档案管理人员的培训，提升他们的素养。其一，加强档案管理工作人员的技能培训。档案数字化转型意味着在档案管理过程中要用到更多的技术，因此，需要加强对档案管理工作人员的技能培训，围绕工作中出现的具体问题以及档案信息安全风险开展专题培训活动，强化档案工作者的档案数字化素养和能力。其二，加强安全意识培训。一方面，组织定期的安全培训活动，既要包括基础的档案管理知识，还要涵盖最新的信息安全技术和安全风险威胁，培训内容应结合档案管理工作实际，例如如何识别和防范社交工程攻击、如何确保电子档案的完整性等；另一方面，定制培训课程，根据档案管理人员的基础知识与技能掌握情况，设计专业化的安全培训课程，档案管理工具和软件要进行专门的操作与安全设置培训，确保能正确应对档案信息安全风险。其三，加强实践操作培训。围绕档案管理工作实际，定期开展模拟实际工作情境的培训工作，使档案管理工作人员可以在真实情境中熟练操作，减少失误，加强对档案信息的保护，保证档案信息安全。

第三，做好持续评估与反馈。其一，做好定期的能力与技能考核。定期对档案管理工作人员的业务能力和技术技能进行考核，确保他们的能力与档案数字化的发展同步，还能及时发现和填补能力上的短板。考核内容不仅仅局限于笔试或理论知识，更应结合实际工作场景，评估工作人员在实际操作中的技能水平和应变能力。其二，建立反馈机制。档案管理工作人员在日常工作中可能会遇到许多意料之外的问题和挑战，这些是最能反映档案管理系统漏洞和风险的情况，因此，要鼓励档案管理工作人员结合工作实际以及具体问题及时作出反馈，以便对档案信息安全管理过程中存在的问题或潜在的风险进行及时识别和改进。为了更好地发挥信息反馈对于促进档案信息安全管理工作的作用，可以建立专门的信息交流和反馈渠道，使工作人员可以及时便捷地提交工作中遇到的问题或建议。做好持续的评估与反馈，有助于确保档案信息的长期安全，满足现代社会日益增长的信息安全需求。

### （三）完善档案信息安全管理技术保障

第一，做好档案信息环境安全保障。一方面，做好档案信息物理环境的安全保障。使用专业的检测设备，确保档案存储设施有温度、湿度控制和防火、防水设计，减少由自然灾害或环境因素引起的数据丢失。另一方面，做好档案信息网络环境的安全保障。利用防火墙、入侵检测系统和网络隔离技术保障档案数据在传输和存储过程中的安全。

第二，做好档案信息设备的安全保障。其一，保证设备硬件安全。确保存储档案信息的设备如服务器、硬盘等具备物理安全保护措施，如机房的门禁系统、监控等，保证档案信息的安全。其二，保证设备软件安全。确保所有设备运行的软件均来自可信来源，并及时更新修复已知的安全漏洞，同时，使用先进的加密技术保护档案信息数据，防止未经授权的访问或窃取。其三，做好设备的存储与备份。利用RAID技术和冗余备份策略，确保数据在硬件发生故障时不会丢失。同时，定期进行数据备份，确保数据在损坏或丢失时能够迅速恢复。

第三，做好档案信息内容的安全保障。其一，利用数据访问控制保障。使用用户权限和角色管理技术，确保只有授权的用户可以访问、修改或删除特定的档案信息。其二，做好档案信息传输的安全保障工作。采用数字签名和哈希验证技术，确保档案内容在传输和存储过程中的安全，并定期检测数据状态，保证信息安全。其三，利用加密技术。如AES或RSA等加密技术，对档案内容进行加密存储，保证档案信息的安全。

# 第六章 不同档案的数字化建设与管理

## 第一节 文字档案的数字化建设与管理

　　档案资源按照信息记录的方式可分为文字档案、图片档案、音频档案、视频档案等。文字档案是指包括一切以文字（含数字）为记录方式的档案，而无论其载体为甲骨、纸张、金属、简牍、缣帛，甚至印章、锦旗等实物也可划分为文字档案①。其中，我国大部分文字档案都是以纸质介质为载体，纸质档案资源在长期的积累过程中，承载着丰富的历史文化和社会信息，因此下面主要对纸质档案的数字化建设与管理进行研究。

　　纸质档案数字化对档案事业的发展有着相当重要的影响。首先，纸质档案数字化可以保证纸质档案的安全保管，利用数字化成果代替纸质档案进行查询，从而降低纸质档案的使用频率，有效防止纸质档案反复出库、翻阅等行为造成的损毁。其次，纸质档案数字化后，挂接到档案管理系统上，让查阅更便捷，还可以采取异质异地备份，有利于保护档案的安全。最后，档案数字化管理的实现，提供了高效的查询服务，让档案数据发挥更大的作用，更好地服务于经济社会发展。

### 一、纸质档案数字化存在的问题

#### （一）日常管理不规范

　　一是文件存储混乱。数字档案存放管理不规范，文件命名方式不统一或过于复杂，导致用户难以找到需要的文件。二是安全问题。数字档案可能存储敏感信息，如果安全措施不能与时俱进，容易使数字档案游离于档案安全规范之外，造成安全隐患。三是数据保存问题。数

---

①王向明.档案管理学原理[M].上海：上海大学出版社,2009.

字档案的保存备份技术要求较高，操作不规范或措施不到位，容易造成数据遗漏或丢失。四是难以共享。数字档案共享平台不够完善，部门与部门之间分享信息的难度大，从而影响了部门的协同工作效率。五是管理不到位。档案数字化虽然便捷，但不排除工作人员对档案进行维护、整理及检索不善，造成信息无法挖掘及管理效益不佳。解决以上问题，需要各部门之间的协作和配合，其中包括档案管理、技术支持和安全管理等方面。这就需要建立专业的数字档案管理机构，明确各职能部门的工作职责、任务分工和沟通协作方式。同时，数字化也需要一套完整的管理制度，明确各个阶段的工作流程和标准，确保数字档案的质量和安全。

### （二）外包公司存在的风险

采用外包公司数字化有助于缓解档案数字化中技术和人员短缺的压力。然而，外包公司可能会泄漏或损坏档案，出现数据安全性和完整性的风险。首先，外包公司可能存在资质诚信问题。一些资质不佳的数字化服务公司可能不遵循法规和标准要求，篡改、丢失或毁坏机密档案，从而引起档案泄露风险。这些公司有可能使用便宜的、低端的数字化设备和技术，会导致文件处理质量低下、格式混乱，从而影响数据的可读性和可访问性。此外，外包公司的IT安全性可能也不稳定，他们可能没有足够的防范手段来防止网络攻击和数据泄露等问题。其次，外包公司可能存在员工专业素养问题，外包公司员工可能缺乏足够的专业知识和技能来处理档案。由于缺乏对档案内容的理解，外包公司员工可能会误报数据或舍弃重要的信息，影响档案质量。员工的素质差异也会导致部分档案被处理得不够细致和规范，从而导致数字化的数据质量低下。最后，外包服务可能面临转包问题。外包公司由于内部工作负载过重，或者是技术限制等情况，不能在公司内部完成工作任务，而在外部寻找其他解决方案。外包转包服务可能会带来更高的成本，还可能产生合同签订缺失，环节控制不够严谨等问题。一旦外包公司无法满足合同要求，或提前终止合同，可能会导致档案数字化进程暂时无法继续，严重影响数字化的时效性。为了避免风险，在与外包公司合作时，需要进行详细的考察和了解，选择口碑良好和服务质量高的公司合作，同时建立严格的数字化外包服务标准，确保档案数字化的质量和安全。

### (三)档案安全风险

一是存在信息泄露的风险。在数字化扫描过程中，如果工作地点和流程不注重保密性，档案信息可能会被泄露。在档案数字化处理过程中，也可能存在泄露档案信息的安全漏洞，例如在数据的备份和转移、传输和存储等环节，信息会因为操作失误或技术问题而泄露。二是数字档案的篡改和伪造风险。在数字化处理过程中，工作人员可能会存在篡改数据行为，这会导致数字档案失去其原有的可信度。此外，黑客攻击、病毒感染等网络问题也可能导致数字档案的安全遭到侵害，数据被篡改或伪造。三是可能出现数据丢失或遗漏的风险。在档案数字化过程中，存储设备的损坏、操作失误或不完善的备份措施都可能导致数字档案的数据遗漏或丢失，发生档案数字化处理不完整的情况。四是技术漏洞和技术安全性方面存在的风险。数字档案采用的技术方案需要经过严格的评估审查，如果采用的技术存在漏洞，可能会导致数字档案信息泄露或遭到黑客攻击，从而造成安全上的漏洞。

### (四)数字化质量出现问题

数字化质量是制约数字化成果应用的关键之一。首先，在数字档案处理过程中，可能会出现数据漏损、失真等问题。例如，在纸质档案的扫描和拍照时可能会遗漏档案信息或失真，影响数字化的准确性和完整性。其次，数字化质量问题可能会导致数字档案的可读性较差。档案的可读性非常重要，如果数字化质量问题较大，将会影响数字档案在应用过程中的可读性和兼容性，导致数字档案无法准确地为用户、研究人员提供所需的信息资源。最后，还要注意档案数字化处理后的存储问题。为了确保数字档案的安全性和可靠性，存储设备也必须符合数字档案标准，并保证可长期保存和使用。因此，档案管理人员需要对存储介质的检查、保养和备份措施进行科学的安排和处理，以提供充分的保障。

### （五）数字化场地问题

数字化需要相应的工作场地，其中通常包括数码拍摄室、数字化处理室、档案库房、验收室等。这需要档案部门充分利用现有的资源，制定数字化场地规划图，并结合数字档案的实际情况和需求进行场地设施升级或改善，确保数字档案的工作顺利开展。

## 二、纸质档案数字化的对策与建议

### （一）在日常管理方面

针对日常管理问题，相关部门应将档案数字化管理列入重要的工作日程，完善数字化管理机构和管理制度，加强各职能部门之间的沟通和协作，确保档案数字化工作的顺利开展。此外，机构需要对档案管理人员进行数字档案管理的培训和责任教育，提高档案管理人员的职业素质和服务意识。

### （二）对于外包公司

为了规避外包公司的风险，档案部门应结合实际情况，制定出详细的招标文件，如馆藏档案数量、加工标准、数据质量等情况，确保外包公司熟知工作任务和要求，严格执行档案数字化的相关法律法规。在选择外包公司时，应"擦亮眼睛，谨慎选择"，主要考察外包公司是否具备以下资质：保密资质，更好地防止档案泄密；专门的档案加工软硬件设施设备；良好的企业形象和信誉；"保姆式"的跟踪服务能力；严密的数字化流程控制方案等。

### （三）降低安全风险

针对档案安全风险问题，要制定档案数字化的安全管理制度和标准，规定档案管理人员的工作职责和保密责任，加强档案安全管理的宣传和意识教育。与外包公司签订保密协议，在数字化加工场所安装无死角监控设备，监督数字化加工人员严格按照规范对档案进行数字化处理。此外，在数字档案传输过程中，需要使用加密传输方式，确保档案数据传输的安全性和保密性，同时保留档案数据同步备份，以防止档案数据遭到意外删除、篡改、破坏等情况。

### （四）提高数字化质量

数字化质量是档案数字化工作中必须重视的问题。相关部门可以采用 OCR 技术与成像技术，结合对原文件的异常检测和核实，提高数字档案的准确性和可靠性。此外，建立档案数字化的审核制度，增加验收、修改、确认等环节，确保数字化完成后的档案符合质量标准。

## 三、数字纸质档案的可视化呈现与传播

### （一）数据可视化技术的运用

数据可视化技术的运用对于实现信息的直观传达和广泛分享具有关键作用，该技术通过图表、图形等形式，将庞大而复杂的纸质档案数据呈现为直观、易理解的视觉效果，使档案信息更加容易被普通用户理解与利用，对于加深社会大众对纸质档案资源的认知、提高信息传播效果具有显著的促进作用。数据可视化技术在数字档案的可视化呈现中还有助于提高用户体验，通过交互式图表、地图展示等方式，用户可以更灵活地浏览、查询和分析档案数据，使其参与感更强，增强了用户对档案资源的互动性，不仅有助于提升档案资源的使用率，还能够激发社会公众对档案文化的浓厚兴趣。在纸质档案资源的实际开发过程中，数字档案的可视化呈现涉及多样化的档案类型，包括历史文献、地理图表、官方文件等。因此，数据可视化技术的运用需要考虑不同档案类型的特点，保障呈现方式的多样性和专业性，并且要关注数字档案的社会传播效果，采用更贴近公众习惯和需求的形式，以促使更多人参与到数字档案的使用与推广中。

在新发展格局下，数据可视化技术在数字档案的可视化呈现与传播中发挥着不可替代的作用，合理地运用数据可视化技术可以更好地传达纸质档案资源的价值，推动档案文化的传承与弘扬，从而实现数字档案在社会中的广泛认知与应用。

### （二）档案的数字化呈现

纸质档案资源的数字化呈现对社会产生了深远影响，而有效的推广策略是确保这一影响发挥到最大的关键。以某博物馆数字档案项目为例，该项目致力于将博物馆的丰富纸质档案资源数字化，通过采用虚拟现实（VR）、增强现实（AR）等技术，成功地将数字档案以全新的

方式呈现给观众，使其沉浸于历史文化的虚拟环境中，这种沉浸式体验激发了公众对文化历史的探索欲望，增加了参与感与互动性，从而推动了文化传承的积极互动。该项目还通过建立数字档案平台，使学者、研究者可以更方便地访问和利用大量的档案信息，推动了学术研究的深入开展。同时，数字档案在教育领域的运用也得到了推广，通过数字档案的呈现，学生能够更生动直观地学习历史文化知识，拓展了教育资源的维度。

但数字档案呈现也面临一些挑战，如公众的数字素养水平参差不齐，部分人群可能对新技术产生抵触情绪，影响了数字档案的普及，因此推广策略应考虑不同层次、不同年龄群体的需求，通过定制化的推广方案来促使更多人参与其中。

首先，社交媒体宣传是一个有效的途径，通过在微博、微信等社交媒体平台上推送数字档案的独特魅力，可以有效提高公众对该技术的关注度，激发兴趣，并鼓励用户积极分享和交流，形成良好的口碑传播。其次，线上、线下结合是另一个重要的推广策略，博物馆或文化机构的展览中可以设立数字档案展示区，结合线下活动让观众亲身体验数字档案的魅力，引导公众逐步了解和接受这一新兴技术，这种结合线上线下的方式，既能提供实地展示，又能通过数字平台进行远程推广，形成立体化的推广模式。最后，还可以通过与学校合作，将数字档案引入校园教育，开设相关课程培养学生对文化历史的兴趣，不仅有助于培养新一代对数字档案的认知，还为数字档案的未来应用培养了更多的人才。

## 第二节 图片档案的数字化建设与管理

图像档案是指各实践主体在社会实践活动中使用相应技术形成的以静态图像符号（文本）记录实践活动中具有凭证、参考价值的原始记录，如照片、插图、地图等，其中常以照片档案为典型①。因此，下面

---

①王雪飞.平民记忆视域下声像档案资源的开发利用研究[D].昆明:云南大学,2019.

主要对照片档案的数字化建设与管理进行研究。

## 一、照片档案数字化的必要性

照片档案是国家机构、社会组织及个人在社会活动中直接形成的以静止摄影为主要反映方式的、有保存价值的回忆记录，一般包括传统照片和数码照片两种类型。

传统照片在保存方面往往对保存环境条件具有较高的要求，如温度、湿度，且要做好日常通风、翻动等处理工作，才能避免传统照片发生霉变、褪色等问题。这些工作往往由档案管理人员以手工操作方式保存在相册中，不仅费时费力，严重降低工作效率与质量，同时还大量占用档案库房内部空间。在这种情况下，显然会增加档案管理工作成本。由于规格差异和存放条件限制，使得部分照片档案必须采用分开存放方式进行保管，使得照片档案缺乏连贯性，造成后续照片档案利用面临巨大的挑战。照片档案在借出之后，由于借用者使用不当容易出现底片污染和损伤，这些都会增加照片档案管理工作的难度。

进入到数字化时代，档案信息资源的价值日渐突出。而照片档案作为档案信息资源的重要构成部分，应注重其应有价值的最大程度地挖掘。但是传统人工方式难以适应数字化时代发展的实际需求，因此，必须与时俱进地创新照片档案管理与利用手段。照片档案数字化可以实现档案数据信息的永久性保存，且数字化扫描精度高，具有质量稳定、处理后的保存载体多样化等优势。此外，照片档案数字化可以提供便捷的利用方式，可以促进照片档案利用深度和广度的提升，进而有利于照片档案信息资源价值的最大化。由此可见，在数字化时代发展背景下，为提高照片档案管理与利用水平，加强照片档案数字化建设具有十分的必要性。

## 二、照片档案数字化的基本流程

### (一)照片档案的整理

照片档案一般在活动结束后一个月内应当及时归档，各类照片在归档前都应做好鉴定和筛选。照片档案的整理应遵循有机联系、有利于保管、有利于利用的原则，同时照片与底片应分开存放。

1. 挑选

按照照片档案的归档范围，选取具有保存价值的重大活动、重要事件、重要人物照片，对反映同一内容、同一场景、同一人物的若干张照片进行筛选，选择主题鲜明、影像清晰、画面完整、未经修改等特点的主要照片归档，照片和底片必须相符。归档的照片应附加文字说明，文字说明应综合运用事由、时间、地点、人物、背景、摄影者等要素，概括揭示照片所反映的主要内容。

2. 分类

照片档案按照"年度—问题"进行分类，可以分为归档与不归档两类。归档的照片保管期限一般定为永久，同一年度的照片按照问题结合形成时间排列，同一组照片不应该存放在两个相册内，不同年度的照片不应该存放在同一相册内；不归档的照片可以按年度类别收集装入相册，作为参考资料。

3. 组卷

照片档案按照"全宗号—保管期限—册号—张号"的结构格式进行组卷。一般冲洗五寸或七寸照片入册，照片和底片同时整理，单独存放。保管期限分别用Y、C、D（永久、长期、短期）表示，在一个保管期限内从"001"开始编册号，在相册内的排列从"001"开始编张号。按照拍摄时间、重要程度等顺序放入相册内，以每张照片为单位，填写简洁、语句通顺、六要素齐全的文字说明。时间有待考证的可在时间处添加"[ ]"。有底片的照片在芯页上填写底片号，并把底片放入底片相册并编上底片号。

4. 著录

经检查照片入册无误后，需对卷内目录、芯页、备考表、相册脊背进行编号和填写。卷内目录的著录主要包括档号、照片号、题名、时间、拍摄者、底片号、备注等。芯页编号使用阿拉伯数字从"1"开始，在照片的正反两面都要编号。相册的最后一页放置备考表，填写本册情况说明、立册人、立册时间等信息。相册脊背填写的全宗号、保管期限、册号等信息便于查找。

### (二)照片档案的数字化

#### 1.选择扫描设备

根据照片幅面的大小选择相应规格的扫描仪。由于照片档案的纸张较厚且部分照片有破损，成像效果在操作过程中易受光线、平整度等因素的影响，建议使用具有避光、操作便捷的平板扫描仪进行扫描。

#### 2.色彩模式及分辨率

一般采用"黑白二值"模式，建议选用24位全彩模式，因其图像清晰、色彩柔和明亮更接近原片。一般分辨率越大，像素越小，图像越清晰，但对于扫描照片而言，应避免分辨率过大，以免占据过多存储空间，建议选择600DPI分辨率，以满足后期照片复制、出版、展览等多种形式的档案利用。

#### 3.照片图像处理

照片扫描完成后，要对偏斜的照片进行纠偏，对多余的白边进行裁切，对方向不正确的图像进行旋转处理。大幅面照片，可采用小幅面分块扫描，裁剪重叠部分后进行图像拼接。建议使用专门的图像处理软件进行照片图像处理。

#### 4.照片档案数字化登记

登记照片档案数字化的方式，包括扫描的分辨率或翻拍的像素，大幅照片分小幅扫描的分解文件个数，实际扫描的页号、页数是否与档案整理登记的一致，漏扫或错扫照片补扫后要注明原因和处理方法。

#### 5.建立照片档案数据库

数字化形成的目录数据与照片图像文件关联后，加载到档案管理系统数据服务器端，建立照片档案数据库。要对目录进行逐条核对，每一份图像文件的名称、页数与目录数据中的档号、页数应一一对应，准确一致。

### (三)照片档案的数字修复

在照片修复过程中应当遵循最小干预原则，确保照片的真实性、整体性，缺失的部分应参考相应的历史记录、同时期的其他照片进行修复，修复人物细节时要兼顾整体背景的变化，使其符合所属历史特点。

1. 拼接

对于大幅照片，现阶段大多采用分幅扫描后进行拼接，拼接时需注意拼接处衔接到位，做到无交接图像重影，可在交接处使用图层蒙版—渐变工具做到影像重合一致，局部图像错位使用仿制图章工具进行局部处理。

2. 补缺

破损照片大多是部分图像内容的缺失，修复方法就是填充内容缺失的部分，可参考照片上所具有的图像信息，使用仿制图章工具结合修补工具等软件功能进行复制，如衣服扣子可使用图像中其他扣子进行复制。

3. 去污或折痕

老照片出现污渍、折痕、扩散阴影、白色杂点等现象，会在扫描图像上出现污点或折痕，应交替使用修补、污点修复等工具放大局部图像后进行仔细处理。

4. 调色

照片图像如存在局部图像变色或褪色，建议使用曲线工具或图像调整工具进行调整颜色，调色时仔细观察照片颜色的整体协调性，应符合照片原有时代背景，不可随意变化。对于变色部分应进行淡化或加深处理。

5. 上色

彩色照片相较于黑白照片更能直接提升观众的观感。人工上色时应新建图层，选择符合照片年代、地点的颜色，混合图层选择"颜色"选项，调整不透明度，然后用橡皮擦工具进行局部处理。上色的操作流程不难，但需要修复者极大的细心和耐心。

## 三、照片档案数字化管理中的技术应用

### (一)提取照片 EXIF 数据

在照片档案数字化管理领域，EXIF 数据的作用不容小觑。EXIF 信息的提取和应用，极大地优化了照片档案数字化的组织、检索和分析过程，提升了照片档案数字化管理的效率和研究价值。

### 1.EXIF 数据的定义和重要性

EXIF数据，作为嵌入在数字照片文件中的元数据，记录了照片的拍摄时间、地点、使用的相机设备以及摄影技术参数等详细信息。这些信息对于档案管理来说至关重要，不仅为照片提供了丰富的背景知识，还极大地促进了照片的有效组织、检索和分析工作。

### 2. 提取 EXIF 数据的过程

在实际操作中，EXIF数据的提取是优化照片档案处理流程关键的一步。一系列专业的软件工具被开发出来，用于高效提取大量照片中的EXIF数据。这些工具提供了一种自动化的方式来处理照片文件，获取其中的EXIF信息。通常，这个过程包括几个关键步骤：首先，确定需要提取EXIF数据的照片集合；其次，使用这些工具扫描照片文件，读取并提取相关的EXIF信息；最后，将提取出的数据按需格式化输出，以便于后续的管理和分析工作。这一系列自动化步骤极大地提高了处理大规模照片集时的档案管理效率。

### 3.EXIF 数据在档案管理中的应用

提取出的EXIF数据在档案管理中有着广泛的应用，这些数据作为照片档案的重要组成部分，为档案添加了丰富的数据维度。首先，它使得档案管理者能够根据照片的拍摄时间和地点进行快速分类和归档，从而提高了照片档案的组织效率。其次，EXIF数据中的摄影参数信息对于分析照片的拍摄条件和评估照片质量具有重要意义。此外，随着数据分析技术的发展，EXIF信息的深入挖掘还能揭示更多关于照片背后故事的线索，为研究提供新的视角和方法。

### （二）文本处理工具的作用

文本处理工具能够自动解析照片附带的文档，这一过程通常涉及自然语言处理技术，能够识别和提取文档中的关键信息。例如，对于一个活动的照片集，附加的描述文档可能包含每张照片的拍摄地点、摄影者、事件背景等重要信息，这些信息对于深入理解照片内容、进行有效管理和利用具有重要价值。通过文本处理工具，这些信息可以被快速地识别并用于照片信息的补充和验证。

1. 信息提取至 Excel 表的过程

为了从描述文件中提取关键信息，可以采用结合文本处理和数据提取技术的方法。这一过程大致包括以下几个关键步骤：首先，对描述文件内容进行读取，包括去除多余的空格、标点符号等预处理步骤，确保文本数据的清洁和一致性。其次，利用自然语言处理（NLP）技术，通过预定义的关键字（如地点后缀、人名前缀）或正则表达式来匹配并提取相关信息。最后，将提取的信息整理成结构化数据，如Python字典或列表，以便于导出至 Excel。

2. 补充和验证照片的 EXIF 数据

文档信息与照片的 EXIF 数据在很多情况下可以相互补充和验证。EXIF 数据提供了照片的基础元数据，而文档信息则提供了更为详细的背景描述。通过比对这两种信息，可以提高档案信息的完整性。例如，如果某张照片的 EXIF 数据中的拍摄时间因编辑而丢失，那么可以通过文档中提供的信息来补充这一数据。同样，EXIF 数据中的地点信息也可以用来验证文档中提到的活动地点是否一致。

（三）批量文件命名工具

在处理海量照片档案时，批量文件命名工具的作用尤为显著。照片档案的管理应遵循一致的命名规范，以支持档案的系统化归档和便捷检索。通过标准化、自动化的命名规则，这些工具不仅显著提高了管理效率，降低了错误率，还确保了文件命名的统一性和描述性。

1. 批量文件命名工具的功能和重要性

批量文件命名工具的主要功能是允许用户按照预设的规则批量更改文件名。在照片档案管理中，这意味着可以根据照片的 EXIF 数据、相关文档信息或其他元数据自动生成统一且具有描述性的文件命名规则。这种自动化的命名过程不仅显著减少了人工操作的时间和错误率，也使得每个文件的名称能够反映出其关键属性，如拍摄日期、地点、事件名称等。

每个照片的命名直接影响到照片档案的可检索性和管理效率。清晰、一致的命名规范可以大大简化检索过程，使得管理者和研究者能够快速定位到所需的照片。此外，统一的文件命名也便于照片档案的归档和长期保存，降低了档案混乱和丢失的风险。

### 2. 批量命名过程及其应用

批量命名过程通常包括几个步骤。首先，确定命名规则，这可能包括事件标识、日期格式、地点缩写等元素。其次，选择相应的批量命名工具，并将命名规则配置进工具。最后，选择需要命名的照片文件，执行批量命名操作。

## 第三节 音频档案的数字化建设与管理

音频档案是以声音为信息表达方式的档案材料，包括领导讲话、文艺演出、座谈、采访和会议录音等重要内容。传统的音频档案主要以录音带、唱片作为记录载体，数字化后的音频档案则记录在数字光盘、磁盘、数字磁带等介质上。

### 一、音频档案数字化的原理

录音档案数字化一般是用音频数据线将磁带机的耳机接口与计算机话筒接口连接，通过盒式录音机的播放和计算机软件的接收，将原来的录音带的记录信号转化为数字信息，并保存在计算机硬盘中[①]。

#### （一）模拟电平信号对原始声音的保真度

由原始声音到模拟声音振动的电平信号是由拾音设备来完成的。拾音设备的性能决定着模拟电平信号对原始声音的保真程度。对需要数字化的录音档案而言，数字化的对象通常是已经固化在录音带、唱片等载体之上模拟声音振动的模拟信号，这种模拟信号本身应视作"原始声音"，它们在相应的播放设备中转化为模拟电平信号。

#### （二）模数转换设备的性能

模数转换设备是模拟电平信号向数字信号转变的基本硬件。模拟电平信号送入计算机后，由其完成模数转换。模数转换过程中会产生噪声，导致"原始声音"的失真，档次高的模数转换设备信噪比较好，

①李媛.声像档案数字化工作解析[J].机电兵船档案,2018(06):41-43.

产生的噪声较小。为保证数字化音频档案的质量，应尽可能选用高品质的模数转换设备。此外，在模数转换过程中，其他相关硬件设备也会对音质产生一定的干扰或影响，如不稳定或低品质的主板或接口卡、屏蔽不良的通信线缆等。

### （三）数字化过程中的采样频率、采样精度和声道数

模拟电平信号向数字化信号的转变是通过对模拟信号的"采样"来实现的。计算机在固定的时间间隔内对模拟电平信号的强弱进行测量，并用一组数字记录下来，以此记忆下模拟电平信号的变化。采样频率、采样精度和声道数是决定数字化音频质量的三个关键指标。采样频率是指每秒钟对电平信号采样的次数。采样频率越高，数字音频信号的保真度就越高，但数据量就越大。根据音频采样定理，对于随时间连续变化的模拟信号波形，只要采样频率高于信号中最高频率的2倍，即可从采样所得信号恢复出原始信号的波形。虽然数字化音频的质量可以通过选择较高的采样频率、采样精度和声道数得到改善，但数字化音频文件所需的庞大的存储容量，通常使档案专家需要在音频档案保真度要求和存储容量限制之间作出折中的选择。

### （四）文件压缩方式

文件压缩方式是决定音频档案保真度的另一关键因素。通过模数转换获得的数字信号需要选择一定的方式存储。由于数字化音频文件过于庞大，因此，在存储之前通常采用某种方法对其进行压缩，从而形成不同格式的音频文件。同一音源的不同存储格式，存储容量相差极大，音色的保真度也有较大区别。档案专家必须根据被数字化音频档案的不同要求作出合理选择。

## 二、音频档案数字化的软硬件设备

### （一）传统放音设备

根据拟数字化录音档案的规格、型号配置相应的放音设备，如开盘式放音机、钢丝带放音机、盒带录音机、电唱机等。放音设备必须能将声音源以电平信号的方式输出，若原设备不具有音频输出插孔，应进行改装。

### （二）模数转换

模数转换设备是音频档案数字化的核心部件，好的模数转换设备有低失真、低时延、高信噪比等特点。音频模数转换设备分为家用声卡和专业声卡两类。家用声卡价格低廉，其模数转换器的品质较低，容易发生延迟、抖动，因此，在将模拟信号转换成为数字信号后，声音效果会减弱。

### （三）多媒体计算机、操作系统和数据库管理系统

配置高主频、大内存、大硬盘容量的高可靠性多媒体微机。同时配置至少一台对音频档案进行著录、标引，建立音频档案目录数据库的普通录入终端。

### （四）音频制作软件

选作录音档案数字化的音频制作软件应当具备以下功能：音频电平控制功能，这对高质量的音频文件非常重要；均衡功能，可以控制音频的音质；噪声控制功能，可以削减音频中不必要的噪声幅度；CD"抓取"和制作功能，可以直接获取 CD 上的所有数码信息，并且可以把制作结果备份到 CD 上；为高级处理准备的插件程序支持功能，可以在音频编辑系统中使用第三方软件；流媒体支持功能，可以直接从音频编辑系统中输出流媒体，而无须另外的编码器；批处理功能，可以自动处理批量任务。

## 三、音频档案数字化处理的基本步骤

### （一）原音带处理

被数字化磁带的正常播放是录音档案数字化的前提，也是保证数字化音频质量的关键一步。旧磁带普遍存在信号强度减弱、磁粉脱落、霉变、粘连等问题。因此，在正式数字化前，要对破旧的录音磁带进行清洁、修复和必要的处理，以获得合乎要求的信号源。必要时，应将旧磁带在放音机中快速倒带一次，用录音机清洁带对放音机磁头进行清洁。

### （二）音频线路连接

在关机状态下，使用音频连接线将放音机的音频输出口与计算机声

卡的音频输入口相连，启动多媒体计算机，选择声音和音频设备属性中的音频选项，将录音控制设置为线路输入开、其他选项关。然后，打开放音机和电脑音箱，调整计算机音箱音量直到合适为止。

### （三）音频采集

打开音频制作软件，创建新的音频文件，选择采样频率和采样精度等参数，在按下放音机放音按钮的同时，启动音频制作软件的录音按钮，通过控制和调整制作软件显示的电平波形来将录音音量控制在适宜的程度，以防止失真。

实际工作中，对于批量录音档案的数字化，通常设计专用的音频档案数字化系统。该系统将音频制作软件作为插件嵌入其中，整个音频数字化的各个环节及其过程控制集成在系统平台上完成，操作者加载好磁带后启动音频档案数字化系统，设定好相应的参数，由系统按照已调整好的参数自动完成采录过程。采录中，操作者只需监测程序的运行情况，最终核对存盘即可。

### （四）音频编辑

采集得到的音频文件可以使用音频制作软件进行编辑处理。主要内容包括音量调节、音调调整和噪声处理。例如，如果采集得到的音频文件音量太小，可使用 Cool Edit Pro 2.0 对波形振幅进行提升，将其调整到最佳状态；可利用 Cool Edit Pro 2.0 的图形均衡器对音频文件进行高低音均衡调节，使整个声音文件听起来更加逼真；可使用 Cool Edit Pro 2.0 的降噪功能去除音频文件中的各种杂音。

### （五）音频存储

编辑处理的数字音频信号应选择合理的音频文件格式以适当的方式存储到计算机中。

### （六）后期工作

上述过程只是将录音磁带本身进行了数字化，在某些情况下，录音档案所对应的声音内容还需要以文本方式输入计算机，以便对音频文件实现"全文"检索。每份音频档案原则上对应一份文本文件，该文本文件与音频档案拥有相同的文件名，但扩展名不同。

数字化后的音频文件及其对应的文本文件，必须通过建立规范化的音频档案目录数据库或专题目录库来实现有效利用。音频档案数据库除包括一般档案数据库设定的著录项目外，还要包括音频文件存储路径、其对应文本文件的存储路径、原录日期、数字化日期、数字化责任人等内容，并通过数据库的地址链接方式，将数字化音频文件与其对应的文本文件联系起来。后期工作还包括根据不同的利用需求对音频文件进行格式转换。为保证数字化音频文件的安全，通常要将音频文件、相应的文本文件、目录数据库以及音频制作软件等一起刻录到光盘上，并一式多套异地保存。

## 四、音频档案数字化的文件格式选择

### (一)音频文件的类型

#### 1. 无损压缩格式和有损压缩格式

数字音频文件可按压缩方式分为无损压缩和有损压缩两大类。无损压缩格式在对声音信号进行压缩时没有任何信息损失，真正的无损压缩音频文件是能直接采用播放软件播放的，并且不同无损压缩格式之间可相互转换而不丢失任何数据。无损压缩的缺点是压缩率小，为60%左右，缺乏支持硬件。与无损压缩相对的是有损压缩格式。为了减少音频文件的存储容量，便于在计算机或网络上存储和传输，音频文件更多地采用有损压缩格式。有损压缩的声音品质存在无可挽回的损失。

#### 2. 普通音频文件和流式音频文件

音频文件按网上传输方式分为普通音频文件和流式音频文件两大类。普通音频文件如果在网络中利用，需将其全部下载完后才可以播放。

流式音频文件是针对网络应用而出现的音频文件格式，又称流媒体格式，它是将音频多媒体文件经过特定压缩处理后，放在网络服务器上进行分段传输，利用者不需要将整个文件下载到本地，可以采用边下载边收听的传输方式。在现有网络带宽的限制下，为了达到网上流式传播的目的，音频文件需经过专门的压缩处理，以缩减文件的大小，但其品质基本上能被人们所接受。

### （二）音频文件格式的选择

理论上说，除 MIDI 外，所有格式都可以成为对音频档案数字化的存储格式。音频文件格式的选择关系到整个数字化工作的成效，格式一经选定不宜变动。因此，在选择前必须进行充分的论证，乃至必要的试验。作出选择时至少应注意以下六点。

**1. 在存储空间与保真度之间取得平衡**

就追求保真度而言，当然选择无损压缩格式，应选取高采样频率和高采样精度。然而，无损压缩占用的空间数十倍于有损压缩，若设定高采样频率和高采样精度，空间占用更是惊人。事实上，无论采取何种存储模式，失真总是存在的，区别只是失真度的大小而已。对大批量音频档案的数字化，存储空间受到现实条件的限制。为此，在追求最小失真时必须考虑存储空间问题，在存储空间与音频失真度之间取得平衡，将音频失真度控制在档案管理所允许的范围内。

**2. 区分音频数字化的目的**

如果数字化是出于保存的目的，即数字化后的音频文件将用来替代原先的模拟录音带或唱片永久或长期保存（原录音带或唱片因技术或物理原因将在被数字化后逐步销毁），在选择音频格式时，对保真度的要求相对较高。

如果数字化是出于利用的目的，即数字化后的音频文件只是用作原录音带或唱片网上、网下利用的替代品，则所选的文件格式只要满足用户的利用需求即可。

**3. 区别数字化对象的性质**

被数字化的音频档案有两种类型：音乐歌曲、言语声音。前者对音质的保真度要求高于后者。具体选择时，要根据利用主体对象是专业音乐人士还是普通社会公众来设定采样率、压缩比等可变参数。话音的保真度要求不如乐曲，因此，在选择上述格式时，可设定相对较低的采样率、采样精度和较高的压缩比，除非有特殊要求。

**4. 注重所选格式**

在通行、标准化程度无损压缩中，CD 是最流行的格式，并已成为国际标准。有损压缩中，MP3 是目前最为流行的音频格式，WMA 则由于微软公司可能采取"捆绑式"推销和强势舆论宣传以及其技术上的支持，而可能成为未来的主流音频格式。

5. 充分考虑所选格式是否有较强的软件支撑

每一种音频格式都需要相应的编码软件和播放软件，并且需要具备对其他各种主流格式的转换工具。为此，在选择前，应对各种音频格式作充分的市场调研和技术摸底，了解清楚其相关可用软件的类型、来源，并对各种音频格式的情况作细致的分析对比。强有力的软件支撑和技术支持是选择数字档案音频格式的重要决定因素。

6. 考虑音频档案的利用形式

数字化后的音频档案大多通过网络提供利用，在纯粹为此种方式而数字化的情况下，流媒体格式是当然的选择。其中RA作为网上最流行的音频流，以其可根据带宽提供不同音质的特殊功能列于首选。在非纯粹网上利用的情况下，更适宜选择既适合网上传输，又有较好音质的MP3、WMA等格式。总之，音频格式的选择是一个受制于多种因素的综合性决定，不同数字化背景下作出的选择可能不同。

# 第四节 视频档案的数字化建设与管理

## 一、视频档案的现状

视频档案是指以磁带、磁盘和光盘等为载体，利用录像设备和技术，记录下来的运动图像（或称视频图像）档案；视频档案包括视频技术、档案管理、计算机网络等跨界技术。视频档案既给档案带来鲜活的写实一面，又给档案管理带来不少的挑战。

我国的视频档案也就是近30年才发展起来的。从广度上讲，视频档案现在都是分散的、碎片化的，没有达到完整、系统化程度。从深度上讲，视频档案占档案总数的比例较低，在档案工作中所占的分量较轻，《录音录像档案管理规范》（DA/T78-2019）等行业标准规范推出才几年，对声像档案（照片档案、音频档案、视频档案）的重视程度远不如纸质档案，造成视频档案存在许多问题。

其一，对视频档案认知存在误区。视频档案大多用来做宣传的，偏离了应有的价值取向。一般围绕能"宣传、展览"目的而收集视频资料，看中视频档案的表面东西，轻视视频档案的深层次、有价值的内涵，脱离了视频档案内在价值中心。例如，浏览不少建设工程声像档案规范，大都强调能体现城市发展变化的工程原貌、工程竣工，但是，对于建设过程中隐蔽工程的要求，基本上都是浮于表面。而隐蔽工程是工程视频档案的灵魂，是建设工程质量的筋骨。

其二，视频档案载体情况堪忧。视频档案载体材料非常特殊、种类众多，1/2、大 1/2、3/4 等多种规格 VHS 模拟录像带，DVCPRO、DV-CAM、DV 磁带，VCD、DVD 各种规格光盘等。视频档案载体的脆弱性需要特别的条件保管，库房不仅需要达到与保存纸质档案一样的"八防"要求，更需要特别的防磁、防电功能等。视频档案载体本身有使用年限，再加上保存环境不良、处理不当，载体材料会出现带基材料老化、磁带复印效应、磁粉脱落、磁层霉变或粘连等现象，最终导致视频档案无法读取等问题。

其三，视频新旧设备衔接不到位。视频档案对读取设备有很强的依赖性，与相应的读取设备是不可分割的整体。随着视频读取设备的不断陈旧老化、故障淘汰，加之电子技术发展带来视频设备更新换代的速度非常快，大量的老设备退出历史舞台，缺少读取设备的支持，模拟音视信号的老视频档案就无法读取、播放。

针对视频档案诸多问题，视频档案数字化工作不得不摆上台面。视频档案数字化是指利用模拟/数字转换器，将保存在磁带上的模拟视频信号通过数模转化器转化为可在计算机上存储的数据文件的处理过程[①]。这是安全保管和有效利用视频档案的重要方法。

## 二、视频档案数字化的标准

各国对视频档案数字化的标准有所不同。美国国家档案馆对保真度要求高的视频档案，一般推荐使用 Motion—JPEG2000 运动图像压缩或

---

①郑杰. 视音频资料数字化存储技术应用［J］. 电脑编程技巧与维护，2018（02）：147-149.

者 Huffyuv 无损压缩。英国国家档案馆要求利用和存储的视频档案使用 MPEG-2 格式进行编码，提供公众网络浏览的在线视频档案可使用 MPEG-4 编码。澳大利亚档案馆要求用于保存的视频材料保证其原生信息，作为凭证复本的视频材料进行保存时，选择 MPEG-2 的压缩形式。

我国视频档案数字化起步晚，国家档案局2012年制定了《声像档案数字化技术规范》，2017年发布了《录音录像档案数字化规范》（DA/T62—2017）和《录音录像类电子档案元数据方案》（DA/T63—2017），2019年出台了《录音录像档案管理规范》（DA/T78—2019）。有了这些标准规范，我国声像档案的数字化工作会逐步走向正规。

### 三、视频档案数字化的要求

#### （一）视频档案的录制与保存

视频档案录制要想保障规范化和其在源头上的可用性，就需要以标准化保存来保障视频档案的安全性。而基于以上特征进行分析，可以分为以下两项内容。

1. 规范化的视频档案录制

视频档案记录的规范化直接关系到视频档案的保存和编辑，只有规范化程度达到标准视频档案的保存和编辑要求，才能确保视频档案在源头上具备可用性和基本价值。具体而言，视频档案录制的规范化主要是指对视频档案格式的规范化，需要符合当前的行业标准与技术需求，具体主要包含四个方面的要求：主流格式、所占存储空间小、通用性强、不依赖某一种技术平台。这样就可以确保视频档案保存与编辑的开放性，最大程度地提高视频档案的利用率，使其发挥出更强大的功能。

2. 标准化的视频档案保存

关于视频档案的标准化保存，第一，要选用恰当的储存媒体，这样才能保证视频档案的长久保存和基本的保密性。从目前的情况来看，较为常见的视频档案存储介质有只读光盘、一次写入型光盘、硬磁盘等。随着互联网科学技术的不断发展，云空间存储得到越来越多的应用，必须做好相应的网络安全保护工作，所有的存储媒体均需达到国家有关规定标准。第二，需要指出的是，一些单位和个人出于保存和编辑的便利，选择使用可移动硬盘存储视频档案。但这种选择存在一些风险。比如，可移动硬盘发生故障很难恢复，或者由于移动硬盘经常在多个装置上读取，会增加计算机感染病毒的风险，因此不建议将其作为长期储存视频档案的介质。

**（二）视频档案的接收与保存**

视频档案的接收也是一项需要进行严格审核的工作。作为一项系统性较强的工作，审核对视频档案管理工作具有十分重要的作用和重大意义。视频档案管理的难点在于视频档案的保存，因此，保障视频档案的安全性才是根本。

1. 严格遵守有关规定开展视频档案接收工作

视频档案接收工作的严密性是指要确保视频档案的真实性、完整性和正确性，并使其符合有关规定。首先，需要筛选出有价值的视频，然后将视频分级，根据重要程度对其进行归类。其次，选择视频档案的格式，采用非压缩或无损压缩的格式，总之，要确保视频档案的压缩格式不会对图像质量造成影响，也不会占用太多内存。最后，要确定视频档案的密级，严格遵守有关规定，对一些保密等级较高的视频档案进行登记保存。尤其是要合理地选择存储介质，并在后期注意按一定的周期做好视频档案的更新、备份和迁移工作，防止存储介质的物理性质不稳定导致高保密等级视频档案丢失和损毁。

2. 保障视频档案保存工作的安全性

视频档案的安全保存是指要在视频档案的保存过程中全力保护视频档案，使视频档案的内容具有可辨识性，载体具有可兼容性。

第一，要做好备份工作，选用具有较高耐久性的存储介质作为备份，减少其损坏的可能和后续数据迁移的风险。与此同时，对数据迁移的次数进行控制，因为数据迁移始终存在风险。

第二，做好督查工作和督查记录，进行经常性督查。与此同时，在检查期间要及时更换存储介质，用最新的存储介质进行视频档案的备份和迁移，做好载体的切换，这样才能让视频档案的保存有一个更加稳定、更加安全的环境。总的来说，定期检查的目标就是要保证母带完好无损，提升存储介质的安全性，不断更新视频档案，从而提高视频档案的保存质量，降低视频档案丢失的风险。

第三，做好操作系统和应用程序的同步备份和实时备份，并对视频档案的回放装置进行同步配置和维护。就视频档案的保存而言，应当保证视频档案声音和画面的完整性，同时保证视频档案的声音与画面支持跨存储介质、操作系统、播放工具等的保存与编辑，减少对原始技术信息的依赖。

### （三）视频档案的读取与检索

视频档案的读取是视频档案发挥作用的关键。而要想切实实现档案读取的最优化，就需要构建一套方便的检索系统。

#### 1. 视频档案读取的优化

在视频档案的读取过程中，可以主要从档案的存储信息、档案的编辑工具、档案的存储介质三个方面进行优化。首先，对视频档案的存储信息进行优化，重点是视频档案在存档之后的状态。为避免资料被篡改，需要将视频档案设定为"不可修改"的状态。其次，对视频档案的编辑器进行优化，主要是利用编辑器保证视频档案不会受到计算机病毒的影响，以免视频档案出现损坏。最后，对视频档案存储介质进行优化，主要是为了避免存储介质在回放时受到损坏，因此一般会制作回放用的电子文件，以备回放时使用。

#### 2. 视频档案检索的便捷化

开展视频档案的保存和编辑工作必须有一个便捷的检索系统。只有这样才能准确地找到所保存的视频档案，提高编辑工作的效率。另外，由于视频档案的存储量越来越大，要从浩如烟海的视频档案中找到特定的视频档案变得越来越困难，而且，缺少便捷的搜索系统会使视频档案的保存工作变得不完美，不利于视频档案编辑工作的开展。因此，在视频档案的检索过程中，一方面，可以利用传统的文本目录，根据关键字进行检索；另一方面，可以采用语音识别、扫码识别等先进技术，实现对视频档案的智能化检索。总之，构建方便快捷的视频档案检索体系是视频档案数字化管理的重要内容。

# 第七章　数字档案建设与管理的实践分析

## 第一节　高校学籍档案数字化建设与管理

### 一、高校学籍档案数字化概述

#### （一）高校学籍档案的特点

学籍档案是高校在招生、教学、科研、管理等活动中对学生、学校、社会产生的有保存价值的信息，包含文字、图表、声像等不同形式，分为学生类、教学类、科研类等11种类型，其中学生类包括基础信息、院校录取、学籍异动、教学培养、毕业答辩、学位授予、分配去向等历史记录，是教育部门及就业部门组织审查、评估学生能力的重要依据，也是学生个人学历情况最为真实的反映[①]。

高校学籍档案来源广泛，涉及多个方面，各类档案信息来自多个部门，且档案周期较长。高校学籍档案内容丰富，有学生登记表、各科成绩、奖惩记录、入团入党材料。高校学籍档案变动性大，由于学籍档案横跨学生读书生涯十余载，因病休学、因事转学等情况需准确记录，使得档案的内容及存放位置随时改变。高校学籍档案利用率高，在各项报考学校、出国留学、毕业就业等工作都需要学籍档案作为证明材料，重要性显著。

#### （二）高校学籍档案管理的重要性

学籍档案的管理是学生从小学到大学甚至到研究生的时间跨度长、地点跨度大、变动程度频繁的过程，记录着学生10余年求学的真实状态，具有较强的凭证作用及法律效力，对于学校、个人、用人单位具

---

[①]李勇，王传广.高校学籍档案管理数字化建设的思考[J].济南职业学院学报，2022（04）：103-106.

有重要意义。对个人而言，学籍档案对学生的真实记录以及各方面能力的综合评价，是对其综合水平的最真实证明，对于考学、就业、提拔有着极大的作用。对学校而言，学籍档案包含教书育人的全过程，反映学校教学成绩的同时也可体现不足之处，对学籍档案的保存可为学校今后的发展提供最为扎实的数据基础，也为学校相关科研项目的申请与开展提供重要信息支撑。对用人单位、企业而言，可利用员工学籍档案了解其能力与价值，准确性与完整性的档案文件可为今后选人用人工作提供重要决策参考。

### (三)高校学籍档案数字化建设与管理的意义

在传统模式下，高校档案管理员大多是将纸质档案文件放置库房存放即可，对于开发利用工作开展较少，仅仅停留在日常手动翻阅查询，随着数量的增加，查找难度增大，利用效率较低，甚至会因人为失误导致档案原始文件被泄露、丢失、损毁，严重制约着档案信息工作的发展。高校学籍档案实现数字化建设与管理，是推动现代化发展的重要举措。通过构建档案管理数字化平台，实现了各项业务自动化线上办理，明显减轻了一线档案管理人员的工作负担，大大提高了工作效率，为学生提供了更为便捷贴心的档案信息利用服务。同时在一定程度上节约了存放纸质档案的空间，最大程度保护原始纸质文件不受损坏，延长学籍档案的保存期限，保证了学籍档案本身的完整性和安全性。

### (四)高校学籍档案数字化建设与管理的必然性

其一，便于数据共享和交流。数字化可以实现不同部门、不同高校之间的数据共享和交流，方便学生学籍档案的查询、调取和归档，同时也方便院校对学生进行管理的总体把控。

其二，减少人为错误。数字化减少了人为的错误和失误，如纸质档案的丢失或损坏，保证了学生信息的准确性和完整性。

其三，利于数据统计和决策分析。数字化可以对学籍档案数据进行自动化统计和分析，为院校的教育决策提供数据支持。

其四，增强安全性。在数字化建设与管理中，数据的储存和管理更加安全，可以防止学籍档案的丢失或被恶意篡改，从而增强了学籍管理的安全性。

其五，提高管理效率。数字化可以大大提高管理效率，例如，在传统的手工管理方式下，学生学籍档案的调取、修改和归档等操作可能需要花费大量时间，还可能存在遗漏和错误。而数字化管理可以通过电子化档案，利用计算机和相关软件进行高效管理，可以快速、准确地完成这些操作，节省了人力和时间成本。

总的来说，高校学籍档案数字化建设与管理可以提高管理效率、方便数据共享和交流、减少人为错误、提供数据支持、增强安全性并提升用户体验。这些优势有助于院校更好地进行学生管理，同时也提高了管理的准确性和效率。

## 二、高校学籍档案数字化存在的问题

### (一)数字化系统整合性不强

高校现有的数字化系统往往针对具体业务进行定制，彼此之间的整合性较差，导致档案信息难以实现高效流通。

### (二)档案数据标准不统一

首先，高校档案数据标准不统一导致数据的准确性和可比性下降。不同高校采用不同的数据标准，使用不同的数据处理方法，使得数据之间难以进行比较和分析。这给高校之间的横向比较和数据共享带来了困难，也使得高校的数据分析和决策陷入被动。其次，高校档案数据标准不统一影响了高校信息管理的效率和质量。缺乏统一的数据标准，高校管理信息系统无法实现真正的数据共享和管理一体化，使得高校信息管理的效率和质量无法得到有效提升。这对于高校的教学、科研和管理活动都会带来一定的影响。最后，高校档案数据标准不统一还影响了高校的科研成果评价和学术交流。高校的科研成果评价依赖于大量的数据，只有通过制定统一的数据标准，才能够实现科研成果的收集、整理和分析。此外，在学术交流中，高校之间的数据标准不一致也给学术成果的对比和借鉴带来了困难。

### (三)数字化人才短缺

高校档案管理人员往往缺乏数字化技能和知识，难以适应数字化建设与管理的需求，导致数字化进程难以推进。档案数字化人才短缺问题的出现，是由多方面因素共同作用导致。首先，档案数字化的发展速度远远快于人才培养的速度，造成了供需失衡的局面。其次，传统档案学教育与现代科学技术的融合程度不高，导致许多毕业生在实际工作中无法胜任相关岗位。最后，行业发展的不平衡和地域差异也加剧了人才短缺的问题。

### （四）信息安全问题

档案数字化过程中，信息安全问题不容忽视。电子档案易受黑客攻击、病毒侵害，以及由于系统漏洞导致的数据丢失或泄露等问题。

为了解决这些问题，高校需要加强数字化建设的投入，提高档案管理人员的数字化素质，建立完善的信息安全保障体系，并积极探索档案信息资源开发、利用的新途径。

## 三、高校学籍档案数字化的优化策略

### （一）学生档案信息收集数字化

学生档案信息的收集和处理越来越成为教育领域关注的焦点。学生档案信息的收集方式多种多样。传统的收集方式包括学生手动填写纸质表格、教师代为记录等方式，但这种方式存在信息易丢失、操作烦琐等问题。随着技术的进步，学生档案信息的收集逐渐实现自动化。现在许多院校已开始用学生管理信息系统，通过网络应用和学生管理软件等工具，实现学生档案信息的快速收集和整合。

### （二）存储数字化

档案存储数字化成为现代档案管理的重要方向。档案存储数字化旨在提高档案管理效率和服务水平，促进档案数字资源的可持续利用，推动档案事业的发展。在数字化时代，档案存储数字化对于保护、传承和利用档案资源具有深远的意义。档案存储数字化的背景是现代社会科学技术的飞速发展和数字化进程的推进。随着电子化设备的普及和存储技术的进步，大量的纸质档案被数字化转化，从而提高了档案管理的效率和便捷性。档案存储数字化的技术架构包括硬件设备、软件系统和网络环境三个层面。在硬件设备方面，需要提供高性能的服务器、存储设备和备份系统，以保障档案信息的安全和可靠性；在软件系统方面，需要建立档案电子化管理信息系统，包括档案的索引、检索、浏览和传播功能；在网络环境方面，需要建立稳定的局域网或互联网环境，以便实现档案的远程访问与共享。档案存储数字化的实现方式有两种主要形式，即集中式存储和分布式存储。集中式存储是指将所有档案资源集中存放在一个中心服务器上，通过网络进行访问和利用；分布式存储是指将档案资源分散存放在多个地点的服务器上，通过网络进行共享和同步，实现档案的备份和容灾。

### （三）检索利用数字化

档案信息检索面临着一些关键问题和挑战。首先，档案信息的多样性和复杂性导致了检索过程的难度增加。其次，档案信息的分类和标引存在着一定的主观性，易导致检索结果的不准确性。此外，随着档案信息不断增长，信息检索的效率和质量也面临挑战。如何提高检索速度、降低检索成本以及提高检索精确度是档案信息检索需要解决的核心问题。

学生、教师及其他相关人员可以通过网络平台检索查阅档案信息，使用起来更加方便、快捷。在数字化背景下，档案信息检索技术得到了长足的发展。传统的档案信息检索方式主要依靠人工进行，效率低下且易受限。而在数字化时代，自动化检索技术的应用使档案信息的检索更加高效和精确。常见的档案信息检索技术包括全文检索、主题检索、目录检索和关键词检索等。这些技术的应用使用户可以通过简单的操作快速获取所需的档案信息。自动化检索技术的应用使得检索速度更加快捷，减少了人工操作的需求；此外，数字化还提供了更多样的检索方式，如在线检索、电子文档检索等，使得用户可以方便地在任何时间、任何地点获取所需的档案信息。数字化极大地提升了档案信息检索的效率。通过数字化工具和技术的应用，档案信息的处理速度得到了大幅提升。

### （四）数据分析数字化

随着科学技术的迅速发展和应用，档案信息分析数字化逐渐成为档案工作的重要组成部分。通过运用先进的计算机技术和数据处理工具，实现对档案信息的深度挖掘和分析，从而为决策提供有力的支持。档案信息分析是指运用科学技术和数据分析方法，对档案信息进行整理、筛选、分析和解读的过程。它以提取关键信息、揭示内在规律和发现数据之间的联系为目标，通过运用数据挖掘、模型建立、图像识别等技术手段，将海量的档案信息转化为有用的知识和信息。档案信息分析的核心在于从大量的档案数据中提取有用的信息和知识，为各行业的决策提供科学依据，推动社会的进步和发展。档案信息分析数字化有着广阔的发展前景，将为各行业的创新和发展带来更大的机遇与挑战。

### （五）档案管理方式数字化

采用网络化管理方式，能实现学籍档案信息的高度共享，提高档案的归档率和使用率。档案管理方式的数字化是指通过现代科学技术，如计算机、互联网、大数据、云计算等，实现档案的收集、整理、存储、检索、利用等全过程的管理方式。具体来说，档案管理数字化的方式有以下几种。

#### 1. 数字化管理

将传统的纸质档案转化为数字档案，包括扫描、拍照、上传、存储等步骤。数字档案便于存储、传输和检索，可以提高档案管理的效率和准确性。首先，数字档案可以提高档案管理的效率和精确度，使得档案信息的存储和检索更加便捷和快速。其次，数字档案可以减少纸质档案的存储空间，降低档案管理的成本。最后，数字档案的迁移和备份更加方便，有效保障了档案信息的安全性。然而，数字化建设也面临着一些挑战，比如技术上的难题、保护档案信息安全的问题以及数字档案长期保存的可行性等。

#### 2. 数据库建设

建立完善的档案管理数据库，将档案信息按照一定的分类和格式进行存储，以便于检索和利用。同时，可用数据库技术进行数据分析和挖掘，为决策提供数据支持。档案管理数据库主要由以下几个要素组成，即数据库系统、档案管理软件、档案数据和档案管理人员。数据库系统是保证档案管理数据库正常运行和安全性的基础；档案管理软件则是实现数据库功能的关键；档案数据是数据库中的核心内容，包括各类档案信息和档案文档；档案管理人员负责对数据库进行维护、管理和使用。

3. 数字化平台

搭建数字化平台，实现档案信息的共享和交流。通过数字化平台，可以实现档案信息的在线查询、下载、提交、审批等操作，提高工作效率和准确性。档案管理数字化平台具备多种基本功能，包括档案的数字化存储、安全管理、检索与查询、共享与传递等。首先，档案可以电子形式存储在平台中，并进行分类和整理，使得档案的存储和检索更加方便、快捷。其次，该平台具备高级的权限控制和数据加密功能，确保档案的安全性和机密性。最后，平台还可以支持多人协同操作，实现档案的共享与传递，方便不同部门之间的协作与沟通。

总的来说，高校学籍档案数字化管理是利用现代科学技术对学籍档案进行管理和利用的过程，可以提高档案管理效率、降低管理成本、提高档案利用价值，方便师生使用，并为院校的管理和决策提供支持。

## 第二节　医院病历档案数字化建设与管理

### 一、医院病历档案数字化概述

医院病历档案属于医疗系统内常见的一种专门档案，医务人员在对患者进行问诊、检查、诊断、治疗、护理等医疗活动时，对生成的相关数据进行记录，用于后续治疗、患者自我管理所形成的各类档案，即病历档案。病历档案牵涉到的内容较多，一般包括门诊记录、诊疗计划、会诊记录及各类检查记录等[1]。

### (一)医院病历档案数字化的优势

医院病历档案进行数字化建设与管理有诸多好处，主要体现在以下几个方面。

---

[1]王英臣. 新医改视角下加强医院档案规范化管理路径[J]. 黑龙江档案,2022(04)：276-278.

其一，管理效率较高。医院病历档案数字化管理的好处之一是提升工作效率。各地医院往往设有多个科室，每日患者流动数目极多。数字化模式下，按照本院默认的标准方式，调取模板进行数据填写即可完成病历档案建立，更新时根据患者信息进行调整即可，整个管理过程效率更高。与传统病历档案管理模式相比，数字档案处理耗时和耗资均较少，优越性明显。

其二，存储、调用方便。医院病历档案的使用价值较多，可以用于流行病学调查研究，也可用于服务患者信息查询，是医院以及医疗系统内重要的信息资源。数字化管理模式下，病历档案的调用更加便捷。院方尝试了解本年度春季流感发生情况，可利用数字化手段快速完成电子病历的调取，并通过关键词检索等方式，了解流感发生率、易感人群等信息，用于后续管理。患者离院后，也可以借助电子病历开展管理工作，以数字化渠道进行病历以及其他医疗数据共享，服务患者的院外治疗。

其三，便于应对纠纷。电子病历具有保存方便、易于存储和管理、便于备份的优势，当患者或医院因医疗问题产生纠纷时，如果常规病历损坏、丢失或被涂改，医院和患者各执一词，纠纷的处理往往缺乏依据。借助电子病历，原件、备份件均可用于纠纷的处理，且调用上比较便捷，医院内部、仲裁部门、司法部门等均可随时根据纠纷处理需要，以便携设备快速调取电子病历，分析处理医疗纠纷，信息获取的方便性、快捷性和可靠性将得到保证。

其四，促进无纸化办公。可持续发展要求重视社会各行业的充分参与，包括医疗系统、医院在内，常规病历多是纸质的，带来了温室气体排放、资源消耗等问题，不符合节能减排的发展目标。数字化管理模式下，电子病历取代了传统病历，以数字化形式完成病历的书写和保管，对办公室资源的消耗也较小，更契合现代社会的发展、建设要求，促进了无纸化办公。

## （二）医院病历档案数字化的主要需求

一是提高数据的完整性和准确性。数字化系统必须保证从不同部门和个人收集的医疗数据的一致性和完整性。例如，一个患者的治疗信息可能涉及多个科室，系统需要确保所有的诊疗活动和更新及时准确地记录并反映在病历档案中。这不仅要求系统有高效的数据处理能力，还需要有强大的数据校验和同步机制，确保在医院内部不同部门之间信息的一致性和及时更新。

二是提高跨机构数据共享的能力。在现代医疗体系中，患者常常需要在不同医疗机构之间转诊或接受治疗，要求病历档案数字化系统能够支持不同机构之间的数据共享。这需要系统具有良好的互操作性，能够兼容不同医疗机构使用的各种软件平台和数据格式，确保数据的顺利、安全传输。

## 二、医院病历档案数字化存在的问题

### (一)软硬件设施要求高

与一般意义上的数字化管理不同，医院病历档案的数字化管理牵涉到复杂的应用、建设需求。部分医院在组织病历档案数字化管理的过程中，仅强调纸质档案的数字化，没有建设与管理需要相匹配的容错、容灾机制，当系统硬件、软件工作能力不佳，出现漏洞和安全隐患时，缺乏容灾机制提供服务，可能导致本院的电子病历档案大量丢失。当系统硬软件能力不佳时，也可能无法识别数字化病历档案中的异常，导致数据信息错误，降低病历档案的质量和应用价值。

### (二)信息安全存在隐患

病历档案的数字化管理，具有多样化优势、利好，但也存在一些实际弊端和不足，如信息安全方面的隐患。以患者的院外管理为例，医院和患者双方以数字化方式组织交流，在此过程中，网络服务是保证双方流程完成数据信息交互的基础，包括语音、文字传递以及病历档案的共享等，如果通信链路、共享池或某一端的工作设备中存在木马，其可能在数据信息交流过程中一瞬间完成对另一端的感染，导致数据信息丢失、网络破坏、系统漏洞等问题。

### (三)管理标准不统一

管理标准不统一的问题，主要是指不同医院之间病历档案管理机制、方法的差别。我国各地遵行《国家信息化发展战略纲要》《"十三五"卫生与健康规划》等文件要求，积极组织病历档案数字化管理，但国家以及地方管理部门均未对病历档案的管理出具明确标准，鼓励性高于强制性。由于各医院的病历档案管理标准不同，政府部门需要投入较大人力、物力和时间成本才能完成档案整理，这表明标准不统一的问题困扰医院病历档案数字化管理活动质量。

### （四）管理工作受动态因素影响

很多动态因素制约医院病历档案数字化管理活动，包括人员能力、医院管理环境、内部控制工作等。医院缺乏明确的作业框架、基准作为引导，对动态因素的控制能力不足。部分医院要求各科室按医院要求建立患者的数字化病历档案，如果该科室人员配置不佳、人员较少或人员缺乏数字化工作能力，病历档案的建设效率、保存和备份质量往往无从保证，其他动态因素也将带来类似影响，值得关注、处理。

## 三、医院病历档案数字化的优化策略

### （一）加强电子病历档案培训

病历档案是评价医院诊疗水平的重要依据。病案首页填写的完整性、准确性、规范性直接关系到病案质量，不仅能够反映临床医师的专业水平和工作态度，还能够反映医院服务管理质量。电子病历档案经历病案书写→病案回收→整理→装订→归档→存储→借阅→分类编码→病案编号→质量把控→索引登记→随访登记→医疗统计分析等诸多工作流程环节，需要医务人员、科学技术管理人员、病案管理人员等多方参与，任何一个环节或流程出现问题，都有可能影响病历的质量，加强人员培训非常有必要。特别是随着实行医保DRG支付改革，对疾病分类编码、手术操作编码和医学名词术语等方面的统一培训尤为重要。

### （二）加强软件硬件设施建设

考虑到医院数字化病历档案管理的后续要求较高，实际工作中还应加强分析管理，提升软硬件设施的配置标准，以满足病历档案的管理、复用为基本原则和要求。硬件方面，所有计算机的虚拟内存应在4GB以上、磁盘空间应在200GB以上，以满足多指令处理和多数据存储要求。用于系统管理的中央计算机，虚拟内存则应不低于8GB。医院采用的以太网，应以5G承载网为基础进行建设，并配置充裕的宽带资源。软件方面，应采用市场上被广泛认同的工作软件服务医院的病历档案数字化管理。在此基础上设计容灾、容错机制，以容灾机制为例，医院可建设独立工作的计算机备份系统，每个工作日结束后，由备份系统完成当日病历档案的备份和独立存储，并在完成备份后切断与医院主数据信息系统的关联，即便主数据信息系统崩溃、损坏，医院也可以发挥软件设计的优势，利用备份系统重建数据库，保证数字化病历档案管理成果。

### （三）优化安全管理

结合医院病历档案数字化管理现状，建议在后续工作中积极发挥其价值，同时正视其弊端，从安全管理的角度出发，改善病历档案的管理质量。主要措施包括建立认证机制、加强节点防护两个方面。

其一，认证机制。认证机制是指在医院管理一端，只授予部分人员电子病历档案的管理权限，并对这一部分人员的核心信息进行收集，建立物理层面的防护系统。如管理人员的指纹信息、面部特征信息，在完成采集后输入管理系统中，利用计算机程序完成记忆。当人员尝试操作计算机进入电子病历档案数据库时，需要通过认证，由计算机根据指纹和面部特征进行判断，保证医院一端的物理防护能力，避免电子档案丢失。

其二，加强节点防护。在认证机制的基础上，应从网络层面组织防御，利用商用防火墙、防护软件建设防御屏障。防火墙对一切来自医院以太网外的程序、文件等进行辨识，不能辨识的均予以隔离，并利用防护软件进行二次分析，确定其合法、安全后再予以放行。对于电子病历档案数据库内可能存在的木马病毒、漏洞隐患，也由防护软件进行实时分析和处理，保证医院病历档案数字化安全管理效果。

### （四）强调统一的管理标准

为保证医院数字化病历档案可以有效复用，建议在管理各医院应用数字化技术的同时，出具统一化的管理标准、指南，由本地医院一体遵行。各地行政机关，尤其是医疗卫生部门应发挥牵头引导作用，根据现有管理工作经验和电子病历的使用需要，广泛延请专家、一线工作者组成专家小组，由小组制定本地医院病历档案数字化管理的基准，并选取部分医院进行试点应用，继续观察、跟踪统一标准的应用情况，持续予以改进。如电子病历所用的纸张大小，可一体确定为32K纸张或A4纸张规格、所有字体取宋体、所有档案取DOC格式、档案数据信息应包括患者姓名、性别、年龄等。试点医院应不少于本地医院总数的5%，且涵盖儿科、眼科等重点专科医院和至少一家综合性医院，以保证所选医院具有充分代表性，积极推动医院数字化病历档案的统一化管理。

### （五）控制动态因素影响

未来建议各医院充分利用内部控制工作的优势，组织本院数字化病历档案管理分析，了解动态因素所在并做针对性处理。原则上，各医院可采用科室自查的作业方法进行动态因素分析，即各科室的负责人独立对本科室数字化病历档案管理情况进行分析，提交规范的工作报告，说明本科室数字化病历档案情况、不足以及对应诉求，由医院统一进行分析，了解各科室实际情况，探究动态因素的成因和处理方法。如门诊部提交报告，认为本科室人员偏少、技术水平不高，而接待的患者较多，病历建立、记录、存储工作压力较大，希望增加技术人员专门负责数字化病历档案管理。其报告经医院管理人员分析，认为合理、得当，可根据门诊部诉求配置至少一名技术人员专任该部门的数字化病历档案管理，保证门诊部工作质量。其他科室也可采用此方式，确保所有动态因素得到针对性控制，提升本院数字化病历档案管理成效。

## 四、加强医院电子病历档案数据共享

电子病历档案数据共享能够减少重复检查，降低医疗费用支出，避免医疗资源的浪费，提高患者的就诊满意度，加快我国医疗卫生事业的数字化发展。因此，医院有必要加强电子病历档案数据共享。

### （一）明确电子病历档案数据共享内容

其一，患者就医期间的实验室检查及影像报告。尽管我国已经开始提倡各医疗机构理化检查相互认可，但仍有一些医疗机构，尤其是区县级及以下单位难以获得其他医院的认可。此外，许多患者就医时无法准确描述自己在其他医疗机构曾经做过什么检查，因此，需要将患者就医期间的实验室检查和影像报告进行共享，不同机构在患者授权下均能查看相关化验报告，以提高医院出诊效率，降低患者医疗支出，促进医患和谐。

其二，既往病史。尽管我国对电子病历的具体内容有所要求，但在疾病史方面还没有具体规定，而不同医疗机构对疾病史的描述也参差不齐。规范既往病史的写作要求，能够有效规避不同医院间疾病史描述存在较大差异的情况。

其三，构建患者身份识别标志。对患者的电子病历档案设置唯一性的身份识别，有助于提高患者诊疗统一化，帮助各医疗机构第一时间确认患者身份，避免造成误诊、漏诊。

### （二）提高公立医院开展电子病历档案数据共享的积极性

其一，立足当下，优化共享制度机制。对各医疗机构进行信息管理系统升级，在现有人力、物力、财力的基础上，完善数字化系统，为档案数据共享的实现奠定良好的基础。同时，加大医疗机构与患者间的数据共享力度，规范各医疗机构的信息平台管理，让患者能详细了解自身检查和治疗的信息，进而更好地配合医疗机构的诊疗行为。此外，医院应与当地卫生管理单位构建数据共享模式，方便卫生机构对医疗系统的日常管理和监督。医院还要提高医疗保险与医疗机构之间的档案数据共享度，方便患者快捷就诊，实时结算医保，提高不同部门的主观积极性。

其二，以外力为依托，寻求更多的支持。主观积极性是实现电子病历档案数据共享的前置条件，政府部门应出台相应扶持性政策，如提高经济补贴、邀请相关专家实地考察监督等。同时，应提供相应的技术手段和设备支持，帮助医疗机构引进科技人才，并邀请媒体加大对电子病历档案数据共享优势的宣传，促使公众充分认识到电子病历档案数据共享的重要性，进而保障电子病历档案数据共享的顺利构建。

### （三）强化电子病历档案数据共享平台搭建

首先，所有患者的电子病历均应实名，并以身份证及医保卡等有效证件办理统一标示，以便各医疗机构调用和后续诊疗管理。此外，应及时对计算机硬件及软件系统进行升级，为电子病历档案数据共享提供基础保障。其次，构建集中管理电子病历档案的信息平台，自上而下统一管理。在区县级及市级医疗机构设立核心数据系统，对患者就诊和病历信息进行存储，保证患者的个人隐私安全，对病历进行规范化管理，在存储上执行结构化拓展和利用。同时，以县市信息系统为依托，由各医疗机构再建立平行或下线的电子病历档案数据共享平台，以单对单或单对多的模式进行数据共享平台的搭建。再次，应提高电子病历档案信息的真实性和可靠性。目前，医疗信息较为繁杂，对各医疗数据的记载、传输和运算可能出现人为误差，导致收集到的数据存在遗漏或不规范。这对电子病历档案信息的准确度提出了较大挑战。所以，在书写和收集病历档案时要做到规范、具体、准确，在建立电子病历档案时应同时利用人工和云计算的方式，核对电子病历档案信息，及时纠正发现的问题，从源头上降低不准确数据的出现概率，避免出现严重的医疗事故或纠纷。最后，应注意电子病历档案信息的实效性，注意鉴别超出有效期的档案信息，并适时进行更新或替换。

### （四）提升电子病历档案数据共享的安全性

其一，重视保护患者个人信息。首先，提高医护人员的职业素养，以法律法规为约束，以医院工资绩效管理为依托，对医护行为进行严格监管，杜绝由个人原因引发的患者信息泄露问题。其次，限制电子病历的使用授权，降低患者个人信息被非工作人员泄露的风险。最后，提升医院内网的安全性，对黑客或病毒进行网络安全防护，减少信息泄露风险。

其二，重视平台访问授权管理。共享平台受众较广，使用者权限应该受到严格监管，医疗机构对病历信息访问要制定标准的流程和制度，严格规范每一项操作，最大限度地保护患者隐私。同时，必须由监管部门核实后才能授权工作人员对相关数据进行调取，调取过程应保证有章可循，方便后续监管。此外，能够对工作人员进行授权的单位，也应依法依规逐层划分，经政府或卫生系统管理部门审核后才能具体执行。尤为重要的是，访问权限还应得到患者授权。患者对访问者有知情权，只有获得患者同意，才能执行调取和使用的权限。双向管理，才能更好地保障患者的隐私安全。

其三，强化对网络潜在风险的监管。首先，要增强网络安全意识。在构建档案数据共享平台时，应聘请专业的网络安全人员对共享平台各环节进行安全维护，设置防火墙、机构域名及系统内容安全级别，降低恶意登录的概率。其次，应对共享平台进行实时网络监控。一方面，医院信息人员要对所有局域网内电脑设备进行监管，对不同端口和服务器入口进行防护，拒绝外网接入内部网络；另一方面，一旦发现某一环节或端口出现数据异常，应及时处置，实时保护系统信息安全，保护患者隐私和医院利益。最后，强化系统对接安全防护，不管是软件还是硬件系统，都应该做好安全防护，不让黑客或病毒有可乘之机，第一时间消除潜在风险。

## 第三节 公共图书馆档案数字化建设与管理

### 一、公共图书馆档案数字化概述

公共图书馆是一种由政府或政府赞助的机构，是为公众提供免费借阅和使用各种图书、资料和信息资源的公共设施。公共图书馆为用户提供经过过滤和筛选的文献资源，是解决用户知识和信息需求的场所。公共图书馆的目的是提高公民的知识水平，推动公民的教育和文化发展。

科学技术为各行业、领域带来了巨大的变化，对公共图书馆的发展也产生了重要影响。公共图书馆在发展过程中要处理有关馆内图书、读者数据和日常事务等方面的档案信息，对这些信息的管理是保障图书馆服务质量的基础。应用科学技术可以创新公共图书馆档案信息管理的方式，促进图书馆的可持续发展。在数字化不断深入的背景下，实现档案数字化建设与管理已经成为必然趋势。公共图书馆要顺应趋势、革故鼎新，探索档案数字化建设与管理的实践方式。

科学技术可以对档案信息实行数字化处理，结合互联网技术存储和管理档案数据。档案数字化建设与管理是新型的管理手段，对提升公共图书馆效能具有必要性。具体体现在以下几个方面。

其一，时代发展要求创新档案管理方式。运用数字化手段可以储存大量数据，并且查询方便、使用便捷，可以形成与实践活动相对应的网络系统。数字化形成了新的信息联结方式，而且令档案管理不受地域与时间的限制。因此，各个行业都启动了数字化系统的建设工作。公共图书馆是重要的公共文教机构，其运行要求能够妥善管理档案信息。在数字化时代背景下，图书馆应跟随时代发展，积极创新档案管理方式。

其二，数字化手段可以提升档案管理工作效率。在传统的档案管理模式中，使用纸质档案管理各类信息，具有准确性不足的弊端。在信息的记入过程中可能产生人为差错，而且对信息的归档整理和查阅利用需要耗费许多精力。应用数字化技术可以针对不同的信息生成编码，创立数据管理层级，实行系统化的档案信息管理。其中，人为处理的环节大大减少，可以提升档案信息的准确性。与此同时，数字化的公共图书馆档案信息管理具有自动化、即时性的优势，可以节约大量人力、物力与财力，能够优化资源的配置。

其三，有助于挖掘利用档案信息的价值。档案信息具有重要的价值，挖掘和利用档案信息的价值，可以为公共图书馆发展提供助力。例如，在关于读者信息的档案中，包含年龄、学历以及阅读偏好等数据。有效利用这些档案信息，可以为图书馆采购图书、优化服务提供参考依据。当档案信息以数字化方式储存时，工作人员可调用不同模块的信息并加以分析，明确信息对图书馆工作的指导作用，以此发挥档案信息的优势。

## 二、基于科学技术的图书馆档案管理模型

### （一）模型结构

首先，建立颁发公钥基础设施（PKI）证书的认证机构（CA）中心和具有特权管理基础设施（PMI）技术属性的权威属性认证机构（AA）中心。要依据该馆事业建设的现实需求以及人们对该馆的各类档案资

料的了解状况，严格区分图书馆读者的角色。明确规定读者等角色的权限范围。同时，有必要确立和健全角色规范制度，并颁布有关的角色规范证书。其次，是如何对在服务器系统中正确配置外客户所颁发的公共传输证书进行身份分配，以及按照安全应用程序的具体要求建立 LDAP 客户端。同时，还需要建立一个进行对外部客户身份和权限认证的客户端，包括数据库中的一个数据资源服务器。

当外部客户对数据库所提供的应用程序进行业务提出要求后，需要先把外部客户的实际访问请求和公开密钥认证信息提供给确认数据库。随后，身份认证数据库就需要先提供该数据库的识别数据和公开密钥认证数据。当外库客户成功访问身份认证数据库之后，通常只有一个已经接受了数据库身份验证服务的客户才可以访问该数据库中的所有信息资料。身份认证请求通常通过身份验证模块提供。但必须注意的是，数字签名认证的可靠性和真实性需要经过额外的认证，它通常是通过利用公开密钥认证库的大羽量级目录访问技术（LDAP）数据库中的证书撤销列表（CRL）来实现的。通过校验证书后，一旦服务器端确认认证的内容不符合业务的预设条件，认证服务器端会向该服务器发送拒绝服务消息的端口[①]。

当用户完全通过身份审核后，下一个是进行权限认证的相关链接。协议自适应的实施需要在控制框架的协助下，科学、全面地分析采集指令。会话建立后，应对获得的信息进行相应的转换。例如，应该指定该格式，然后提供一个满足其返回要求的接口。一般来说，报警采集的操作可以通过控制框架来触发。然后可以分析制造商的协议，完成协议自适应操作，通过回调接口实现。由于系统接收来自广泛环境的预警数据，通过科学和自动化处理，为整个操作系统提供了实用有效的保证。如果系统不能再执行，则可以使用销毁回调方法来删除接口的所有原始信息，如处于停止状态。在启动主程序后，可以自动收集 NetFlow 协议。程序收集接收到的数据，录入数据库，然后转换成报警数据，传输到上层，进行处理。SNMP trap 将发送没有轮询的陷阱数据包，准确地分析报警信息，完成数据库的写入操作。在 SNMP 协议

---

①赵美.大数据应用在图书馆管理与服务中的作用[J].兰台内外,2021(34):58-60.

下，采集模块中的SNMP接口执行SNMP get操作，代理将提取的有效数据快速打包，转换为外部格式，执行封装操作，并以SNMP包的形式发送给管理器，实现协议自适应的实现。

### （二）模型应用程序

首先，阐述SSL技术在计算机通信技术中的无线视频监测领域的应用。将SSL技术应用在视频监测中的主机、测控模式、控制器等方面。在不同的系统中扮演着不同的功能。而服务器则是整个数据传输体系的基础。无线电视监测设备通过SSL技术实现视频拍摄与播放，所产生的数据被直接传送到数据库。而客户端可以通过SSL协议，直接选定视频路径，并将数据传送给数据库，以便于获得视频流信息。同时针对硬件采集设备，也可以通过SSL技术直接将收集到的视频流信息传送给客户端。

其次，SSL技术在web网站上的实际使用情况。SSL技术还能够使用编码方式和加密技术来保证数据通道的安全性，进而增强数据的稳定性。另外，通过利用SSL技术先对HTTP数据进行加密后，再通过公钥加密技术将HTTP转化为HTTPS，也能够避免数据损失、省略等问题。当采用SSL技术时，传输中不需要配置其他服务程序，而必须经过应用层完成网页浏览器的加密处理，从而保证数据传送的安全与完整性。

### 三、公共图书馆档案数字化面临的挑战

公共图书馆引入科学技术，令原本的档案建设与管理方式得以优化，已产生了初步的成果和经验。然而，公共图书馆开展档案数字化建设与管理仍然面临着许多挑战，具有进一步改进的空间。

### （一）档案信息数字化程度不足

新时代下衍生的数字档案信息管理理念与传统管理理念存在较大的差异，公共图书馆需要一定的时间来接受与改变。公共图书馆配套应用了数字化的馆务运行系统，部分自动化登记的信息可以数字化，如图书入库出库的档案、人事档案等。但是，仍有许多档案信息未被数字化，对这些信息的管理方式还停留在纸质档案管理阶段。如何针对

图书馆运行过程中产生的信息做适当的分解、编码与管理，有待进一步的探索。目前，公共图书馆档案管理数字化建设的覆盖面还不广，部分领域的信息还未得到恰当的数字化，新型档案管理理念有待深入。

### （二）数字化管理平台建设不完善

公共图书馆应用科学技术对档案信息实行模块化管理，在部分提升管理效率的同时，也出现了"信息孤岛"的效应。不同的信息模块之间缺少联系，形成各个相互分离的子系统。图书馆工作人员在调用信息和分析信息时，往往要实行跨部门互动，而难以直接从整体系统中获得信息。虽然档案信息以数字化的形式呈现，但是交互化与网络化的格局却并未出现，存在与实践工作相脱节的倾向。数字化管理平台建设不足的现状，要求对当前的数据云技术实行合理应用。公共图书馆要着眼于长远发展的需求，综合考虑信息管理的需求，兼顾档案信息的利用情境，创设高效能的数字化管理平台。

### （三）档案数字化建设与管理制度不健全

健全的制度是开展公共图书馆档案信息管理的保障，可以提升管理过程的可靠性。然而，公共图书馆现行档案管理制度的制定时间较早，其中许多内容不适应现阶段的档案管理工作需求。档案管理制度中缺少对数字化管理程序的具体规定，令工作过程经常出现问题。开展档案数字化建设与管理工作时依据不足，标准得不到落实，档案管理人员对数字化建设缺少重视，部分程序未严格得到执行。制度的不足不仅影响具体工作的开展，而且不利于形成创新与改革的环境，令档案信息管理工作长期创新性不足。

### （四）缺乏高素质的管理人才队伍

公共图书馆面临着开展档案数字化建设与管理的迫切要求，但缺少相应的人才。一方面，公共图书馆的许多设备设施已经处于老化状态，且设备设施也并未运行联网化的管理软件，软硬件配置不足的现状令档案信息数字化工作难以开展。另一方面，图书馆缺少搭建档案数字化建设与管理硬件与软件基础的人才。公共图书馆档案工作人员的信息素养不足，难以完成数字化管理的任务。部分图书馆档案管理部门存在较严重的老龄化现象，工作人员缺少基本的科学技术应用知识，无法跟上时代发展的要求。

### 四、公共图书馆档案数字化的优化策略

数字化管理具有安全、高效以及便捷等优势，可以提高公共图书馆档案信息管理的效率。针对实践工作中存在的问题，有必要从多方面采取措施，促成公共图书馆档案信息管理的新局面。

### （一）推进技术应用，完善档案信息管理方式

数字化是不可逆的趋势，公共图书馆在开展档案信息管理时，要全面应用数字化管理的模式。针对以往数字化程度不足的问题，要推进技术应用，令科学技术覆盖公共图书馆的各个领域。要将图书信息、借阅管理、行政工作、人事管理以及财务等方面产生的档案信息，全面编入图书馆档案信息管理的数字化网络中。例如，在图书信息管理方面，除传统的标签式管理之外，还可以按照作者、年代、类型、关键词等线索生成数字编码，形成立体化、多层级的图书档案管理数据库。在行政工作方面，在办公室、采编部、流通部以及信息资源部，可以同时部署档案信息管理工作。还要明确行政事务中可以通过数字化手段存档的部分内容，引导各部门运用科学技术提供档案信息。在行政事务完结后，要根据馆内档案管理规范及时递交相关的档案资源。对一部分需要以纸质方式保存的档案，通过扫描形式存留纸质档案的影像，按档案的生成时间和功能实行归类保存。所有行政工作中重要的过程性数据，都应以数字化的方式存档，以便在后期追溯、引用以及复核。相关的档案信息储存在图书馆的云空间，由档案工作专员来管理，并适时更新与整理档案内容。

### （二）加强平台建设，建构数据交互管理网络

公共图书馆档案数字化建设与管理工作的推行，要以交互化的管理网络为基础。碎片化、分离式的管理网络不利于信息的整合与人员的互动，会对公共图书馆服务造成影响。首先，要加强平台建设，令不同模块的档案信息整合起来。要让不同部门之间的档案信息建立联系，在档案信息管理网站中建立各部门之间的链接，确保各部门可以基于

具体工作利用其他模块的档案信息。其次，为促进公共图书馆档案数字化建设与管理工作的有效推进，还应当统一数据格式。从档案学和信息管理学的规律出发，对档案信息予以适当的粒度划分，以标准化的方式处理档案，可以从档案信息中分离若干维度，对应不同的条目来储存。标准化的处理方式，既便于信息的储存与管理，也为查阅信息提供了便利。最后，要优化平台的性能，要保障平台可在不同的设备设施以及系统上兼容使用，并使平台适应大多数网络条件。公共图书馆可以在档案数字化建设与管理中利用先进的云技术，保障档案信息的同步更新，能够储存图书馆工作中生成的大量数据。图书馆工作人员可以凭借账号访问数据，也可在异地阅览数据，根据工作需求在任何网络环境中使用档案信息。

### （三）优化制度保障，促进档案管理有序开展

制度可以为档案数字化建设与管理工作提供硬性的约束，可以促进档案管理有序、规范化开展。公共图书馆在推进技术应用的同时，要着力完善制度保障，为档案数字化建设与管理创设合适的环境。首先，要根据本馆事务的特质建立明确的工作规章制度，形成具有普遍适用性的条文。根据档案数字化建设与管理中的细节，制定具体的工作规范，如制定档案管理新类目生成的规范、电子档案与纸质档案同步管理的细则、档案资源调配与调用的方式等。形成制度的初期，可以制定图文结合的档案数字化建设与管理操作手册，以具体的情境和案例帮助工作人员掌握细则。其次，要建立相关的责任制度，为工作人员的活动提供具体的依据。要理顺各种程序，对不同层级档案管理工作人员的职责实行合理划分，确保责任可追溯到人。与此同时，建立合理的奖惩制度，奖励达成档案数字化建设与管理目标的工作人员，对工作相应较差的人员给予适当的惩戒。制度可以减少档案数字化建设与管理对行政指令的依赖，能够引导各岗位人员高效工作，促进档案信息管理工作的良性运转。

### （四）提升人才质量，建设高素质工作团队

公共图书馆档案数字化建设与管理工作要由具体的人来实施，工作团队素质的高低对工作成效具有直接的影响。为了促进档案数字化建

设与管理的全面推行，要着力提升档案管理人才的质量，建设高素质的工作团队。首先，要制定有效的人才聘用机制，着力引进具备数字化软硬件搭建能力的人才。厘清人才聘用的标准，引入具备资历的技术人员。其次，可与优质的第三方团队建立合作关系，弥补公共图书馆现有技术人员的不足。在选择合作伙伴时，要重视其是否具备成功的档案数字化建设与管理经验，并制定明确的工作指导方法。最后，要加强对图书馆档案信息管理人员的培训，让工作人员补上数字化应用技能的短板。建立层次化的培训体系，对新入职档案管理人员开展关于数字化管理规范的培训，对有一定经验的管理人员则安排外出交流学习，不断提升其管理水平。

档案信息管理是公共图书馆的基础性工作，可以与其他模块的工作内容相配合。在信息时代，科学技术不断发展，图书馆职能也持续扩充。传统的档案信息管理方法无法满足图书馆的发展需求，必须转变为数字化的档案管理方法。开展档案数字化建设与管理时，要从技术、平台、制度和人才等方面予以优化，协调不同的要素，助力公共图书馆更好地发挥公共文教的作用。

# 第四节 人事档案数字化建设与管理

## 一、人事档案数字化概述

### (一)人事档案的概念与特性

人事档案是国家机构、社会组织在人事管理活动中形成的，记述和反映个人经历、德才能绩、工作表现，以个人为单位集中保管起来以备查考的文字、表格和其他各种形式的历史记录[①]。

人事档案有以下几个方面的特性：①现实性。人事档案是人才录用的依据，记载着个人重要的人生轨迹，如学习工作经历等，要想达到"阅卷见人"或"档若其人"，就需要动态化管理，不断补充其人事档

①邓绍兴，陈智伟. 档案管理学[M]. 北京:中国人民大学出版社,2003.

案材料。②真实性。一方面，人事档案是以往情况的客观记录，客观真实。另一方面，部分人事档案记载的情况并不真实。例如个人履历材料中的出生年月因各种原因经常与实际年龄有出入，需要组织人员认真鉴别、核实。③动态性。人事档案不是一成不变的，会随着个人的成长不断发生改变。如学历的变化、职务的晋升和职称的评聘等等，决定了人事档案这部分内容要根据人的变化而变化。现代社会的发展，加速了人才流动，人到哪里，档案就要跟随转到哪里，"档随人走""人档统一"是人事档案管理中的基本原则之一。为避免出现"有档无人"或"有人无档"的现象，要实时监控，对人事档案"动态化"管理。④机密性。人事档案记载了个人的履历情况、考核鉴定、党团、任免等材料，不仅涉及个人隐私，甚至会涉及国家机密，因此在人事档案的利用中，安全成为第一考虑要素。

### (二)人事档案数字化的必要性

人事档案是组织管理中不可或缺的一部分，它记录了员工的个人信息、工作经历、培训记录等重要数据。传统的人事档案管理方式往往采用纸质档案存储，这种方式存在着许多弊端，如查找困难、易丢失等。为了解决这些问题，人事档案数字化是必然的趋势。

人事档案数字化可以节省空间。纸质档案需要占用大量的空间来存储，而数字档案可以保存在计算机或云端服务器上，极大减少了存储空间的需求。这不仅可以节省办公空间，还可以降低存储成本。人事档案数字化提高了档案管理的效率。传统的纸质档案需要手动整理、归档和查找，耗费大量的时间和人力资源。而数字化人事档案可以通过关键词搜索、分类整理等方式快速定位所需信息，极大提高了档案管理的效率。员工的个人信息、工作经历等可以在系统中进行维护和更新，方便管理人员进行查询和统计。

人事档案数字化可以提高档案的安全性。纸质档案容易受到自然灾害、人为损毁等因素的影响，一旦丢失或损坏，恢复和修复将变得十分困难甚至不可能。而数字档案可以进行数据备份和加密，保证档案数据的安全性和完整性。即使发生意外情况，也可以通过备份数据进行恢复。

人事档案数字化还可以促进数据共享和协同办公。传统的纸质档案往往分散在各个部门或办公室，员工之间难以共享信息，协同办公效率低下。而档案数字化后可以通过网络共享平台，实现数据共享和协同办公，提高工作效率和沟通效果。如干部人事档案管理中，人事档案数字化后，人事档案管理系统和干部管理系统建立链接，提高工作效率。

人事档案数字化具有显著的优势和必要性。它可以节省空间、提高管理效率、增强档案安全性，并促进数据共享和协同办公。因此，应当重视人事档案数字化的推进，采用科学有效的方式进行档案管理，为人才服务数字化提供有力支撑。

## 二、人事档案数字化面临的挑战

### （一）数据安全风险

随着人事档案数字化管理的普及和应用，数据安全风险逐渐显现，成为管理者无法忽视的重大问题。首先，人事档案包含大量的敏感信息，包括员工的个人信息、工作经历、职业素养、健康状况等，一旦这些数据被恶意攻击者获取，不仅会侵犯到员工的隐私权，也可能对企业的运营安全构成威胁。其次，随着大数据和云计算技术的发展，企业通常将人事档案存储在远程服务器或云平台上，这无疑增加了数据被窃取的风险。一方面，黑客可以利用网络漏洞攻击服务器，窃取数据；另一方面，云服务提供商也可能成为安全风险的源头，如果他们的安全防护措施不到位，或者内部存在安全漏洞，就可能导致数据泄露。

### （二）技术更新换代问题

在人事档案的数字化管理过程中，技术更新换代问题是一个无法回避的挑战。随着科技的快速发展，新的软硬件产品和技术不断涌现，使得现有的技术设备和应用程序迅速过时。这一现象在科学技术领域尤为显著，它不仅影响了系统的效率和可用性，也对数据的长期存储和访问提出了挑战。一方面，技术更新换代需要投入大量的财力和人力资源。更新硬件设备，更换或升级软件系统，都需要投入大量的资金。同时，这还需要专业的技术人员进行操作和维护，否则可能会出现数据丢失、系统崩溃等问题。对于许多中小企业而言，这种持续的投入可能会带来重大的经济压力。另一方面，技术更新换代可能会导致数据兼容性问题。新的技术设备和应用程序可能无法兼容旧的数据格式，导致无法访问或使用存储的人事档案。这就需要对旧的数据进行转换或迁移，但这可能会引起数据的丢失或损坏。

### （三）用户适应性问题

在人事档案数字化管理过程中，用户适应性问题是另一项重要挑战。不同于传统的纸质档案管理，数字化管理需要使用电子设备和应用程序，这对用户的电脑技能和操作习惯提出了新的要求。一方面，对于一些电脑技能较弱的用户来说，使用电子设备和应用程序可能会感到困难。他们需要花费额外的时间和精力去学习新的操作方式，这可能会影响他们的工作效率。此外，由于每个人的学习能力和习惯不同，即使进行了培训，也可能会出现理解和操作上的误区。另一方面，即使用户具备了必要的电脑技能，他们也可能会对新的操作方式感到不适应。很多人习惯于使用纸质档案直观地查看和管理数据，而在电子设备和应用程序中，数据以数字形式展示，用户需要通过屏幕进行查看和操作，这可能会使他们感到不习惯。

### （四）数据隐私保护

在人事档案的数字化管理过程中，数据隐私保护无疑是一个重大挑战。人事档案中涉及大量敏感的个人信息，如个人身份信息、薪资情况、健康状况、职业发展等，一旦这些信息泄露，可能对个人权益造成严重影响。首先，由于数字档案的便捷性，数据的传输和访问变得更加容易，这就增大了数据泄露的风险。内部人员滥用权限、网络攻击、设备丢失等都可能导致数据泄露。其次，如果企业或组织没有建立完善的数据权限管理制度，那么数据的访问和使用可能会失控。比如，一些非必要人员能够访问到敏感的人事档案，甚至对档案进行修改或删除。最后，由于法律法规和标准的不完善，数据隐私保护面临着较大的挑战。各地区对于数据隐私保护的法规差异较大，这给企业的数据保护工作带来了困扰。同时，由于技术的发展速度远超过法规的制定速度，很多新出现的数据隐私问题缺乏有效的法律支持。

### 三、人事档案数字化的优化策略

#### (一)加强数据安全防护

在技术层面，可以采取多种措施来保护数据安全。首先，要建立完善的备份和恢复系统。通过定期备份数据，可以防止数据丢失。一旦发生数据丢失，可以通过恢复系统快速恢复数据，减少损失。其次，需要使用安全的加密技术，确保数据在传输和存储过程中的安全。对敏感的人事档案可以使用公钥加密、对称加密等技术，防止数据在传输过程中被窃取。最后，对于存储在云平台上的数据，应选择有信誉的云服务提供商，并使用他们提供的安全机制，如身份验证、访问控制、防火墙等，防止非法访问。

在管理层面，需要建立健全数据安全管理制度，包括制定明确的数据权限管理规则，规定谁可以访问哪些数据，以及在什么情况下可以访问。同时，需要对员工进行数据安全教育和培训，提高他们的数据安全意识，让他们知道如何正确处理数据，以及在遇到安全问题时如何应对。此外，应定期进行安全审计，检查数据安全措施的执行情况，及时发现和纠正问题。

在法律层面，企业需要了解并遵守相关的数据保护法规，以防止因违法操作而引发的法律问题。例如，中国的《网络安全法》对数据的收集、存储、处理和传输提出了明确的规定。如果企业的业务涉及多个国家或地区，还需要考虑到各地的法律差异，确保在所有业务地点的操作都符合当地的法律要求。

#### (二)定期进行技术更新和维护

通过定期进行技术更新和维护，企业可以有效应对技术更新换代的挑战，保持人事档案数字化管理系统的高效运行，提高管理的效率和质量。首先，企业应将技术更新作为其常规运营的一部分。这不仅包括硬件设备的更新，如更换更快、更大容量的存储设备，也包括软件系统的升级，如升级到更高版本的操作系统、数据库管理系统等。这样不仅可以保持系统的最佳运行状态，也可以获得新版本软件带来的新功能和优化。其次，企业应定期进行系统维护，包括检查硬件设备的运行状态，清理无用数据，优化数据库性能，修复系统漏洞等。这些维护工作可以保持系统的稳定运行，提高数据的可用性，防止由于系统问题导致的数据丢失或损坏。此外，企业应预算一定的人事档案技术更新和维护费用，并将其纳入财务计划。这样既可以保证技术更新和维护的顺利进行，也可以避免因技术问题导致的经济损失。

### （三）提供用户培训和教育

在优化人事档案数字化管理策略中，提供用户培训和教育是至关重要的一环。一方面，企业应制订系统的用户培训计划。这包括提供基本的电脑技能培训，如如何使用电子设备，如何操作应用程序等。对于那些在这方面有困难的员工，可以提供一对一的指导，确保他们掌握所需的技能。此外，还应进行专门的数据管理培训，如如何进行数据输入、查询、更新和删除，如何进行数据备份和恢复等。这些培训可以帮助员工熟悉新的工作方式，提高他们的工作效率。另一方面，企业应提供持续的教育支持。由于技术和业务的不断发展，可能会出现新的操作方式或新的数据管理需求。企业应定期进行新的培训或研讨会，使员工能够及时更新他们的知识和技能。此外，企业还可以设立在线帮助中心或服务热线，解答员工在使用过程中遇到的问题。

### （四）建立完善的数据隐私保护制度

在人事档案数字化管理中，建立完善的数据隐私保护制度是解决数据隐私保护问题的关键。首先，企业需要明确数据隐私的定义和范围，制定详细的数据收集、使用、存储和分享的规则。例如，明确哪些数据是敏感数据，需要特别保护；数据收集时需要获取用户的明确同意；数据使用时要遵守最小必要原则，即只使用完成任务所需的最少量的数据；对外分享数据时要对数据进行去标识化处理，保护用户的隐私。其次，企业需要设立专门的数据保护部门或者指定数据保护官，负责监督和执行数据隐私保护政策。他们的职责包括对员工进行数据隐私保护的培训，定期对数据管理过程进行审计，处理数据隐私事件，与监管机构进行沟通等。最后，企业需要建立健全的数据隐私事件应对机制。一旦发生数据泄露或滥用事件，应立即启动应对程序，包括调查事件原因、评估影响、通知受影响的个人、修复漏洞、向监管机构报告等。这些程序应写入政策，以确保在发生事件时能够快速有效地应对。

总而言之，人事档案数字化管理作为现代化企业管理的重要组成部分，在具有显著优势的同时也面临一系列挑战。企业应积极应对这些挑战，加强数据安全防护，定期进行技术更新和维护，提供用户培训和教育，建立完善的数据隐私保护制度。通过这些优化策略，可以充分发挥人事档案数字化管理的优势，提高企业的管理效率和质量，保障员工和企业的利益。

# 第五节 房产档案数字化建设与管理

## 一、房地产档案数字化概述

### (一)房地产档案概念

房地产档案通常被描述为由房地产行政机关在房地产交易买卖、房屋征拆迁中收集、保存、分析、研究和评估的信息，这些信息包括但不限于文本、数据、图形、图表、视频、声频、光碟、电子数据和其他媒体。这些信息可以帮助我们了解房地产的所有者、使用者和相关的法律法规，并为我们提供有价值的信息。本项目的核心内容包含：建立和完善住宅项目的相关文件，以及对住宅项目的运行和维护、住宅项目的交易和维护、住宅的安全性和稳定性。

房地产档案是除了房地产权属证书外法律认同的、明确房地产权利归属、鉴定房地产权属处理的唯一证明。房屋信息记录是获得法律承认的、能够清晰表示房屋所有者身份的文件。它既可以作为城镇信息系统的核心部分，又可以作为政府信息系统的基础。它在房屋交易过程中起着非常重要的作用，为保护和管控住宅和土地资源提供依据。

## （二）房地产档案特征

### 1. 法定性

房地产档案包含多项重要信息，这些信息必须符合相应的法律和监督条例。无论是电子档案还是纸质档案，它们均符合相应的要求，并且能够提供重要的信息支持。这些信息通常用于进行司法鉴定，并且能够帮助正面临着房屋的拆迁、交易、继承、抵押或其他类似的纠纷的人群提供重要凭证。通过深入研究重要因素，可以更加高效地应对住宅和商铺的矛盾和纠纷。

### 2. 动态性

房地产档案并非一成不变，它们经历着巨大的变化。例如，一家公司需要提供最新的建筑信息，就需要重新审核它的物业管理记录。此外，一旦有房地产的转移、租用或抵押，就需要重新审核它的交易记录。另外，一个人需要根据他的需求，重新审核他的买卖记录，包括买卖双方签订的文件和收据。为了使房地产档案能够发挥最大的效益，必须能够快速、准确地捕捉住宅的所有变化。

### 3. 凭证性

房屋档案包含许多重要的信息，例如房屋权属证明、房屋登记备案证明、订金支付凭条、销售合同、财政缴纳的税款、住户特殊保障基金的支付凭条、物业服务的收款凭证、维护项目的投标结果[①]。它们能够帮助企业和个人进行房屋和土地使用的合法申请。此外，房屋信息对于城镇的发展和维护具有非常重要的意义，它为政府和有关机构提供了有力的依据，帮助他们制订和执行有关的计划、进行旧城的修复和社会秩序的维护。

### 4. 私密性

为了保护个人隐私，遵守国家有关规定，将涉及个人隐私的文件和数据保护起来。在房地产档案的运用环节中，对权利人身份资料、房屋档案信息，将为那些涉及个人隐私的文件和数据，制定特殊的审查程序，严禁彻底向社会公开，确保它们不被泄露给任何第三方。因此，为了维护房屋信息的完整和有效，需要让它们拥有较高的秘密性。这

---

[①]浙江省委办公厅档案法规综合处.浙江档案服务纳入全省政务服务"好差评"体系[J].浙江档案,2020(01):45.

种秘密性体现在房屋信息管理系统的基础架构上。

5. 开放性

房屋信息是一类非常重要的文件,它们是企业和个人的资产管理的基础。它们直接影响到所有相关方的经济利益,因此,必须加强和完善这些文件的管理,以满足公众的信息安全和使用效果。为了更好地维护和管理房屋信息,将采取措施,将涉及的信息全部及时、准确、完整的发布到政府机关,同时也将为广大群众提供便捷的信息查阅和咨询,以便他们能够充分了解和享受信息的价值。因此,房屋信息系统应该保持相对的公平和透明度。

### (三)房地产档案数字化的内涵

房地产档案数字化就对象而言,主要包括以下两个方面:一是对所有正在产生的电子档案进行有效归档和存储,保障其齐全完整、真实有效。二是对原来的纸质房地产档案进行数字化,即将原来传统意义的档案载体经过扫描、加工等技术处理,以实现信息数字化存储和传递。

从层次出发,大致包括以下两项内容:一是建设档案目录数据库系统,科学确定档案目录的数据库架构,并规定档案信息的著录标引。二是全文信息的数字化转换,如通过数字化扫描记录的方法使档案全文信息依据原貌原样,逐页逐项地保存为图片并编入全宗目录索引中,或经光学应用字符技术识别后采用标准文字格式保存档案信息,以健全全文检索信息库。

从建设过程分析,大致包括以下五个基础项目:一是基础设施工程,主要指房地产档案信息网络和档案数字化设施。二是电子文档与信息资源构建,主要指电子文档的数字化及其对电子文档的使用与接收等。三是信息应用体系构建,主要是调阅软件和数据库。四是标准规范建设,重点是有关立法、制度和规范建立等。五是人才队伍建设,重点内容为既了解档案业务又掌握计算机技术的复合型人员的培训。

## 二、房地产档案数字化的价值

### (一)提高信息管理效率

房地产档案数字化建设与管理的关键价值在于提升效率、保护数据安全、优化工作流程、提供决策支持和加强项目管理能力。这些优势有助于提高组织的竞争力，并提供更优质的服务和支持给主管部门及其他用户。数字化建设与管理可以将大量的房地产档案纳入数字化系统中，提高信息查找、检索和共享的效率。通过电子化处理和数据化管理，可以减少手工工作和纸质文件的使用，大大提高了信息的处理速度和准确性。

### （二）便于数据保护和安全

数字化建设与管理可以为房地产档案提供相应的数据保护和安全措施。利用数字化手段对档案进行扫描、录入和检索，可以更好地保护档案原件，减少对纸质的破坏。通过建立合理的权限管理和数据备份措施，可以确保档案数据得到有效的保护，防止数据丢失、破坏或非法访问。档案数字化可以实现数据的备份、存储、归档和恢复等功能，有效保障了数据安全性和完整性，从而降低了业务风险和管理成本。

### （三）促进工作流程优化

数字化建设与管理可以推动房地产档案管理工作流程的优化和自动化。通过引入电子文件管理、流程管理系统等工具，可以简化和优化档案管理的审批、归档、审计等过程，提升工作效率和减少人力成本。通过将各种档案数据集成、归纳、整合，可以提高数据的共享和重复利用，减少重复性的数据录入，避免信息孤岛，从而提高数据的准确性和延续性。

### （四）改善决策支持

数字化建设与管理使得房地产档案的相关数据和信息更容易获取和分析，为管理者提供更准确、全面的决策支持。房地产行业是国民经济的重要行业。房地产档案是房地产交易和管理的基础资料，能够了解房屋的物理状况、产权状况、交易、租赁、抵押等多方面的信息，通过对档案信息资源的整合、挖掘和分析，可以揭示潜在的问题和趋势，帮助管理者作出更明智的决策，对加强房地产市场宏观调控、促进房地产市场平稳健康发展有着十分重要的意义。

### (五)强化项目管理能力

通过数字化建设与管理,可以更好地跟踪和监控房地产项目的进展和关键信息。通过档案数字化可以对房地产项目申报、审批、立项、施工、预售、竣工验收、交付等全流程进行实时、全面的监督,及时发现和纠正项目实施过程中出现的问题,保障项目建设的规范性、合规性、安全性。系统化的档案管理和数据共享,有助于提高项目管理的效率和质量,减少沟通和协作的误差。

## 三、房地产档案数字化的实践建议

### (一)健全规章制度,牢抓档案管理

住建局长时间以来牢抓档案管理,从档案管理规章与人才培育体系两个方面着手,不断汲取各个区域优秀房地产档案管理经验,构建满足实际所需的档案管理规章与人才培育措施。首先,严格贯彻国家推出的《档案法》《房地产管理办法》等法律规章,以民众的利益为关键,深入探讨房地产档案管理规章的改革,明晰了档案管理工作的职责、环节、方式与意义,使得房地产档案管理能够动态、稳定、有效运转,提升了企业与民众运用档案的成效,获得了社会各界人士的认可。为了更好地满足客户的需求,采取多种措施,包括加强对档案管理专家的招聘、完善人才培养机制、采用实践教学的方式,以及实施多种形式的奖惩机制,以此来促使职位上的优秀者更加热衷于自身的职责。为此,还将定期举办各种形式的交流活动,以及参加各种类型的学术研讨会,以此来推动企业的可持续发展。依靠不断健全档案管理规章与人才培育体系的构建,住房和城乡建设主管部门落实了管理工作的规范化构建及优质人才潜力的最大化发掘,给尽可能体现房地产档案的资源价值带来了制度保证。

### (二)巩固数据质量,体现数据作用

近年来,房地产市场的快速增长导致了大规模的交易和复杂的流程,使得各种流程变得更为完善。为了满足这些需求,首先,需要对房产和农村土地实行全方位的监督和评价。其次,由于政府部门正在努力推进互联互通,也需要对房产和农村土地实行全方位的监督和评价。最后,需要建立一个能够有效传递和共享房产和农村土地的平台,

以便于能够快捷、准确、安全的处理和使用这些资源。

由于将传统的纸质文件转换为电子商务文档，不仅提升了文档的查询、更新和保管的便利性，还大大减少了对原始文件的依赖性。此外，经过将大量的原始文件（如开发企业、物业企业、银行、住宅小区、房产、业主等）以及其他各种类型的文档的数字化，还大大提升了文档的完备性和准确性，并且极大地提升了文档的管理和利用率。这对后续的监督和实施产生了深远的影响。住房和城乡建设主管部门从源头着手，通过规范化的数据指标构建统一化的楼盘表作为关键的"数字基建"基础资料，并且在数据收集、入库检验、数据维护等各个流程中编制规范化的技术规章，贯彻"一数一源"的信息互动与分享制度，确保档案中的重要核心数据与开发项目管控、行政审核、房产交易、物业管控、维修资金管控、不动产登记等资料互换的科学性，提升档案基础资料的质量与运用成效。

### （三）健全运用情境，提高服务成效

随着时代的发展，房地产行业的服务水平日益提高，人们的需求量也在增长。为了满足客户的要求，既要提供高质量的信息，又要提供高效率的、安全可靠的业务。因此，应该充分利用档案的优势，以期在处理房地产相关事宜时，尽可能简化流程，提高工作效率。随着"网络+政务服务"的推广，积极推进改造，采用先进的科学技术，建立完善的数据共享机制，以及完善的住宅和商业地产服务体系，以提升住宅和商业地产的运营水平。

### （四）强化防范意识，确保信息安全

随着档案信息建设快速发展，档案保密工作的技术含量越来越高，在房地产档案数字化建设与管理过程中，在方便人们查阅档案的同时，要加强网络安全管理和权限设置，防止病毒入侵、黑客来访等现象对档案管理系统的危害。做好档案管理系统和互联网安全防护，以确保档案信息安全性和完整性，能管好房地产管理档案。

总之，随着房地产市场的进一步发展，房地产档案管理的难度不断增加，规范、科学、精准、高效的档案数字化管理将是更加顺应市场需求的模式。这种模式不仅会促进企业和市场可持续发展，而且可以为广大人民群众提供高效便捷服务。

参考文献
REFERENCES

[1]SSDFans 胡波,石亮,岑彪.深入浅出SSD:固态存储核心技术、原理与实践[M].北京:机械工业出版社,2018.

[2]蔡盈芳.企业档案工作的创新与发展[J].档案学通讯,2021(01):16-20.

[3]曾智.亿级城建档案数字资源管理策略小议[J].城建档案,2019(07):10-14.

[4]邓绍兴,陈智伟.档案管理学[M].北京:中国人民大学出版社,2003.

[5]豆亚飞.网络语境下依托档案网站进行档案编研研究[J].云南档案,2018(02):53-55.

[6]冯惠玲.学科探路时代:从未知中探索未来[J].信息资源管理学报,2020,10(03):4-10.

[7]冯惠玲.走向单轨制电子文件管理[J].档案学研究,2019(01):88-94.

[8]管先海,郭东升,李宗富.档案编研:编研什么:档案编研基本问题思考之二[J].档案,2019(03):46-52.

[9]管先海,李兴利.建立、落实档案工作责任制[J].档案管理,2021(01):104-106.

[10]郭庆光.传播学教程[M].北京:中国人民大学出版社,2014.

[11]胡康林.突发事件档案的特征、类型及其开发意义[J].档案管理,2018(01):87-90.

[12]黄霄羽.外国档案管理学[M].北京:中国人民大学出版社,2008.

[13]金波,杨鹏.大数据时代档案数据安全保障探究[J].档案学通讯,2022(03):30-38.

[14]李恩洁.大数据环境下的档案管理系统信息检索及挖掘技术[J].黑龙江档案,2021(04):280-281.

[15]李勇,王传广.高校学籍档案管理数字化建设的思考[J].济南职业学院学报,2022(04):103-106.

[16]李媛.声像档案数字化工作解析[J].机电兵船档案,2018(06):41-43.

[17]廉睿,高鹏怀.整合与共治:软法与硬法在国家治理体系中的互动模式研究[J].宁夏社会科学,2016(06):81-85.

[18]刘驰.基于OpenPose的居家康复监测系统的研究[D].成都:四川大学,2021.

[19]刘小露.数转模拍摄中设备调试经验谈[J].数字与缩微影像,2021(03):4-6.

[20]瞿静.谈新《档案法》对机关档案工作规范的新特点[J].档案管理,2021(01):21-22.

[21]孙学良.基于电子政务云的馆际共享技术研究[J].黑龙江档案,2017(05):68-69.

[22]王向明.档案管理学原理[M].上海:上海大学出版社,2009.

[23]王兴广.关于档案工作责任制建设的思考:基于新修订《档案法》的视角[J].浙江档案,2021(11):24-27.

[24]王雪飞.平民记忆视域下声像档案资源的开发利用研究[D].昆明:云南大学,2019.

[25]王雪君,李彦.智慧档案馆建设研究[J].档案天地,2022(12):31-35.

[26]王英臣.新医改视角下加强医院档案规范化管理路径[J].黑龙江档案,2022(04):276-278.

[27]王俞菲,曹玉.新《档案法》视角下的档案管理责任监督问题探究[J].

档案与建设,2020(07):33-38.

[28]吴志杰,刘永,吴雁平.档案信息化建设责任主体的职责定位:基于新《档案法》第五章的文本考察[J].档案与建设,2021(09):21-25.

[29]向安玲,高爽,彭影彤,等.知识重组与场景再构:面向数字资源管理的元宇宙[J].图书情报知识,2022,39(01):30-38.

[30]薛四新.档案馆现代化管理:从数字档案馆到智慧档案馆[M].北京:电子工业出版社,2019.

[31]闫静,徐拥军.社会责任视角下的企业档案利用研究:基于欧美国家的案例分析[J].档案学研究,2017(04):102-108.

[32]杨宾.柳边纪略[M].北京:中华书局,1985.

[33]杨静,张天长.数据加密解密技术[M].武汉:武汉大学出版社,2017.

[34]杨毅,王格芳,王胜开,等.大数据技术基础与应用导论[M].北京:电子工业出版社,2018.

[35]袁光州.经济责任制是推动科技档案工作的动力[J].四川档案,1984(01):78-79.

[36]张斌,李子林,黄蕊.我国企业档案宏观管理体制的演变与发展[J].档案学研究,2018(02):50-56.

[37]赵美.大数据应用在图书馆管理与服务中的作用[J].兰台内外,2021(34):58-60.

[38]浙江省委办公厅档案法规综合处.浙江档案服务纳入全省政务服务"好差评"体系[J].浙江档案,2020(01):45.

[39]郑杰.视音频资料数字化存储技术应用[J].电脑编程技巧与维护,2018(02):147-149.

[40]朱兰兰,刘晴.城市记忆视域下档案信息资源平台建设的思考[J].黑龙江档案,2019(02):12-13.